改訂新版

歎異抄講義 上

三明智彰《みはるとしあき》

法蔵館

重版にあたって

『歎異抄講義』は、上巻が二〇〇九年一〇月に、下巻は翌年二〇一〇年四月に初版が出版され、多くの読者を得て参りました。その後、上巻・下巻ともに品切れの状態になりましたので、二〇一六年七月に、重版を希望する声にお応えするとともに、お寄せいただいたご意見ご感想に従って、文字を大きくし、仏教の専門用語の振り仮名を増やし、章ごとに頁に見出しを付け、書籍のサイズをやや小型に改めて、改定新版が出版されました。

それ以来、さらに多くの方に御購読頂きましたお蔭で、最近はながく品薄状態となっていましたが、このたび、特に強い御輿望を蒙り、重版刊行される運びとなりました。まことに有難く、感謝にたえません。この機会に、皆様から御指摘頂いてきた誤植の訂正をして発行させていただきます。

いま、二〇一九年末以来の新型コロナウイルス感染症の世界的パンデミック、二〇二二年二月からのウクライナへのロシアの軍事侵攻、それによる物価高騰が襲いかかっています。日本国内でも、社会的・人間的連帯感の欠如と、地方の過疎問題・超高齢化社会問題、そして、元総理の銃撃殺害事件によりあらわになったカルト問題によって、宗教全般に対する拒否感が増大しています。まさしく末法濁世・生死無常の現実です。

この混迷の現代の中にあって、人間の真のむねとしての真宗を、サンガ（人間の共同体・和合衆）として具体的に明らかにされた親鸞のたくましき人生を思います。今こそ『歎異抄』によって親鸞その人に出遇うべき時であるに違いありません。しかし、初版発行時に廣瀬杲先生が仰せられた「歎異抄状況」はますますはなはだしいのです。おりしも『教行信証』執筆の時期から立教開宗八〇〇年が謳われる今日、『教行信証』の本義に基づく『歎異抄』の学習・味読が必要だと強く感じます。本書の特徴は、『教行信証』と『歎異抄』との根源的連関に思いを致し、その領解を心がけたということにあります。

本年、東京都江戸川区の證大寺昭和浄苑住職である井上城治師には、お寺と浄苑における聞法会のテキストを『歎異抄講義』に定め、著者本人が講師としてその解説をする講座を発願されました。御門徒一同と共有するために、熱誠を以て法藏館に請願され、その快諾を頂いて重版の運びとなった次第です。ここに「改定新版にあたって」にかえて、「重版にあたって」を記しました。

本書の重版にご尽力を頂いた井上城治師、校正に当たられた證大寺職員の皆さんと三明万美氏、そして、法藏館社長西村明高氏、同編集部満田みすず氏、林和英氏に御礼申し上げます。

二〇二三年八月一五日

九州大谷短期大学学長・量深学場主宰　三　明　智　彰

序文

三明智彰君の新著『歎異抄講義』が、上・下二巻からなる大作として発刊されることとなった。この日の到来を待ち続けてきた同学の老友として、欣快の情止み難い。殊にこの新著が『歎異抄講義』の書名のもとに発刊されたことには、随分と大きな意味を感ずる。いま、その一点について所見の一端を述べさせていただくこととする。

周知の如く『歎異抄』の公開は、他からの働き掛けに依ることなく、文字通り『歎異抄』それ自体の力に由ってなされた。すなわち『歎異抄』自らが名乗りを挙げたのである。そして、この『歎異抄』の名乗りは驚異的な勢いで近・現代人の心を捕えて広がり続け、今もなお止まるところを知らない。これが、「歎異抄状況」と呼ばれる『歎異抄』の今日的状況なのである。しかし私はこのような『歎異抄』の状況に、疑念を抱かざるを得なくなっていた。と同時に、なぜこうした状況を惹起するのか、その理由を知りたいとも思うようになった。

こうした「歎異抄状況」は『歎異抄』にとって、本当に喜ぶべき現象なのであろうか。それともまた『歎異抄』についての正当な了解を阻害する要因を内に秘めているものなのであろうか。久しく『歎異抄』の導きによって生きてきたつもりの私にとっては、このような疑問はまことに始末の悪いものであった。

そのような疑惑、疑問に確かな出口への道を指し示してくれたのが、外ならない、三明君の新著『歎異抄講義』の書名であった。

題は一部の総標といわれるが、三明君のこの新著のすべてが明らかにしていることは過不足なく「歎異抄講義」の開示に外ならない。「講義」とは、「義を講ずること」である。すなわち「本義を講述すること」であり、「事の本義に則って事を開示すること」である。

「歎異抄講義」とは、『歎異抄』の本義を開示するいとなみであり、また『歎異抄』の本義に則って『歎異抄』を開示する学事である。とするならば『歎異抄』の「講義」は、『歎異抄』の「講話」とは直ちに同じではない。また、『歎異抄』に身を寄せるかの如くにして述べられる営みとも決して同じとは言えない。

このような問答の中から、日本における近・現代の「歎異抄状況」を見返す時、問い糺すべき一点が明らかになっているように思う。日本の近・現代が惹起した「歎異抄状況」の課題は、言葉の正確な意味においての「歎異抄講義」を忘れ、恣なる知解に満足し過ぎたところにあるのではないか。とすれば今こそ充足した『歎異抄講義』の公刊に心を寄せざるを得ない。

そして、『歎異抄』の未来を指教してくださった三明智彰君の益々の精進を願うこと、切である。

二〇〇九年七月七日

京都・岩倉・聞光舎にて　廣　瀬　杲

刊行にあたって

『歎異抄』は、悲しみの書です。全編を貫くその悲しみの情は、親鸞聖人が述懐なさった悲嘆につらなり、さらには『大無量寿経』の悲化段の如来の痛傷につらなるものだと思います。

時代は行きづまり、世界が行きづまり、人間自体が行きづまってしまったいま、この悲しみにまず沈潜するより外に、現今の闇を開き、人間を立ち上がらせるものはないでしょう。

我われは、先覚者の警告があったのにも拘わらず、完全なる立脚地、まことの要としての、真宗を喪失したのです。この過ちを問うて来るのが『歎異抄』です。

「異なるは自分である」（曽我量深『歎異抄聴記』第一講）と曽我先生はおっしゃいました。『歎異抄』に、我われの過ちの実相を凝視させせられるのです。そのことを抜きにしては、親鸞聖人の明らかにされた真宗とは具体的にいかなることだったのか我われが気づくこともあり得ないのでしょう。いま小著『歎異抄講義』を拝呈し、大方の御叱正を請う所以であります。

一九九五年の秋、浄念寺住職梅溪眞慶師・坊守明子様御夫妻と若院梅溪祐慶師が大谷大学聞思館の私の研究室に来られました。人々に広く、親鸞聖人が明らかにされた浄土真宗に触れていただくように、お寺で公開講座を開催したい。テキストは『歎異抄』とし、私に講師になってもらいたいというお話でした。

若院の梅溪祐慶師との出遇いは、二十数年前に遡ります。師が大谷大学真宗学科に入学して受講された、必修科目「総合I—親鸞と現代—」においてでした。教室の前列窓側の明るい場所に座って、専任講師になりたての私の未熟な講義を熱心に聞いておられた姿を思いだします。その夏、函館に於て有志で行った曾我量深先生の『分水嶺の本願』輪読研修会に、遠路をいとわず参加されました。その時以来の同学の友であります。

深い御懇念に感じ、前後を顧みずに講座の件をお引き受けいたしました。浄念寺歎異抄公開講座は、一九九六年四月二七日から始まりました。その時の緊張感は、決して忘れられません。初日から活発な質疑応答がありました。そして終了は、二〇〇三年一二月一三日、おおむね月一度、計八十六回に及ぶ講義には、多くの方々が参加し、熱心に聴講されたのです。

その講義の度に私は、真宗寺院が、人々が集うて法を聞き、和合衆として出遇う場であるということをつくづく感じさせられました。また、住職が進んで聴聞する姿勢が会座を清浄化することを感じました。それは現在、正信偈公開講座になっていよいよ明らかになっています。

浄念寺での講義中に、多くの新しい見解を御回向いただきました。そのいくつかを挙げると、まず『歎異抄』を貫く歎異の精神とは、異義を切り捨て排除するのではなく、その過ちを我がこととして嘆き、真実に立ち返るようにと願う、悲しみの心であるということであります。

また、『歎異抄』の第四条にある「この慈悲始終なし」とは、人間の慈悲が首尾一貫しないものであるというばかりでなく、それでもなお何とかしたいという、始めもなく終わることも尽きることもない我われ人間の慈悲の感情を言われたのであり、それにこたえる最後まで徹底した大慈悲心が、「念仏もうすのみ」なのであるということであります。

さらに、「後序」にある信心一異の諍論の中にある「往生の信心」とは、善導大師の『観経疏』「散善義」深信釈中の「四重の破人」の第一、凡夫の疑難に対する言葉であったということであります。だからこそ、同門の先輩同輩らに根深い反発の情を募らせたのでしょう。

そして、何より私にとって大きなことは、この講座のおかげで、親鸞聖人の思索は常に大衆の中に於て行われたということを実感させられたことであります。いま、そのような宗祖としての親鸞聖人を思います。

浄念寺の公開講座によって私の人生の苦しい時期を支えていただきました。『歎異抄』に対する非難が盛んな中で、この講座を維持してくださった聴衆の皆様に厚く御礼を申します。小著の出版を待ち望みながら先立たれた方々のお顔も思い浮かびます。あわせて、ほぼ同じ時期に講座の機会をいただいた、古田和弘先生や、故長谷川耕作先生の御縁に連なる量深学場東京講座、弘前みはるの親鸞講座、柳川採種研究会歎異抄講座、京都親鸞に学ぶ一日、唯信寺、西蓮寺、福成寺はじめ多くの聞法者の皆様にも同様の意味に於て御礼申し上げます。また、田中達博氏、高滝章師、鎌田昭三朗氏、故井上雅嗣師、そして父三明智唯、母榮子のお育ての御恩に感謝致します。

この『歎異抄講義』には廣瀬杲先生から序文を頂戴し感謝に堪えません。

テープ起こしと校正をしていただいたのは、西崎習一、服部貴和、中島航、齊藤研、三明万美の各氏はじめ多くの方々でした。池田顕雄氏には、元原稿を整理いただきました。刊行のために御尽力をいただいたのは和田正之師です。

また法藏館社長西村明高氏、同社編集部の和田真雄氏、満田みすず氏には、原稿整理から刊行まで全般にわたって大変お世話になりました。ここに記して厚く御礼申し上げます。

二〇〇九年八月二六日

親鸞聖人七五〇回御遠忌を目前にして

九州大谷短期大学にて　三　明　智　彰

改訂新版　歎異抄講義　上巻　目次

第二条

第八条

第十条

改訂新版　歎異抄講義　上巻

前序

竊《ひそ》かに愚案《ぐあん》を回《めぐ》らして、ほぼ古今《ここん》を勘《かんが》うるに、先師《せんし》の口伝《くでん》の真信《しんしん》に異《こと》なることを歎《なげ》き、後学相続《こうがくそうぞく》の疑《ぎ》惑《わく》あることを思《おも》うに、幸《さいわ》いに有縁《うえん》の知識《ちしき》によらずは、いかでか易行《いぎょう》の一門《いちもん》に入《い》ることを得《え》んや。全《まった》く自見《じけん》の覚悟《かくご》をもって、他力《たりき》の宗旨《しゅうし》を乱《みだ》ること莫《なか》れ。よって、故親鸞聖人御物語《こしんらんしょうにんおんものがたり》の趣《おもむき》、耳《みみ》の底《そこ》に留《とど》まるところいささかこれをしるす。ひとえに同心行者《どうしんぎょうじゃ》の不審《ふしん》を散《さん》ぜんがためなりと云々

（『真宗聖典』、東本願寺出版部刊〔以下、真宗聖典とする〕六二六頁）

『歎異抄』の書名

最初に『歎異抄』という名について考えてみたいと思います。前序に、「先師の口伝の真信に異なることを歎き」とあります。「先師の口伝」とは、今は亡き師の口から直接に聞いた教えということです。その先師口伝のまことの信心に異なることを歎いて、この本を書いたということです。そして、その思いがそのまま題名になっているわけです。

また、『歎異抄』の終わりにある「後序《ごじょ》」には、次のようにあります。

一室の行者のなかに、信心ことなることなからんために、なくなくふでをそめてこれをしるす。なづけて『歎異抄《たんにしょう》』というべし。外見《げけん》あるべからず。

（真宗聖典六四一頁）

ここに「なづけて『歎異抄』というべし」と書かれています。つまり、書いた人自身が、「この本の名前は『歎異抄』といいます」といっているわけです。それは、「同じ教えに生きる念仏の人びとの中に、信心が異なることがないように、泣きながら書きました」ということです。これが『歎異抄』という書名の由来です。

『歎異抄』の作者唯円と親鸞聖人

次に『歎異抄』を書いたのは誰かということですが、親鸞聖人の弟子の河和田《かわわだ》の唯円《ゆいえん》です。関東は常陸の国、現在の茨城県水戸市の郊外の河和田に、唯円が創建したと伝えられる、報仏寺というお寺があります。

この唯円という人は、『歎異抄』の中に、二度名前が出てきます。第九条と第十三条に、唯円が親鸞聖人と対話したそのままが書かれています。直接に親鸞聖人と遇って話をした人でなければ書けない文章です。それで、『歎異抄』の作者は唯円であるといわれるようになったのです。

親鸞聖人は、三十五歳で越後に流罪になってから五年間、流人の暮らしをされました。流罪が解けてからも、なお二、三年、越後におられて、そして四十二、三歳になって、関東に移動されました。そして、関東で約二十年間、本願念仏の教えを人びとに伝えられました。六十二、三歳まで教えを説かれて、そのあいだにできたお弟子の中で唯円は若手の弟子でした。唯円は、青年時代に親鸞聖人のお話を聞いたのでしょう。江戸時代の人の研究によって、五十歳も年齢が離れていたのではないかといわれています。親鸞聖人が亡くなってから、いろいろと親鸞聖人の真実の教えを歪める異義が出てきました。それを唯円が聞いて、親鸞聖人はそういうことは説いておられない、正しい信心に立ち返るようにという気持ちで、『歎異抄』を書いたということなのです。

遺弟《ゆいてい》の生き残りとして、忘れることのできない師の教えを記しますと、『歎異抄』が書かれたのです。

竊かに愚案をめぐらして

『歎異抄』全体の序は、作者唯円の文章です。最初に「竊かに愚案を回らして」とありますが、この「竊」という字は、米倉に鼠が入って、そっと米を盗むというのが、この字の成り立ちです。「これから泥棒するぞ」といって盗みに入るような鼠はいません。それは強盗です。強盗ではなく、そろそろっと穴から出て来て、サッと盗んで逃げる、それが「竊かに」ということです。また、静かにということにもなるでしょう。さらに、尊いものに向かって自分の気持ちを述べるときの謙虚な心というのが、この「竊かに」という言葉にこもっています。「愚案を回らして」という「愚」も、普通は謙譲語です。しかし、作者自身の気持ちからいえば、文字通り「愚」の意味もあるかもしれません。「案」は、考えるということです。「案」の字は、机を示す字ですけれども、この机に触って、よくよく確かめていくように考えることを「案」といいます。

「竊かに愚案を回らして」とは、これは大変丁寧な謙譲語です。何に対してへりくだっているのかというと、それは教法に対してです。真実の教法を尊ぶ気持ちが、この「竊かに愚案を回らして」という言葉に込められているわけです。

「竊かに」という言葉で始まる重要なお聖教《しょうぎょう》があります。親鸞聖人が書かれた『教行信証《きょうぎょうしんしょう》』です。

竊《ひそ》かに以《おも》みれば、難思《なんし》の弘誓《ぐぜい》は難度海《なんどかい》を度《ど》する大船《たいせん》、無碍《むげ》の光明《こうみょう》は無明《むみょう》の闇《あん》を破する恵日《えにち》なり。

（真宗聖典一四九頁）

という言葉から『教行信証』は始まります。『教行信証』の「竊かに」を相承《そうじょう》して、法を尊ぶ心から書かれているということなのです。

有縁の知識

続いて、「ほぼ古今を勘うるに」とあります。「古」というのは、親鸞聖人が生きておられたころのことです。そして、親鸞聖人が亡くなって、すでに二十年、三十年にもなろうとしている「今」の時代までをあらあらと考えてみればということです。

そこに出てくるのが、「先師の口伝の真信に異なることを歎き」ということなのです。「先師」とは、今は亡き先生のことです。唯円の師、親鸞聖人のことです。「口伝」とは、口伝えと書いて、直接教えていただいたということです。「真信」は、真実信心です。ここに、師弟の出遇いがあるのです。そして、「異なることを歎き」とは、師の親鸞聖人が教えてくださった真実信心に異なった主張が多く説かれるようになってしまっていることを歎くということです。

そして、「後学相続の疑惑あることを思う」と、後に続いて学んでいく人びとが、疑いとか惑いをもつであろうことを思うということです。親鸞聖人が亡くなったあと、真の信心に異なっているということが、ずいぶんある。そのために後の人がどれほど迷っていくだろうかということが大変に気にかかるといわれているのです。

だからこそ、「幸いに有縁の知識によらずは、いかでか易行の一門に入ることを得んや」といわれるのです。まことの師匠によらなかったならば、どうして迷いから離れることができようかということです。「有縁」というと、普通には、縁があるということです。原因があれば結果がある。この原因から結果を成り立たせるのが縁です。条件とか、関係づけるものということです。たとえば、種から実がなる。これを原因から結果とすれば、種に日光や肥料、熱や水というようなものが関わって、それで種から芽が出て膨らんで花が咲き、受粉して果実がなるということになります。その種から実までを関係づけるものを縁といいます。だから、種だけあっても、縁がなければ、芽も出ないし、花も咲かないわけです。種に水や肥料が与えられないと、芽が出ません。大地がなければ伸びません。そのような諸条件を縁といいます。

また、人が亡くなるということについて考えてみますと、「あの人、亡くなったんだって」「えっ、どうして」というときに、一番の原因は何かというと、生まれてきたからです。なぜ死んだのだろうというと、それは生まれてきたからで、それが一番の原因なのです。

縁起ということがあります。「結果だけが偶然に起きたものと見るわけにはいかない。しっかりと、その原因は何であるか、そして、それを成り立たせた縁は何なのかということを、よくよく考えなさい」と、そういうことを釈尊が教えておられるのです。

しかし、そのことに止まらず、もう一つ大事な意味が「有縁」ということにはあります。それは救いの縁という意味です。「出離生死の縁」が有るということです。

「知識」とは、先生とか友だちのことです。本当に私を救ってくださる、その救いの縁としての師こそ「有縁の知識」です。「有縁の知識に依ることがなかったならば、どうして易行の一門に入ることができようか。いやできない」ということです。ですからこれは、ぜひとも「有縁の知識」に依らなければならないという、唯円の実感の言葉だと思います。

易行の一門

「易行の一門」という、この「一門」は、唯一の教えということです。これは「ただ念仏」の教えを指します。『歎異抄』第二条の「ただ念仏して、弥陀《みだ》にたすけられまいらすべし」（真宗聖典六二七頁）という教えが、「易行の一門」です。お念仏は、行じ易いのです。体力があって精神力が強くても、なかなかできないというのが難行です。その反対が易行です。つまり、いつでも、どこでも、誰でもできるというのが易行です。

たとえば、比叡山に千日回峰《かいほう》という荒行があります。本当に不眠不休で歩き続けるそうです。それからまた、常行三昧《じょうぎょうさんまい》という修行があります。「南無阿弥陀仏」を称えながら、九十日間も不眠不休で阿弥陀仏像の周りを歩くという修行です。だいたい一日寝ないだけでも、フラフラになってしまうのが私たちです。それを懸命に維持してやっていくためには、強い精神力と、それから恵まれた体力がなければできません。

それに対して、易行というのは、これは呼吸をするようにお念仏をするということです。「南無阿弥陀仏、南無阿弥陀仏」と、お念仏もうす。声に出せない人は、心に「南無阿弥陀仏」と思う、そういうお念仏です。これは、いつでも、どこでも、誰にでもできる。

いつでも、どこでも、誰にでもできるというものがくだらないものかというと、そうではありません。普通には、いつでもではなく、誰でもでなく、どこでもでないものが尊いものだと、私たちは思うものです。しかし、本当に尊いものというのは、いつでもどこでも誰にでもできるもののほうが、本当は尊いのです。つまり今、この場所に座って呼吸をしているということ自体が、大変に尊いことなのです。そういうことに気がつくようにと教えてくださるのが、真実の仏教です。

人身《にんじん》受け難《がた》し、いますでに受く。　（真宗聖典、冒頭）

という言葉があります。まことに、人として生まれるということは、当たり前のことではないのです。希有の機会をいただいて、人として生まれたのです。この人の身を受けて生まれたということ自体の尊さを忘れて、空しく過ぎていませんかと問いかけてくださるのが、仏の教えなのです。

易行というと、「なんだ、そんなことか」というけれども、誰でもいつでもどこでもできるというところにこそ、尊さ、ありがたさというのがある。今ここにいるのが何でもないことのように思っているけれども、実はそれが尊いことなのです。「ただ念仏」の教えは、時、所、人を問わない、易行ということが特徴です。つまりは、例外なしに、すべての人間が救われていく教えというのが、この「易行の一門」です。真にその道理を教えてくださるような師匠が有縁の知識である。その人に遇うことがなかったら、真の教えに入ることができない、そういうことを自分の実感をとおして唯円が書いているのです。

誰でもできることを、「なんだくだらない」と思うのが、私たちの根性としてあります。千人中一人しかできないことが尊くて、千人中千人ができることは、なんにも尊くないと、馬鹿にするような気持ちがあるのは、わがままの心が頭の中にあるからです。いつでもどこでも誰でもできることということこそが尊い。そのような道理を教えてくださる人が必要です。故に、「有縁の知識によらずは、いかでか易行の一門に入ることを得んや」といわれたのです。

芸能でもスポーツでも、よき指導者がなければなりません。たとえば、生まれながらにして野球が大変に上手な人は希です。トンネルしたり、ボールをなかなか打てない、そういうときに、「もう少し腰を下げれば捕れるんだ」とか、「ボールから目を離さないで、もう少し腰を入れて打ちなさい」というように教えてくれる人がいて、やっとできるようになる。このように、普段の習いごと、稽古ごとでも、先生が必要です。ましてや、自分が救われるという、人生全体が救われていくという道について、正しい師匠が不必要なわけがありません。どうしても正しい先生に依らなければなりません。それがなければ、ただいたずらに迷うばかりです。

それで、「全く自見の覚悟をもって、他力の宗旨を乱ること莫れ」というのでしょう。「自見の覚悟」とは、自分がわかっているつもりということです。自分勝手な考えです。そのような考えで他力の宗旨を乱してはいけません。「他力」とは、他人の力ということではなくて、自我の思いのほかのはたらきです。私の思いはからいよりも大きなはたらきのことです。自我の思いのほかのはたらき、つまりは阿弥陀仏の力です。他人の力だと、「自力」になると思います。他人の力を当てにするというのは、当てにする気持ちが自力だから、全部自力になる。「他力」は、阿弥陀仏の本願の力、はたらき、本当の願いのはたらき、それが「他力」です。浄土真宗の教えのことを「他力の宗旨」という。まったく自分勝手な思いはからいで浄土真宗の「他力の宗旨」を混乱させてはいけませんといわれているのです。

「よって、故親鸞聖人御物語の趣、耳の底に留まるところ、いささかこれをしるす」と続きます。「御物語」とは、「お話しくださったこと」という意味です。お話しくださったことの中でも、耳の底に留まるところをいささか記します。「耳の底に留まる」ということは、心の奥底に刻まれて忘れられない言葉ということです。心に沁みて忘れられないことです。「耳の底に留まるところ、いささかこれをしるす」のは、「ひとえに同心行者の不審を散ぜんがため」です。「不審」とは、疑問、疑いということです。『歎異抄』を書くのは、ただただ心を同じくする修行者の疑惑を解消しようとするためでありました。

＊　　＊

作者唯円は、今は亡き師、親鸞聖人の明らかにされた浄土真宗の法の前にぬかずいて、師が生きておられた昔と滅後二十数年たった今の状況を考えています。唯円の心にあるものは、親鸞聖人の教え子の中に、「先師の口伝の真信に異なること」が行われていることへの歎きと、後に続いて学ぶ人びとの疑い惑いがあることを何とかしたいということでした。まことに、真の師である「よき人」との出遇いがなければ真実の救いの門に入ることはできなかったのです。ゆえに、ご入滅後二十数年たった今もなお決して忘れることのできない親鸞聖人のお言葉を、唯円は記していきます。それはただ、心を同じくする同門の人びとの疑問を解消したいためだったのです。

第一条

一　弥陀《みだ》の誓願不思議《せいがんふしぎ》にたすけられまいらせて、往生をばとぐるなりと信じて念仏もうさんとおもいたつこころのおこるとき、すなわち摂取不捨《せっしゅふしゃ》の利益《りやく》にあずけしめたまうなり。弥陀《みだ》の本願には老少《ろうしょう》善悪《ぜんあく》のひとをえらばれず。ただ信心を要《よう》とすとしるべし。そのゆえは、罪悪深重煩悩熾盛《じんじゅうぼんのうしじょう》の衆生《しゅじょう》をたすけんがための願《がん》にてまします。しかれば本願を信ぜんには、他《た》の善も要《よう》にあらず、念仏にまさるべき善なきゆえに。悪をもおそるべからず、弥陀《みだ》の本願をさまたぐるほどの悪なきがゆえにと云々

（真宗聖典六二六頁）

無量寿・無量光

第一条の最初に、「弥陀の誓願不思議にたすけられまいらせて、往生をばとぐるなりと信じて念仏もうさんとおもいたつこころのおこるとき、すなわち摂取不捨の利益にあずけしめたまうなり」といわれています。

「弥陀」というのは、阿弥陀仏のことです。阿弥陀とは、無量無限という意味の古いインド語のアミタを音写したものです。では、何が無量無限であるかというと、智慧と慈悲です。それが「無量光」「無量寿」と表現されました。

親鸞聖人がお書きになった『正信偈《しょうしんげ》』の最初の言葉が、「帰命無量寿如来、南無不可思議光」です。「無量」ということは、思いはかることができないということですから、「不可思議」ともいうわけです。『正信偈』の「帰命無量寿如来、南無不可思議光」という、この最初の二句は、「阿弥陀仏に対して帰命します」ということをいっておられるのです。「寿」とは、いのちです。「無量寿」とは、「無量のいのち」ということです。この「無量寿」は、何のことかというと、慈悲ということを表しています。

どうしていのちが慈悲なのでしょう。いのちがあるものは温かい。いのちは、ものを活かす。たとえば、子どもがいる場合、親は「この子が大きくなるまで、なんとか健康を維持して、成人するまでは元気で長生きをしていかなければ」と思うのではないでしょうか。どうしてそういう気持ちが起きるのかというと、子どものことを思っているからです。子どもがかわいいという気持ちがあるからです。そういう気持ちがあるから、私たちは、親子のあいだでも、長生きということを念じます。子どもにしても、「お父さん、お母さん、できるだけ長生きしてください」という気持ちになります。それは、やはり慈悲の心が表れているからでしょう。

慈悲について、曇鸞《どんらん》大師の『浄土論註《じょうどろんちゅう》』には、

苦を抜くを慈と曰《い》う。楽を与うるを悲《ひ》と曰《い》う。

（真宗聖典二九二頁）

という解説があります。慈悲という、慈しみ憐れみ悲しむ心というのは、相手の苦しみを抜き、真の楽しみ、喜びを与えようとする心だといわれるのです。そういう心が慈悲です。

「憐れみ、悲しみ、育む」（『歎異抄』第四条）という、優しい心、温かい心、深い心です。そういうのが慈悲の心です。現代人には、真の愛といってもいいかと思います。つまり、儲けや損得の、欲に絡んだ愛

ではなくて、相手のことを本当に思い、相手のために命を捨ててもかまわないと、そういう真の愛、それが慈悲です。いのちは、そのような慈悲を示すのです。

それから「無量光」の「光」は、何を示すかというと、智慧を示します。智慧というのは、どういうことかというと、真実がわかるのが智慧です。悪知恵や浅知恵とは違います。悪知恵や浅知恵は暗くなります。どうやって人を騙そうかと思う心は、とても暗い心です。それは真の智慧とはいいません。無量光は真の智慧を示します。真の智慧は、明るいのです。本当のことがわかるときには明るくなります。漫画などで、本当のことがわかったときに、ピッカリと電球の絵が画かれたりします。真のことがわかっている人は、明るい顔になる。

真のことを、自分だけがわかっておしまいではなくて、真のことがわからない人に、なんとか真のことがわかってもらえるようにと、手立てを尽くす。そういうのが智慧です。自分だけがわかって満足しているのは、これはやはり悪知恵、浅知恵ということになるのです。自分が本当にわかったら、そのわかった内容を、人にもわかってもらえるように手立てを尽くす、それが真の智慧です。

阿弥陀仏とは、無限の慈悲と無限の智慧の仏です。しかし、それは阿弥陀仏に限りません。阿弥陀仏の特徴は、その極まりのない無限の智慧や慈悲の根源に本願があるということです。本願を重要視するのが浄土真宗の教えであり、親鸞聖人の教えです。

法蔵菩薩と世自在王仏の出遇い

では、その本願は、どのように説かれているのでしょうか。『無量寿経《むりょうじゅきょう》』の内容をたずねてみましょう。阿弥陀仏は、もとは国王でした。国のあらゆる権力を握るのが国王ですけれども、その国王が仏教の話を聞いて、「ああ、この世にもっと、本当に自由な、本当に喜びをもって生きていける道があったのか」と感じて、国を棄て、王の位や財産をすべて捨てて、仏弟子になったというのです。その仏弟子になったときの名前が、法蔵菩薩です。法蔵というと、『正信偈』の「帰命無量寿如来、南無不可思議光」の次に「法蔵菩薩因位時」とあります。法蔵菩薩の先生は、世自在王仏です。

世自在王仏というのは、何を示すかというと、自由自在ということです。この世において自由自在な存在である。これは大変に重要な名であると思います。国の人民に対し生殺与奪の権を握り、国の財産すべては自分のものだという、強い力をもっているものが国王です。その王も、仏の自由自在の前ではまったく不自由である。本当の自由というものは、仏にある。そういうことが世自在王仏という名前に示されているわけです。

この世で価値があるとされているものは、みな限りがあるものです。たとえば、お金にしても、たくさん持っていれば持っていたで心配し、苦労する。なければないで心配し、苦労する。お金は、本当に人を幸せにするのか、不幸にするのか、わかりません。かえって不幸にさせるような場合も多いのではないでしょうか。お金がなければ生きていけないということは確かにあります。けれども、お金があるせいで、親子や兄弟のあいだで、お互いが信じられなくなることもあります。何が本当の幸せなのか、よくわからなくなります。やはり、お金よりも、お金を使う人間の魂が大事なのではないでしょうか。宝石にしても、証券にしても、重い金庫に、幾重にも鍵をかけて、しっかりとしまっておかなければ、とても安心して眠れない。国の権力者は、いつクーデターがあるかわからない。不安や心配の中で寝起きして、独裁者というのは本当に自由なのでしょうか。

また、人間であるかぎり、老・病・死ということは絶対に避けられません。いかに王さまであろうとも、避けられません。今までの王さまの中で、王さまだったからという理由で百万年生きた人などはいません。長く生きたとしても、百年でしょう。そういう意味で、国王として威張っていても、何にも本当の自由はない。仏さまの教えを聞いて、そしてこの世に人間として生まれた意義を明らかに知らなければなりません。

念仏往生の誓願

法蔵菩薩が、本願をたてた主人公です。本願の「本」とは、「もと」ということです。阿弥陀仏になるもとの願いということです。それからもう一つ、「本」とは、「本当の」という意味があります。真実の願いという意味で本願といわれるのです。

法蔵菩薩は、一切の生きものがすべて平等に救われるようにしたいという願いをたてた。この本願は誓願ともいわれます。自身の存在全体をかけて、一切の生きとし生けるものが救われなければ、私は仏には成らないと誓う願い、それが法蔵菩薩の誓願です。

法蔵菩薩の四十八願の中の第十八願に、

> たとい我、仏を得んに、十方衆生、心を至し信楽《しんぎょう》して我が国に生まれんと欲《おも》うて、乃至《ないし》十念せん。もし生まれずは、正覚を取らじ。唯五逆《ただごぎゃく》と正法《しょうぼう》を誹謗《ひほう》せんをば除く。
> （真宗聖典一八頁）

とあります。これが、念仏往生の誓願です。

法蔵菩薩は、一切の生きとし生けるものを平等に救うのに、どうしたらいいかということを五劫《ごこう》の間考えに考えられました。五劫というのは、時間の長さです。蓮如《れんにょ》上人の『正信偈大意《しょうしんげたいい》』によれば、一辺が四十里のサイコロ型の大きな石を、三年に一度、天女が羽衣でサァッと撫でて、その石がなくなるまでの時間が一劫です。その五倍が五劫。その五劫のあいだ、考え続けられた。これを五劫思惟《しゆい》といいます。

たとえば、親孝行を条件にして救おうとしたならば、親孝行なものは救われるが、現実には親孝行なものは少ない。親孝行でない人は救われないことになってしまいます。

では、戒律を守るというのは、どうでしょう。嘘をつくな、というのから始まって、戒律を守る人は大変少ない。嘘をつかない人のほうが少なくて、嘘をついてしまう人のほうが多い。だから、嘘をつかないものを救うというだけでは、一切の人を救うことはできない。

このように、布施・持戒《じかい》・忍辱《にんにく》・精進《しょうじん》・禅定《ぜんじょう》という修行は、大変に尊いことなのだけれども、誰もができるかというと、できない人がいる。そういう中から、「ただ念仏もうすものを必ず救おう」という誓願を起こされたのが、念仏往生の本願の起こりです。

念仏とは、どういうことかというと、基本は心に憶うことです。しかしこれは、心が散り動いていたら、なかなかできません。ですから、心に憶うことができない人は、仏の名前を称えましょう、南無阿弥陀仏と称えましょうという。それが称名念仏です。言葉には、はたらきがあります。「梅干し」と聞いた途端に、梅干しの形が浮かぶ、色が浮かぶ、唾が出る。そのように、言葉には、はたらきがあるのです。南無阿弥陀仏と、言葉にしましょう。その言葉によって、仏を思うことができる。それでは、言葉が出せない人は、どうなるのでしょう。それは、心の中で南無阿弥陀仏と思えばよいのです。そのように、ただ念仏もうすものを必ず救おうという誓いが、この「弥陀の誓願」なのです。

南無阿弥陀仏とか、お念仏を聞けば、法蔵菩薩のことだとか、弥陀の本願のことだとか、そういうことが心に浮かぶということです。言葉が精神生活を耕していくのです。

その弥陀の誓願は、ただ念仏するものを救おうというだけの誓いで終わらずに、そのお念仏を、人びとが称えるように、自分はあらゆる手立てを尽くそうということも誓うわけです。人びとがお念仏をできるように、自分は手立てを尽くしましょう。念仏をもうすように催促しましょう。そういうことまで含んで、ただ念仏もうすものを救うという誓いを起こされた。それが、弥陀の本願、誓願です。私たちの側にいて、先生になってくださったり、親になってくださったり、友だちになってくださったりして、お念仏を喜んでいる人がおられます。お念仏の教えを聞くという人がおられます。そういう人が、法蔵菩薩の本願がはたらいている人なのです。

不思議

次に「弥陀の誓願不思議に」というのは、弥陀の誓願の不可思議なはたらきを示します。「弥陀の誓願不思議」の「不思議」というのは、「ウーン不思議だなあ」と普段、私たちが考える不思議とは違うのです。考えても考えても考えても、考え尽くすことができないのが不思議というのは、普通の話です。しかし、本当は考えてもいないことのほうが、不思議ではありませんか。今日、皆さんは朝起きてから、ご飯を何回噛みましたか。考えたことはありますか。歯の具合が悪くて、歯医者さんに行って抜いたときに、一噛み一噛みが痛くて、苦しくてというようなことがあるでしょうが、今朝、ご飯を何回噛んだかということは、数えた人がない。また、今日は呼吸を何回しましたかと聞かれても、答える人はいません。普段は、呼吸の回数などは数えません。

こういうことこそが不思議なのではないでしょうか。呼吸をしているということ、朝起きてご飯をいただいているということ、おなかが空くということ、暑ければ汗が出るということ。こういうことが、実は不思議なのです。

幽霊がいるかどうかとか、空飛ぶ円盤があるかどうかとかを「不思議だ、不思議だ」といっているのは、考えられた不思議で、本当の不思議ではありません。考えるよりも先にある不思議ということです。この身がここにいるということ自体が、不思議なのではありませんか。どうしてこのお父さんとこのお母さんのあいだに私は生まれたのだろうか。本当は、このことが不思議なのです。どうして眉毛は横に、目も横で、鼻が縦になっているのでしょう。そのほうが不思議なのです。

現在ただ今、この身をいただいていること自体の不思議ということに目を開かないで、それ以外に何が不思議でしょう。作られた不思議に騙されて、自分を失っていくことになりはしませんか。「仏法に不思議なし」、人間が作って考えた不思議を、仏教ではいいません。真の仏法には不思議なし。つまり、煙は上に昇る、水は高いところから下に流れる、そういうことを説くのが仏教だというのです。つまり、道理を説くのが仏教です。「弥陀の誓願不思議」とは、人間の思いはからいに先立った大きなはたらきです。この『歎異抄』の第一条が「弥陀の誓願不思議」という言葉から始まるのは、誓願の解釈に先立って、感動があるのではないでしょうか。

感動すべき事実

「誓願不思議」というときには、不思議というべき事実に、まさに出遇っているそのことこそが、「誓願不思議」ですから、感動があるといったわけです。「弥陀の誓願不思議」というところに感動ということがある。つまり不思議というのは、ただわからないというのではなくて、不思議というべき事実に出遇っているということなのです。

たとえば、「有難うございます」という言葉があります。有ること難し、有るということは、きわめて困難であったという事実が目の前にあるからこそ、「有難うございます」といったのでしょう。ただ言葉の上だけで、「有難う、有難う」ということではないと思います。

「ここまでしてくださることは、大変にご苦労をおかけしまして、困難な思いをおかけしたことでしょう。私には、こういう具合にしていただけるようなものは何一つないのです。それなのに、この私にこのようなことまでしてくださったということは、大変に有ること難いことでございます」という実感が、「有難うございます」ということになるのではないでしょうか。つまり、有ること難しということが、いま目の前にありますという感動が、「有難うございます」という言葉になっているのです。この言葉に、人間生活が、まさに感動すべき出来事であるということを、私はうかがいたいのです。

思いもかけていなかったけれども、大きなはたらきの中で日暮らしをさせていただいている。その実感が、「弥陀の誓願不思議」という言葉に込められているのではないかと思うのです。そうすると、日常生活のただ中の、一つ一つの出来事は、全部「弥陀の誓願不思議」を私に気づかせるためにはたらいているのだということになると思います。

人生の完成

次に、「往生をばとぐるなりと信じて」という。この「往生」とは、人生のことを示します。「往生」というと、今は、死んでしまうことというような言葉の使い方が多いのですが、本来はそういう意味ではありません。

「往生」の「往」は「往く」、「生」は「生まれる」ですけれども、生きるということも意味します。「浄土往生」というのは、浄土に向かって一歩一歩歩んでいる、その生き方のことを「往生」というのです。その浄土とは、阿弥陀仏の世界です。一歩一歩、阿弥陀仏の世界に向かって往き、目覚めに向かって生きつつあるその歩みを完成するのが、「往生をとぐる」ということなのです。

現在では、往生という言葉は、困った状況のことといわれがちです。「電車が立ち往生した」とか、「もう往生したわ」などというときに、「往生」という言葉を使っています。これは、往生を、ただ死ぬことと捉えられてきたからだと思います。

そうではなくて、「往生」とは、現在ただ今、喜びをもってお浄土に向かって生きていくのだという自覚を示した言葉です。ですから「往」は、ぐんぐん進んでいくことを示す「往」です。「生」も、生まれる、新たに誕生していくということです。ですから、こういう言葉が示していることは、不安ではなくて、喜びです。停滞ではなくて、進んでいく、拓けていくという、明るい言葉なのです。

「往生をばとぐるなり」というのは、往生の人生が完成するということです。このいのちが終わるときとは、人生が完成するときです。たとえ短くても、長くても、その人生が完成するときが、臨終のときです。そのように捉えるのが親鸞聖人の教えです。いのち終わるときというのは、仏さまになるときであって、どこへ迷っていくのか気がかりだというようなことではありません。

浄土真宗、親鸞聖人の教えに生きる人びとは、お葬式のときに塩を使いません。日本で一般に、どうして塩が使われるのかというと、清めのためです。浄土真宗では、死ぬということは、穢《けが》れではありません。人生の完成ということです。ですから、穢れを清めるための塩は使いません。

事実に頷く

死ぬということは、人生の完成であって、その人生の完成に向かって、一歩一歩、日暮らしをさせていただいている。それは、「弥陀の誓願不思議」に出遇ったからです。そのことに目覚めるというのが、信じるということです。

信じて念仏もうさんとおもいたつこころのおこるとき、すなわち摂取《せっしゅ》不捨《ふしゃ》の利益《りやく》にあずけしめたまうなり。

（真宗聖典六二六頁）

弥陀の誓願は、お念仏もうすものを必ず救うという誓願です。その誓願に応えるのが、「念仏もうさん」ということです。弥陀の誓願は、ただ念仏もうすべしという教えです。それに応えるのは、念仏しようという心が起こるときということになります。お念仏もうすべしという教えに遇って、「ナンマンダブ、ナンマンダブ、ナンマンダブ」と、すぐに称えるのは、正しい返事ではありません。「お念仏もうすべし」といわれて、「はい」と応えるのが、正しい返事です。「はい」と返事をするのが、「信じて」ということです。弥陀の誓願不思議の中に生きていたのに、それを忘れていた。その事実に「はい」と頷く、「はい」と返事をする。それが「信じて」ということです。

「本当かどうかわからないが、本当だと思い込むこと」というのが「信じる」ことだと思われがちです。また、「どうぞここに判子を押してください。収入の証明書を見せてください。はい、ではお金を貸します」と、判子を押すとか、保証人を立てるとか、どうしてそういうことが必要なのでしょうか。本当は信用していないから、判子や担保や保証人が必要になるのではないでしょうか。「あなたを信じています」

というときには、「絶対に嘘をつくなよ」ということがある。信の裏に疑いがあるということが多いのが、現在使われている信ではないでしょうか。

事実について、「はい」と領くのが、信です。したがって、「念仏もうさんとおもいたつこころ」が起こってくる。自分で「よしっ！」と、気合いを入れて起こすのではなくて、念仏もうさんと思い立つ心が起こってくるというところに、はや弥陀の誓願不思議のはたらきがあるのです。今、弥陀の誓願不思議に出遇っているのです。その証が、念仏もうさんと思い立つ心が起こってくることなのです。「いつ助かるのですか」というと、念仏もうさんと思い立つ心が起こってくるとき、このときにもう助かっているというのが、「すなわち摂取不捨の利益にあずけしめたまうなり」ということです。

ものの逃ぐるを追わえ取る

「摂取不捨」とは、摂《おさ》め取って捨てないということです。阿弥陀仏のお心が、私たち一人一人を摂め取って捨てないのです。私たちが、機嫌が良いとき、悪いとき。調子が良いとき、調子の悪いとき。健康なとき、病気のとき。そういう分け隔てなしに、常に心の中に摂め取って捨てないのが、「摂取不捨」ということです。気づこうが気づくまいが、摂め取って捨てないと、はたらいていてくださる。これを「ああ、そうだったのか」と気づく、「はい」と返事をする。それが、この「摂取不捨の利益」を得るときである。

これは、ずっと呼ばれていたという自身の自覚です。「気づいてくれ、気づいてくれ。本当に尊いいのちをいただいているのだということに気づいてくれ」と、ずっと呼びかけられていたのです。けれども、それに「はい」という返事ができなかった。わからなければ返事ができない。「ああ、ずっと呼ばれていたのか」と気がつくというのが、「はい」という返事のときです。そのときが、「念仏もうさんとおもいたつこころのおこるとき」です。まさしく、そのときが利益を得るときです。どういう利益かというと、ここに私が私自身として生かされていることに目が覚める。そういうのが利益だというわけです。この「摂取不捨の利益」というのは、現在ただ今、利益にあずかるのです。「あとで」というのでなくて、助かっているという、その証拠が信心であり、念仏です。助かるということは、現在ただ今のことであり、弥陀の誓願不思議に遇ったというときが、すでに助かっているときだと示されているわけです。そのことを忘れてしまっているのが私たちです。

追いかけて、摂め取って捨てない。それが「摂取不捨の利益」です。また親鸞聖人「弥陀経和讃《みだきょうわさん》」の左訓に、「摂」と「取」について、

おさめ　とる

ひとたひとりてなかくすてぬなり　せふはもののにくるをおわえとるなり　せふはおさめとる　しゆはむかへとる

（摂め取る。一たび取りて永く捨てぬなり。「摂」はものの逃ぐるを追わえ取るなり。「摂」は摂め取る。「取」は迎え取る）

（『定本親鸞聖人全集』第二巻、五一頁、「摂取」左訓）

とあります。これは、

十方微《じっぽうみ》塵《じん》世界の　念仏の衆生をみそなわし
摂取《せっしゅ》してすてざれば　阿弥陀《あみだ》となづけたてまつる

（「弥陀経和讃」真宗聖典四八六頁）

という和讃の専修寺《せんじゅじ》所蔵の本に書かれていています。逃げるものを追いかけていって捕える。それが「摂取不捨」ということである。「なんだ、こんな世の中、生まれてこなければよかった」とか、「仏も法もあるものか」とか、好きだ嫌いだといって、冷たい心、わがままの心、そういう心は、摂め取るという心から逃げているのです。その逃げるものを、「ああ逃げていった」と見捨てるのではなくて、どこまでも追いかけていって捕えて離さない、それが「摂取不捨」ということなのです。

室町時代の蓮如上人の語録の中にも「摂取」の解説があります。ある人が、「摂取不捨のことわりを知りたい」と思って、あるお寺の阿弥陀さまにお参りをした。そうしたら、夢に阿弥陀さまが出てきて、袖をとらえて、自分は逃げようとするのだけれども、その阿弥陀さまがしっかりと捕まえていて、放してくださらない、というようなことがあったと。それで、

摂取《せっしゅ》と云《い》うは、にぐる者をとらえておきたまうようなることと、ここにて思い付きけり。

（『蓮如上人御一代記聞書』真宗聖典八九三頁）

と。つまり「摂取」というのは、逃げるものを捕まえて、「ここにいなさい」といって、とどめておくようなことだと、いっておられるわけです。これは前々から親鸞聖人の指導を受けてのことではないかと思いますけれども、「摂取不捨」ということがわかるのは、逃げていた、逃げようとしていた自分だったと気がつくところが、「摂取不捨の利益にあずかる」ということなのです。つまり、「誓願不思議という事実を忘れて、仏も法もあるものかというような思いで生きていましたが、阿弥陀さまはお捨てにならないで、追いかけて、つかまえていてくださったのですね」と、そういう気持ちが「摂取不捨」という了解に出てくるわけです。

ですから「摂取不捨」ということをわからないからといって、駄目だというわけでもないのです。「摂取不捨」ということがわからない。わからないからこそ、親鸞聖人も「自分は逃げていた」といわれるのです。そうすると、かえって逃げる気持ちがわかっている人のほうが、追いかけてきて捕えて放さないということを余計にわかるのでしょう。

親の愛にしても、親孝行な子どもがわかるか、親不孝な子どものほうがわかるのかという問題があります。親に背いてきたけれども、親のほうは自分を捨てなかった。本当に申しわけなかったと後悔する。そういうかたちの親との出遇い方があります。親鸞聖人にすると、阿弥陀仏の慈悲は、いい子だけを相手にするのではない。慈悲の心を否定するような、冷たいわがままな心を持っているこの私を、絶対に捨てないで守ってきてくださっていたのだという気持ちから、こういう言葉が出てくるわけです。

罪悪深重煩悩熾盛の身の自覚

次に、「弥陀の本願には老少善悪のひとをえらばれず。ただ信心を要とすとしるべし」とあります。「えらばれず」というのは、分け隔てしないということです。「老少善悪」ですから、年齢的な分け隔てや、善人・悪人というような分け隔ては、一切されない。ただ信ずる心、「はい」と弥陀の誓願に返事ができる、そういう信じる心が一番の要なのだといわれるのです。それはなぜでしょうか。「そのゆえは」といって、理由を示されます。これが、親鸞聖人の特徴です。

その故は、「罪悪深重煩悩熾盛の衆生をたすけんがための願にてまします」ということです。それは取りも直さず、この私を助けてくださろうとしていたのだと気がつくことが一番の要なのです。背くものを、なんとかして気づかせたい。自分自身を見失っているものが、自分自身に気がついて、立ち上がるようにさせたい。そのような気持ちが、「罪悪深重煩悩熾盛の衆生をたすけん」という言葉です。

「罪悪深重」とは、罪や悪が深く重い。一番深く重い罪は、仏の慈悲と智慧を疑う心です。仏の慈悲を疑うというのは、「やっぱりいい子のほうから助けるだろう」と思う心が疑うということなのです。それが「罪悪深重」です。「煩悩熾盛」というのは、「煩悩」は煩い悩み。「熾盛」は、「熾」の字は、炭火が熾るという字です。ですから、煙が出るよりも、もっともっと熱く燃えている状態です。「罪悪深重煩悩熾盛」、煩悩が燃え盛っている衆生を助けよう。それが弥陀の誓願です。そのような阿弥陀仏の誓願によってしか助からなかった親鸞聖人自身が、ここにおられるのです。

「親鸞聖人は偉い人ですから、そういうことをお思いにならないでしょう」というと、そうではないのです。親鸞聖人が真っ先に、ご自身が、「罪悪深重煩悩熾盛の衆生として私はいる。この私を摂め取って捨てないというために、あらゆる力を尽くして教え、育んでくださった」と、弥陀の誓願不思議に出遇っておられるわけです。

弥陀の誓願不思議に出遇うということは、実は罪悪深重煩悩熾盛の自分自身を深く知るということと一体になっているということなのです。ここがとても大事なところです。

罪悪深重煩悩熾盛の衆生が、ほかでもない、この私自身だと自覚する。『歎異抄』の「後序」に、

聖人のつねのおおせには、「弥陀《みだ》の五劫思惟《ごこうしゆい》の願《がん》をよくよく案ずれば、ひとえに親鸞一人《しんらんいちにん》がためなりけり。されば、そくばくの業《ごう》をもちける身にてありけるを、たすけんとおぼしめしたちける本願のか

たじけなさよ」と御述懐《ごじゅっかい》そうらいし

（真宗聖典六四〇頁）

とあります。親鸞聖人は、つねに独りごとのようにしていわれたということです。「私は皆さんの前でもうし上げたいと思います」というように、大きな声を出していわれているのではなくて、自分自身に向けて、「弥陀の五劫思惟の願をよくよく案ずれば、ひとえに親鸞一人がためなりけり」とつぶやかれた。これは、どういうときに感じられたのかというと、やはりそのあとの、「そくばくの業をもちける身にてありけるを」という、その身の自覚をとおして、実感なさったのでしょう。

これと照らし合わせて、第一条の「罪悪深重煩悩熾盛の衆生をたすけんがための願にてまします」ということも、これは親鸞聖人ご自身が、罪悪深重の衆生の一人としていっておられるのだということなのです。ですから、「弥陀の本願は誰のためですか」といったときに、先に「皆さんのためでした」というのではなくて、「私一人のためだったのです」といえる人にして、初めて「皆さんのためです」ということもいえるでしょう。自分で、たとえばケーキを食べる。「ああおいしい、ああおいしい」と食べた人が、「さあどうぞ、おいしいですよ」といえるのであって、自分で食べもしないで、「おいしそうですから、どうぞどうぞ」といっても、誰も食べません。「ああ、おいしいな、お母さん、僕のためにどうも有難う。おいしい、おいしい」といって食べるのを見ると、ほかの子どもたちも、「それなら私も食べたい」ということになるのです。ここも「親鸞一人がためなりけり」が要です。「そのゆえは、罪悪深重煩悩熾盛の衆生をたすけんがための願にてまします」と、その衆生とは私自身なのです。こういう気持ちが「弥陀の誓願不思議」との出遇いなのです。

現在に救われる

このような弥陀の誓願不思議のはたらきの中に、私たちはいるのです。それを私は、いつも忘れてしまっているけれども、忘れていても駄目だといってお捨てにはならない。常に気がつくように気がつくようにと、はたらきかけ、気がつくのを待っていてくださる。それが、たとえば体温になったり、血の流れになったり、寒い暑いを感じるように、ずっと私たちに関わってきてくださっているのです。そういうはたらきのすべてが、「弥陀の誓願不思議」ということです。親鸞聖人は、そういう「弥陀の誓願不思議」に出遇っておられるのです。ですから、善いことをしたから助かるとか、悪いことをしたら駄目だとか、そういうような話よりも先に、この世にこの身が誕生したということ自体に大きな意義があると説かれるのです。この世に誕生したということを抜きにして、外側だけに目が向いてしまって、足もとを見ない。そこに大きな間違いがあるのです。それで、「しかれば本願を信ぜんには、他の善も要にあらず、念仏にまさるべき善なきゆえに。悪をもおそるべからず、弥陀の本願をさまたぐるほどの悪なきがゆえにと云々」といわれるのです。こういうお言葉は、現在に救われて生きている人の心境を示しておられるのです。これを現生正定聚《げんしょうしょうじょうじゅ》の心境といいます。

現生正定聚とは、今生きているこの一生が現生です。その現生に、正定聚に住する。正定とは、正しく定まる。現に救われつつある。必ず仏に成るべき身に定まったというのが、正定聚ということです。これが真の信心の人の心境です。

一般的に、自分の都合が悪いことは避けて、都合のいいことに来てほしいと祈るのが信心だと捉えられがちですが、それは実は、わがままな心の現れでしかありません。「鬼は外、福は内」というよりも先に、自分自身の心がどうなっているのでしょう。自分の心に鬼が棲んでいて、それで「鬼は外、福は内」といっているのではありませんか。ちょっとおかしいことですね。自分だけ都合がいいように、できるだけ祟りがないようにと、そういう信心なら、今度は「祟りがあるぞ」と脅かされると、びくびくしてしまって、それこそ正しく定まることがない。信心という名前で、ますます迷いが深まる。そのようなものとまったく違う真の信心のあり方が、ここに示されているわけです。

「他の善も要にあらず」、あるいは「悪をもおそるべからず」というのは、災難や祟りを嫌がって、神さま仏さまを祈る信心ではなくて、善も悪もそういうことに目が覚めるのが、浄土真宗の信心だと示されているわけです。『歎異抄』の第七条に、

信心の行者には、天神地祇《てんじんじぎ》も敬伏《きょうぶく》し、魔界外道《まかいげどう》も障碍《しょうげ》することなし。罪悪も業報を感ずることあたわず、諸善もおよぶことなきゆえに、無碍《むげ》の一道なりと云々　（真宗聖典六二九頁）

こういうお言葉があります。天の神・地の神も、その本願を信じる人を尊敬する。悪魔も障げをなすことがない。また業の報いを超える。そういう尊い人生を実は私たちは、すでにいただいていたのだと、そのことに目が覚めて、日々一歩一歩念仏生活をさせていただく。その内容が「本願を信ぜんには、他の善も要にあらず、念仏にまさるべき善なきゆえに」です。つまり、ただ念仏のみということです。「悪をもおそるべからず、弥陀の本願をさまたぐるほどの悪なきがゆえに」、どれほど罪業が深くとも、弥陀の本願は必ず摂め取って捨てない。世界中の人が自分を見捨てて、自分を仲間はずれにしようと、弥陀の本願だけは絶対に私をお捨てにはならない。弥陀の本願をさまたぐるほどの悪はない。ただ弥陀の本願のみ。そ

ういう念仏・本願を拠りどころとして生きていく、その人生をいただくということなのです。

弥陀の誓願不思議は、どういう生き方を人にさせるのですかというと、悪をもおそれず、また善も求める必要のない人間として生かさせていただくのです。そういう救いをくださるのが、弥陀の誓願不思議です。信心は人間をどうするのですかというと、信心は人間を本当の人間にするということなのです。

＊　＊

この第一条は、『歎異抄』全体を総括する重要な意義を持っていると思います。言葉を拾ってみると、「弥陀」・「誓願不思議」・「往生」・「信心」・「念仏」・「摂取不捨の利益」・「罪悪深重煩悩熾盛の衆生」・「弥陀の本願」・「信心を要とす」など、浄土真宗のキーワードが網羅されています。その内容は、第一段は、念仏の道とはどのようなものか。第二段は、ただ信心だけが要であること。第三段は、悪人こそが正しく救われるべきものであること。第四段が、念仏・信心・本願による現在のこの人生における救いの領きが述べられています（曾我量深『歎異抄聴記』参照）。まさしく『歎異抄』総論であり、『歎異抄』はここから出て、ここに摂まるのです。

第二条

一　おのおの十余《じゅうよ》か国《こく》のさかいをこえて、身命《しんみょう》をかえりみずして、たずねきたらしめたまう御《おん》こころざし、ひとえに往生極楽のみちをといきかんがためなり。しかるに念仏よりほかに往生のみちをも存知《ぞんじ》し、また法文等《ほうもんとう》をもしりたるらんと、こころにくくおぼしめしておわしましてはんべらんは、おおきなるあやまりなり。もししからば、南都《なんと》北嶺《ほくれい》にも、ゆゆしき学生《がくしょう》たちおおく座《おわ》せられてそうろうなれば、かのひとにもあいたてまつりて、往生の要《よう》よくよくきかるべきなり。親鸞《しんらん》におきては、ただ念仏して、弥陀《みだ》にたすけられまいらすべしと、よきひとのおおせをかぶりて、信ずるほかに別の子細《しさい》なきなり。念仏は、まことに浄土《じょうど》にうまるるたねにてやはんべるらん、また、地獄《じごく》におつべき業《ごう》にてやはんべるらん。総《そう》じてもって存知せざるなり。たとい、法然聖人《ほうねんしょうにん》にすかされまいらせて、念仏して地獄《じごく》におちたりとも、さらに後悔《こうかい》すべからずそうろう。そのゆえは、自余《じょ》の行《ぎょう》もはげみて、仏《ぶつ》になるべかりける身《み》が、念仏をもうして、地獄にもおちてそうらわばこそ、すかされたてまつりて、という後悔もそうらわめ。いずれの行もおよびがたき身なれば、とても地獄は一定《いちじょう》すみかぞかし。弥陀《みだ》の本願まことにおわしまさば、釈尊の説教、虚言《きょごん》なるべからず。仏説まことにおわしまさば、善導《ぜんどう》の御釈《おんしゃく》、虚言《きょごん》したまうべからず。善導の御釈まことならば、法然のおおせそらごとならんや。法然のおおせまことならば、親鸞《しんらん》がもうすむね、またもって、むなしかるべからずそうろうか。詮《せん》ずるところ、愚身《ぐしん》の信心におきてはかくのごとし。このうえは、念仏をとりて信じたてまつらんとも、またすてんとも、

面々《めんめん》の御《おん》はからいなりと云々
（真宗聖典六二六～六二七頁）

十余か国のさかいをこえて

第二条は、「おのおの十余か国のさかいをこえて、身命をかえりみずして、たずねきたらしめたまう御こころざし、ひとえに往生極楽のみちをといきかんがためなり」という言葉から始まります。まず「おのおの」というのは、「皆さんお一人お一人が」ということです。お一人お一人が、十余か国のさかいを越えておみえになった。国のさかいというのは、国ざかいで国境のことですから、十余か国の国境を越えてということになります。その「国」というのは昔の地名で、親鸞聖人が、かつて住まれた関東から京都にのぼる途中の国々のことです。現在の茨城県である常陸を起点として、東海道なら下総・武蔵・相模・伊豆・駿河・遠江・三河・尾張・伊勢・近江・山城という十一の国があるわけです。

親鸞聖人は、承安三（一一七三）年に、京都にお生まれになりました。そして、九歳までに両親と別れ、伯父の日野範綱《ひののりつな》に連れられて、青蓮院《しょうれんいん》という天台宗のお寺で出家得度され、九歳から二十九歳まで天台宗の行者として修学されました。そして、二十九歳で比叡山を下りて、法然上人に出遇い、お弟子になられました。三十五歳のときに承元《じょうげん》の念仏弾圧があり、法然上人はじめお弟子が、流罪あるいは死罪になりました。親鸞聖人は、越後の国府（現、上越市）に流罪になりました。そこで五年間、流人として暮らし、流罪が解けてからも、二、三年は越後におられて、四十二、三歳のころに関東に入られます。そして常陸、下野を中心にして二十年間住まわれました。

関東で親鸞聖人は、念仏の教えを説き広められました。その教えを受けた人たちが、命がけで親鸞聖人に会うために京都まで来られたときのお言葉です。したがって、お話しがあった場所は京都です。関東から京都まで、歩いて親鸞聖人のもとへ訪ねて来られた人たちです。それで、想像ですが、親鸞聖人がおられる草庵か、お寺か、座敷で、親鸞聖人を囲んでのお話し合いのときの親鸞聖人の言葉が、この第二条ということになります。

「身命をかえりみずして」というのは、身の危険、命の危険をも顧みないでということです。江戸時代になりますと、東海道五十三次がだいぶ整備されますけれども、鎌倉時代は、道の整備が、まだまだできていない時代です。もちろん道はあったでしょうが、宿場が整っているわけではありません。そうしますと、道筋でいろいろな危害に遭うこともあります。箱根の山賊も追いはぎもいたでしょうし、野犬も狼もいたでしょう。そしてまた、普通は一か月もかかるこの長い道筋でしょうから、病気になるというような場合もあるでしょう。そういう危険を顧みないで、親鸞聖人のもとへ訪ねて来た人たちがいたということです。

身命を顧みずとは、漢文で書けば、「不顧身命」です。これは善導大師の教えの中の真の仏弟子を明かす言葉です。真仏弟子は唯、仏の語を信じ、自分の身命を顧みずして決定してただ念仏によるものだということを、善導大師が『観経疏《かんぎょうしょ》』「散善義《さんぜんぎ》」の中でいっておられる言葉があります。それが、親鸞聖人のお話しの中に、さらりと出てきたということは、これは親鸞聖人が日ごろから善導大師のお言葉をよくお読みになっておられたということです。

私たちにしてもそうです。普段、何を考え、どのようなものを読んでいるかが出てくるのです。親鸞聖人は、普段から善導大師の示された真の仏弟子の生きざまを考えておられたのです。

「おのおの」というのですから、五人か六人でしょうか。どうしても、直に会ってお聞きしたいという気持ちがあって訪ねて来られた人たちに対して、親鸞聖人がまずおっしゃったことは、「たずねきたらしめたまう御こころざし、ひとえに往生極楽のみちをといきかんがためなり」だったのです。これは、直に聞いた人でなければ書けないような文章ですね。

往生極楽の道をといきかんがため

「往生極楽」とありますが、今日、往生という言葉を聞くと、縁起でもない、嫌な言葉だというふうに思われがちです。「電車が立ち往生した」とか、「ひどい渋滞で往生した」とか、「今年の夏は暑くて暑くて、往生したわ」とかいいます。このときの往生という言葉は、「困った」とか「大変な目に遭った」という意味です。それから、「ああ、あの人もとうとう往生したか」と、人が亡くなったときに、往生という言葉を使います。
この往生という言葉は、「往（ユク）」という字に「生（ウマレル）」という字を書きます。どこに往くのか、どこに生まれるのかというと、極楽に生まれるということです。では極楽というのは何かというと、楽の極まり、最高の楽しみというのが極楽です。『阿弥陀経《あみだきょう》』には、極楽浄土の様子が詳しく説かれています。そこには、
従是西方、過十万億仏土、有世界、名曰極楽

（これより西方《さいほう》に、十万億《じゅうまんおく》の仏土《ぶつど》を過ぎて、世界あり、名づけて極楽《ごくらく》と曰《い》う）

（『阿弥陀経』真宗聖典一二六頁）

と、これより西方、十万億土の彼方に極楽浄土という国があると説かれています。その極楽というのは、この世の楽しみとは比べものにならない真の楽しみ、真の幸せの世界、それが極楽であると示されています。

この世の楽しみは、だいたい見当がつくのではないかと思います。たくさん歩いてくたびれたというときに、椅子がある、あるいは座布団があって、座ることができると、楽だと思う。また、暑くてたまらないときに、涼しい部屋に通されると、涼しいなあと、ほっとする。

ところが、そのままずっと座っていてくださいといわれると、楽だったはずのことが、楽でなくなってきます。立ちたいとか、膝をくずしたいと思います。そこで、「膝をくずして結構です。くずしたら、ずっとそのままでいてください」といわれると、今度は腰が痛くなったりします。暑いところから涼しい部屋へ入って来たときも、最初は、涼しい、楽だといっていますが、ずっとその部屋にいてくださいといわれると、今度は寒くなってきて、夏でもセーターが要るようなことになったりします。

それから、お腹が空いたときに食事をいただいて、「ああおいしかった」といっても、これはいくら楽でも、たくさんは食べられません。

「それでしたら、どんどん食べてください」

「いえ、もうお腹いっぱいです」

「もっと食べなさい」

「いえ、もう食べられません」

というようなことになります。では、お酒はどうでしょう。おいしいなあと思っても、「さあどうぞ。もっともっとお飲みください」といわれると、困ってしまいます。無理をして飲むと、今度はぐらぐらしてきて、吐いたり、苦しくなってしまいます。二日酔いにもなります。

このように、この世の衣・食・住の楽しみは、決して本当の楽しみではないということです。衣・食・住のほかにも、お金とか宝石、土地など、いろいろあります。そういういろいろな楽しみがあるのですが、お金があればあったでいいのですけれども、お金があるせいで、今度はまた苦しい目に遭わなければいけないということもあります。子どもがいれば、賑やかでいいのですが、子どもがいることによって夜も眠れない、苦しい、寂しい、辛いことがある。苦あれば楽あり、楽あれば苦あり、この世の楽は、無常で相対的です。しかし、極楽の楽しみは「但受諸楽（ただもろもろの楽を受く）」とあります。これは、この世の楽ではないということでしょう。

では、本当の楽とは何でしょうか。本当の楽、本当の幸せは涅槃です。真の楽を求める心の底からの願いに答えてある世界、それが「極楽浄土」です。この世の楽が、極楽浄土の本当の幸せに比べたら何にもならないような、ちっぽけなものだったということを知らせてくださる。そういうのを「極楽浄土」というのです。

ですから、「真のさとりの世界」が極楽であって、そこに往き生まれるのが「往生極楽」ということです。命終わるときが極楽浄土に往き生まれるときであると見ますと、命終わるときが往生になり、死ぬという言葉が好まれないので、「往生」というようになった。そして往生といえば死ぬこと、と使われるようになった。しかしながら、往生極楽のために道を訊ね訊ねて、十余か国を歩いて求めてきたというときの往生は、困ったり、死んだりするために訪ねてきたのではありません。真実を求めて歩いてきたのです。往生極楽の道を問うということは、真の救いということを問うということなのです。具合が悪くて困って死ぬというだけの意味の往生だったら、本当は「往死」でいいわけです。往生と示している言葉は、「往く」、「生まれる」、それから『生きる』ということなのです。

たとえば、ここから名古屋へ行くというとき、名古屋へ行くというのは、どこからが始まりかというと、この地点なのです。「今日これから名古屋へ行ってくる」と、荷物をまとめて準備して、「行ってきます」といって出かけるところから、始まっているのではないですか。何の話かというと、往生というのは極楽に向かって往く、生きるということで、これはもう出発点から往生が始まっているということです。往生とは、死んだり、困ったりという意味ばかりでなくて、「真の生き方」を意味する言葉なのです。

往生極楽の道とは、「真の救い」のことを意味します。往生極楽をしてしまったということは、つまりは仏さまになるということです。仏さまになるということは、これは真のさとりをいただくということです。これは往生極楽の結果です。その往生極楽の道を問い聞かんがために、命がけで訪ねて来た人がいるということです。

善鸞事件

関東から人びとは、何をしに来られたのでしょうか。何か大変な出来事があったのではないでしょうか。

それで、もう少し先を見ていきますと、「しかるに念仏よりほかに往生のみちをも存知し、また法文等をもしりたるらんと、こころにくくおぼしめしておわしましてはんべらんは、おおきなるあやまりなり」といわれています。「念仏以外に往生の道を知っているのではないですか、またそれについての教えの文章を知っているのではないですか、どうか教えてもらいたいと思っておられるなら、それは大きな誤りである」と、親鸞聖人がいわれているのです。こういう言葉を見ると、関東から来た人たちが何を質問したのかということが、わかります。答えによって質問がわかるということです。たとえば、

「私はパチンコなんかやっていませんよ」

と答えれば、

「あなた、パチンコに行っていたでしょう」

という質問があったということがわかります。

「私はカレーライスを食べていません」

という答えがあったら、

「あなた、カレーライスを食べたでしょう。口の脇に黄色いのがついていますよ」

などと質問があったということがわかるわけです。

それと同じように、親鸞聖人が、「念仏以外に往生の道を知っていたり、また法文等を知っているだろうと、こころにくくお思いになるならば、大いなる誤りですよ」と答えられたということは、「念仏以外に道があるのですか。そのことを書いた教えの本があるのですか。何か内緒にしていることがあるのでは

ないですか。そのことを教えていただきたいのです」という質問があったということでしょう。

「こころにくく」という言葉は、「真意をはかりかねて、奥がありそうだ、真相が知りたい」というような意味です。ですから、この『歎異抄』では、「本当のことが知りたいのに教えてくれないのですか。どうか本当のことを教えてください」という気持ちです。

親鸞聖人は、念仏往生の道だけを説き続けてこられたのです。それなのに、その教えを聞いた人が、わざわざ関東から訪ねて来て、「念仏以外に往生の道を知っているのですか、あるのですか、秘密にしていることがないですか。教えてください」と聞きに来たというのです。そういう質問をしなければならない事件が、起こったのです。

それが「善鸞《ぜんらん》事件」です。善鸞は、親鸞聖人の息子です。親鸞聖人は結婚し、在家の生活を営み、その在家生活の全体が、お念仏の修行の道場であるということを、自身が実践なさいました。数人いたお子さんのうちの一人が善鸞です。その善鸞が、親鸞聖人の代わりに関東に行ったのです。親鸞聖人は京都へ帰ったけれども、息子の善鸞を関東へ遣わされました。その善鸞が、

「私は、父から内緒で教えてもらったことがある。だから私の話を聞きに来なさい。親鸞聖人の上足の弟子たちの話は聞かなくてもいい。私のところに来なさい。私は親鸞聖人の子どもですから、父から私だけが聞いたことがある。弟子たちが知らないことを私は知っている。お念仏だけで助かるということではない。もっと奥に深いことがあるのだ」

というようなことをいったのです。それで、関東教団が動揺したという出来事があるわけです。それを「善鸞事件」といいます。

善鸞は、自分よりも年上にあたる弟子たちを鎌倉幕府に訴えるようなこともあったのです。親鸞聖人は、善鸞からの手紙を京都で受け取りました。親鸞聖人の弟子に、性信《しょうしん》という人がいます。それから真仏《しんぶつ》という人がいます。その人たちのことを、善鸞の手紙では、「性信や真仏は、間違ったことをしていますよ」と書いてある。「どうしてなのだろう、そんなことをするはずがない人たちなのだけれどもなあ」と、親鸞聖人は不審に思っておられた。それからまた、性信や真仏からも手紙がくる。親鸞聖人は、関東の様子がよくわからないで、困っておられたのです。そして、ずっと事態をよくよく見つめて、「善鸞が、実は私を裏切って、お念仏以外に本当の教えがあるというようなことをいって、人を惑わしていたのだ」ということを明らかに知って、八十四歳のときに善鸞を義絶されました。

息子が自分を裏切った。お念仏の教えは嘘だといいだした。親鸞聖人の、義絶状が残っていて、「かなしきことなり」と書いてあります。

念仏よりほかに往生のみちをも存知し

親鸞聖人は、「念仏よりほかに往生のみちをも存知し、また法文等をもしりたるらんと、こころにくくおぼしめしておわしましてはんべらんは、おおきなるあやまりなり」といわれます。握って隠しているというようなものは一切ありません。全部公開してきたと、いっておられるわけです。

「仏法に秘密なし」です。秘密があるというと、なにやらゆかしく、厳かな印象があり、人は、秘密という言葉に惹きつけられるのですけれども、浄土真宗において秘密はありません。すべてを公開している教えです。「あなたもだいぶ年季を積んだから、そろそろ人が知らない内緒のことを教えてあげよう」ということは、一切ありません。初めて聞く人も、何十年かけて聞いている人も、本当のお念仏の教えに秘密はありません。ですから、いつでも安心して、奥に隠された内緒ごとなしということを信用して聞いていただきたい。親鸞聖人は、そういう気持ちでおられたのです。

続いて、「もししからば、南都北嶺にも、ゆゆしき学生たちおおく座せられてそうろうなれば、かのひとにもあいたてまつりて、往生の要よくよくきかるべきなり」といわれています。「もししからば」とは、「内緒ごとにしていることがあるのではないですか」とか、「お念仏以外に往生の道があるのではないですか」というなら、奈良や比叡山にたくさんの立派な学者がおられるから、どうぞお会いになって、「往生の要は何ですか」と、お聞きになればよろしいといわれているのです。

「南都北嶺」の南都とは、奈良のことです。奈良には、東大寺・薬師寺・興福寺という、昔からのお寺があります。仏教の学問・修行道場が、いくつもあります。また北嶺は、比叡山です。これは、京都から見て北の山なので、比叡山のことを北嶺といいます。たいそう立派で厳かな人が、「ゆゆしき学生たち」です。「学生」とは、学者のことです。その学者であることを威張るような人もいます。「そんな簡単に私が知っていることは教えない。あなたはどこから来たのですか。いくら教えてほしいといっても、ちゃんと手続きを踏んでくれなければ、私は教えませんよ」と、そういう態度がずいぶんとあったのです。「ゆゆしき学生たち」とは、ご立派な、大変厳かな学者・先生たちです。そういう人たちが多くおられるのだから、この「座」という字は、「おわす」と読むと尊敬語です。「おおく座せられてそうろうなれば」と、大変立派な学者たちが多くいるのですから、私のところに訪ねて来るまでもないことです。これは二通りの解釈ができるようです。

一つには、奈良や比叡山のゆゆしき学生たちも、「往生の要は何ですか」と訊かれたら、「お念仏だけです」と、お答えになるでしょうから、どうぞ奈良や比叡山に行ってお聞きになったらいいでしょうと、親鸞聖人はそういうお気持ちだったのではないかという考えです。

それから、もう一つの考え方があります。お念仏に内緒ごとはないということを、私はずっといってきたし、お念仏以外に往生浄土の道はありませんということをいってきたではないですか。それを、お念仏以外に往生の道があるのではないかとか、内緒にしていることがあるのではないかとか、そのような疑いを持つなら奈良や比叡山で聞けばいいでしょう。

どうぞ立派な学者たちにお聞きになってくださいといわれたのです。しかし、そのような立派な学者というのは、なかなかいないのではないでしょうか。立派なふりをしている学者は大勢いるでしょうけれども、昔から今日まで、真の学者というのは、なかなかいないのではないかと、私自身は思います。

親鸞におきては、ただ念仏して

それで親鸞聖人は、「親鸞におきては、ただ念仏して、弥陀にたすけられまいらすべしと、よきひとのおおせをかぶりて、信ずるほかに別の子細なきなり」と、ご自身を打ち出していっておられます。「親鸞におきては」というのは、つまりは、ほかの人の話ではないのだということだと思います。何の本にどう書いてあるからこれが証拠だとか、そういう話ではない。皆がいっているからそうだというような、他人ごとの話ではないのです。「親鸞におきては」といわれて、他人ごとではない、自分が救われる道の話なのだといわれているのです。自分自身が本当に救われていく道、それは自分自身に明らかにいただいたものでなければなりません。「親鸞におきては」というこの一言は、私は、『歎異抄』第二条の中で輝いている言葉だと思います。

　親鸞聖人が法然上人に遇われたのは、二十九歳のときです。いかに修行をし、いかに学問をしても、煩悩具足の身であることを断ち切ることができない。どれほど修行をしても、自分自身の迷いが断ち切れない。本当の救いがわからない。その中で、どうにかして真の救いを得たいという願いから、山を下りて、六角堂に百日参籠《さんろう》なさって、その後、法然上人のところへ訪ねて行かれたのが親鸞聖人です。もう何も一切わかりません。どうやって救われていくのか、私が何のために生まれてきたのか、後生の一大事がわかりません。そういうようなことを、親鸞聖人は尋ねられたのでしょう。法然上人は黙ってお聞きになって、「ただ念仏して、弥陀にたすけられまいらすべし」と教えてくださった。その法然上人の教えを受けて、信じる以外にありません、ということを示しておられるわけです。

　このお念仏の教えは、親鸞聖人や法然上人が、頭が良くて、勝手に作ったというようなものではありません。お念仏、「南無阿弥陀仏」は、これは「ナモー、アミターバ、ブッダ」というインド語の音です。インド以来のお念仏なのです。意味は、阿弥陀仏に帰命しますという意味です。

　「一向専念無量寿仏」と『無量寿経《むりょうじゅきょう》』の中にあります。それから「持無量寿仏名（無量寿仏の名を持《たも》て）」というのは、『観無量寿経《かんむりょうじゅきょう》』にある言葉です。また「応称無量寿仏」と、『観無量寿経』にあります。『阿弥陀経』には「執持名号」という言葉があります。

執持名号、若一日、若二日、若三日、若四日、若五日、若六日、若七日、一心不乱。

（名号を執持《しゅうじ》すること、もしは一日、もしは二日、もしは三日、もしは四日、もしは五日、もしは六日、もしは七日、一心にして乱《みだ》れざれば）

（『阿弥陀経』真宗聖典一二九頁）

この「執持名号」とは、名前を称えるということです。「無量寿仏と称す」（取意）とは、『観無量寿経』の下品下生《げぼんげしょう》の段に出てくる言葉です。十悪・五逆の罪人が、命終わるときに、今まで造った悪業の報いの恐ろしさに脂汗を流して、「苦しい、苦しい」「死にたくない、死にたくない」「熱い、熱い、熱い」と苦しむ。そのときに友だちが、

「阿弥陀さまのことを思いなさい、思いなさい」

と、一生懸命に勧めるのだけれども、苦しくて阿弥陀仏のことを思うことができない。

「そんなに思うことができないのだったら、声に出して無量寿仏の名前を称えよう」

といって、一緒に、

「ナマンダブ、ナマンダブ、ナマンダブ、ナマンダブ……」

と、その苦しみの中から、呻《うめ》き声と一緒に「ナマンダブ」と称えるそのお念仏によって、十悪・五逆の罪人も極楽浄土に生まれると説いてある。さらに『無量寿経』の中に「乃至十念」とあります。このように、お念仏を称えるということは、法然上人や親鸞聖人が急に作り出したものではなくて、『無量寿経』、『観無量寿経』、『阿弥陀経』というお経に、昔から説かれています。いつでも、どこでも、誰でもできるお念仏が、仏教の一番中心の尊い行いなのだと、こういうことなのです。このことを、法然上人が親鸞聖人に教えてくださった。教えてくださった言葉は、「ただ念仏して、弥陀にたすけられまいらすべし」という

ことです。法然上人自身も、お念仏をしておられて、まだ二十九歳の若き求道者《ぐどうしゃ》であった親鸞聖人に、「お念仏しましょう」と説かれたのです。

信ずるほかに別の子細なきなり

「私に」というのを、親鸞聖人自身が「親鸞におきては」というようにいわれたということは、これはもう自分自身の居場所、自分自身の真の精神、そのありったけを出していわれたということです。私のことを「私」というよりも、もっとはっきりと私自身を打ち出して、自覚していわれた言葉です。たとえば、私の場合は、「智彰においては」というと、逃げることができないです。誰にも代わってもらうことができない自分自身のことを打ち出していう言葉です。

「親鸞におきては」と、自分で自分のことを「親鸞」と呼ばれるのは、『歎異抄』の中で大変大事なことをいわれるときです。たとえば、

弥陀《みだ》の五劫思惟《ごこうしゆい》の願《がん》をよくよく案ずれば、ひとえに親鸞一人《しんらんいちにん》がためなりけり。（真宗聖典六四〇頁）

という言葉があります。ここも「私」といわずに、「親鸞一人がためなりけり」といわれています。

「弥陀の五劫思惟の願をよくよく案ずれば、ひとえに親鸞一人がためなりけり」ということは、阿弥陀仏のご本願は、ひとえに親鸞一人のためだったのだという言葉です。ご自身が、「自分だけが」といって、威張っている言葉ではありません。これは、そくばくの業、数知れない悪業をもった自分であったのを助けようと思い立ってくださったご本願のことを念じていわれた言葉です。

親鸞聖人の気持ちからすると、この「親鸞」のところに、一人一人の名前が入るのです。「一人一人の名前が入るようになっているのですよ」ということを伝えたいのでしょう。たとえば、花子さんなら、「弥陀の五劫思惟の願をよくよく案ずれば、ひとえに花子一人がためなりけり」といえるのですよと、そういうことを親鸞聖人はいわれたのだと思います。

とても大事なことをいわれるときに、親鸞聖人は、「私」といわず、「親鸞」と名告《なの》って、「親鸞一人がためなりけり」といわれます。この『歎異抄』の第二条でも、「親鸞におきては、ただ念仏して、弥陀にたすけられまいらすべしと、よきひとのおおせをかぶりて、信ずるほかに別の子細なきなり」と、いわれました。

「ただ念仏して、弥陀にたすけられまいらすべしと」、これがよきひとの仰せである。「ただ念仏して、弥陀にたすけられまいらすべし」が、自分自身の拠りどころであると、自分自身の生き方のすべてであると、「ただ念仏して、弥陀にたすけられまいらすべしと、よきひとのおおせをかぶりて、信ずるほかに別の子細なきなり」と。この言葉を教えてくれた人が「よきひと」だと。何が善い人ですかというと、「ただ念仏して、弥陀にたすけられまいらすべし」ということを教えてくださる人が、よい人なのです。

よい人にも、何種類もあるでしょう。「いてもいなくてもよい人」というようなものまで、よい人です。善いふりをする人もいるでしょう。そうではなくて、本当の「よい人」とは、「ただ念仏して、弥陀にたすけられまいらすべし」ということを、身をもって教えてくださる人です。この「よきひと」が「善知識」です。ものを知っているという「知識」ではなくて、真実のことを知って導く人のことを「善知識」というのです。それが、法然上人です。

「ただ」とは、唯このこと一つ、という「ただ」です。唯このこと一つ。つまり一切のほかの修行は、全部自分には間に合わない。布施、持戒《じかい》、忍辱《にんにく》、精進《しょうじん》、禅定《ぜんじょう》、智慧をはじめとして、仏道修行はたくさんあります。親孝行や人助け、先輩や先生に仕える。そういう修行は、数多くあるけれども、自分にはすべて完全に果たし遂げることはできない。一切の修行ができない、その自分のことをよくわかって、ただお念仏だけだよ、と教えてくださった、その教えを信じます。そういう気持ちでの「ただ」です。

唯このこと一つ、「ただ念仏して、弥陀にたすけられまいらすべし」と教えてくださった「よきひと」の仰せをかぶって、信ずるほかに何にもありません。親鸞聖人自身は、念仏する人として、自分自身の本音を明らかにしておられるのです。

「お念仏すれば助かるということになっているのですよ」という話ではなくて、親鸞においては、現在ただ今、このお念仏によって助けられていますというところからいっておられるのです。威張っていっているのではありません。いずれの行もおよびがたき身であるということをよくよく掘り下げて、ただ念仏のみという確信です。浄土真宗は、「本願を信じ念仏をもうさば仏になる」という教えです。いつでも、どこでも、誰でもできるお念仏によって、男も女も一切の差別なく、皆救われる教えです。この教えに命をかけて、真っ向から実践してくださったのが親鸞聖人でした。そのお心が、私たちに響くのです。

ただ念仏のみです。このお念仏を教えてくださった師匠の仰せに従って私は生きていきます。そこに本当の自由がある。束縛されるのが嫌だというので、先生・師匠をもつことを嫌がる人がいます。しかし、師匠がいなければ本当のところがわからない。師匠がいるからこそ本当のことがわかる。師匠を尊び、師匠の仰せに従っていく。これはただのファンになることとは違います。自分自身の身の目覚めがある。

よきひとのおおせ

『歎異抄』の最初の「序」に、

幸《さいわ》いに有縁《うえん》の知識《ちしき》によらずは、いかでか易行《いぎょう》の一門《いちもん》に入《い》ることを得《え》んや。
（真宗聖典六二六頁）

とありました。「有縁の知識」の知識というのは、師匠あるいは友だちのことです。真の師友を善知識、自分自身を失わせていくような、師匠や友だちを悪知識といいます。善知識には敵になっても近づきなさい、悪知識には絶対に近づいてはいけない。敵になっても善知識には近づけ。つまりは、触れ合うというだけでも大事なのだということです。師匠がいなければ、道を求めるということを果たし遂げることはできません。お茶でもお花でも、絵の道でも書の道でも、あるいは商売でも、師匠がいてこそ道がわかるのでしょう。

この「よきひと」とは誰を指しますかというと、法然上人のことです。あとに、「たとい、法然聖人にすかされまいらせて、念仏して地獄におちたりとも、さらに後悔すべからずそうろう」とあります。つまり最初から、「ただ念仏して、弥陀にたすけられまいらすべしと、法然上人のおおせをかぶりて、信ずるほかに別の子細なきなり」といってもいいはずなのに、どうしてそういわれなかったのか。法然上人を、自分を弁護する盾に使わないという態度なのです。「私はよくわかりませんけれども、とにかくあの偉い、立派な法然上人がいわれているのですから、私はお念仏しているのです」ということではないのです。師匠を盾にして自分を弁護することをしない。だから、「よきひとのおおせをかぶりて」というときに、「親鸞におきては」ということの言葉が大変大事です。「親鸞におきては」と、こういえる自分自身が、はっきりしているのです。

それで、続いて、念仏はまことに浄土に生まれるたねなのか、また地獄に堕ちる行いなのか、私はまったく知りませんといわれるのです。どうしてそういうことをいわれるのでしょう。親鸞聖人は、「お念仏しましょう」と、一生懸命勧めてこられたと思います。親鸞聖人は、「ただ念仏」の教えが弾圧されて同門の仲間が四人も首を切られ、自分は越後に流罪になった。それでもお念仏を棄てずに、流罪が解けてからも、関東で二十年間、命をかけてお念仏の教えを勧めて回られます。その親鸞聖人が、「念仏は地獄行きか極楽行きか、私はわからない」と、そんなことを聞いたら、「先生、それはないでしょう」と思うのではないでしょうか。

『歎異抄』には、凄い言葉がいくつもあります。「お念仏しても喜べません。急いで浄土に往きたい気持ちがありませんけれども、どうしたらいいでしょうか」という質問に、「私もそうなのだ」と答えているところもあります。なんというだらしない師弟関係ではないかと、そのように思う人もいます。私は、そうではないと思います。本当の生の正直な自分自身というのを語り合っているのだと思います。

ここはどうなのでしょうか。理屈で考えているのとは違うということをいわれているのでしょう。「存知せざるなり」とあります。理屈で考えてわかるのが「存知」ですが、そういうことではありません。「ここにこう書いてあるし、あそこにこう書いているし、ここにも書いている。あの人もやっているし、この人もやっている。皆やっているのだから、やっぱりいいのではないですか」というのでは理屈です。

ガツンと人を叩いたときに、「痛いじゃないか。どうして叩くんだ」といわれて、「そうじゃない。私が手を出したところに、あなたの頭があっただけだ」とか、「騙しただろう」「違う。あなたが騙されただけだ」と、なんでも理屈はつきます。しかし、そうではない。理屈の上で念仏だといっているのとは違うのだというのです。つまり、「よきひとのおおせをかぶりて、信ずる」というのは信知ということです。

思い計らって理屈をつけてやっているということが存知。そういうことであれば、南都北嶺にゆゆしき学生たちがたくさんおられるから、そちらに行ってどうぞ訊いてくださいといわれたのです。

「親鸞におきては、ただ念仏して、弥陀にたすけられまいらすべしと、よきひとのおおせをかぶりて、信ずるほかに別の子細なきなり」と。「親鸞におきては」ということと、「おおせをかぶる」とあるのが重要です。かぶったのは自分です。おおせをかぶるという、自分自身の信ずる内容を示しておられるわけです。人がどれほどいっても、自分でいただいたところから始まるわけです。

それで、教えと自分自身が両方揃わなければ、まことの信心、まことの仏教にはなりません。「機教相応がまことの仏教」という言葉があります。機というのは自分自身、教というのは教えです。それが相応する、ぴったり合うというのが、まことの仏法、まことの仏教、まことの信心といわれます。ですから、ここの「よきひとのおおせ」というのは教えで、「かぶりて、信ずる」というのは自分自身なのです。「よきひとのおおせ」なしに「私は信じます」と、いくら大きな声で演説しても、自分のわがままと区別がつかないのです。「おおせ」がないと、まことではないのです。また、「かぶりて信ずる」ということが抜けていると、生きたことにはなりません。だから、「よきひとのおおせ」と「かぶりて信ずる」と、この二つがピッタリと一致する、ここに機教相応の事実があるのです。

念仏して地獄におちたりとも

相応というのは、どういうことでしょうか。「函蓋相称《かんがいそうしょう》」という言葉があります。蓋と函がぴったりかなう、それが相応ということだと、曇鸞《どんらん》大師はいっておられます。

「与仏教相応《よぶつきょうそうおう》」は、たとえば函蓋《かんがい》相称するがごとしとなり。

（真宗聖典一七〇頁）

と『浄土論註《じょうどろんちゅう》』に説いておられます。

お茶を入れる急須も、蓋と器の部分が一致していなければ、お茶が入らないのです。蓋は、器があってこそ蓋の役をする。器は蓋があるおかげで器の役をするのです。茶筒もそうです。茶筒は蓋の部分と器の部分とがぴったり一致して、抜くときにスッポンという音がするくらいでないと、中のお茶の葉が湿気てしまいます。そういう函と蓋がぴったり一致した関係が相応です。師匠の仰せと、仰せをこうむりて信ずる自分自身がぴったりと一致する。ここに、師匠と自分自身との出遇いが示されているわけです。

宗教は、一生を尽くしても後悔のない言葉との出遇いです。一生を尽くしても後悔のないのは自分自身です。そういう言葉と出遇う、その言葉は師匠の仰せでしょう。一生を尽くしても後悔のない唯一言と出遇う、それが宗教であるということがわかるのが、「おおせをかぶりて、信ずるほかに別の子細なきなり」です。だから、理屈で極楽行きだとか地獄行きだとか、そういう話をしているのではありません。もしも地獄行きだというのなら、地獄に堕ちても私は後悔しません。師匠の仰せに従って後悔しません。後悔しないという自分自身がしっかりしているのです。

ただのファンになって、熱狂的に惚れ込んでしまうという場合にも、似た言葉が出てくると思います。

「あなたとならばどこまでも、たとえ火の中、水の中」というけれども、いろいろ辛い出来事が起こってくると、「こんなはずではなかった。私は馬鹿だった」となってしまいます。ファンになってしまって、「仰せなら何でもします」というのと極めて似ていますが、こちらは自分自身がしっかりしているのです。

浄土真宗は、お念仏して極楽参りする教えだといわれます。それに間違いはないのですけれども、中身の問題です。お念仏して極楽参りさせていただくというよりも、現在お念仏をもうすというところに重点があります。ここが大事なところです。現在お念仏する身にならなければ、極楽であろうとなかろうと、実際の自分自身には何の影響もないのです。現在お念仏する身になるということが、本当は大事なのではないですか。「ただ念仏して、弥陀にたすけられまいらすべしと、よきひとのおおせをかぶりて、信ずる」、こういう現在の自分自身というのが、とても大事なのです。

「念仏して地獄におちたりとも、さらに後悔すべからずそうろう」、このようにいわれたのには、理由があります。そのあとに「そのゆえは」とあります。わけもなくいっているのだ、というのではありません。『歎異抄』の中で、大事なのは、「そのゆえは」という言葉が出てくることです。第二条にも、「そのゆえは」とあります。それから第五条にも、

親鸞《しんらん》は父母《ぶも》の孝養《きょうよう》のためとて、一返《いっぺん》にても念仏もうしたること、いまだそうらわず。そのゆえは、一《いっ》切《さい》の有情《うじょう》は、（真宗聖典六二八頁）

と、「そのゆえは」とあります。第六条にも、

親鸞《しんらん》は弟子一人《いちにん》ももたずそうろう。そのゆえは、わがはからいにて、（真宗聖典六二八頁）

と「そのゆえは」とあります。「そのゆえは」というのは、理由を示す言葉です。理屈ではなくて、理由

です。親鸞聖人は、よく筋道を立ててお話しになる人です。

それで、「そのゆえは」、

自余《じょ》の行《ぎょう》もはげみて、仏《ぶつ》になるべかりける身《み》が、念仏をもうして、地獄におちてそうらわばこそ、すかされたてまつりて、という後悔もそうらわめ

（真宗聖典六二七頁）

「自余の行」というのは、念仏以外の行のことです。「念仏以外の修行をしてでも、仏になることのできる自分が、念仏をもうして地獄に堕ちたというのなら後悔もあるでしょう」と。一生懸命に念仏以外の修行をして、それで仏になることができるような身だったら、念仏をして地獄に堕ちることになったら後悔もあるでしょう。しかし、そうではないといわれるのです。

とても地獄は一定すみかぞかし

「いずれの行もおよびがたき身なれば、とても地獄は一定すみかぞかし」の「いずれの行も」とは、どんな行もということです。どんな修行も及び難い身であるので、もともと地獄は決定的な住み処なのです。他の修行によって助かるような、そういう者ではありません。及び難いとは「不合格」ということです。どんな行も不合格の自分であるので、地獄は決定的な住み処ですということです。地獄を通して、法然上人の「ただ念仏」を私自身いただいています。地獄に堕ちるのではないだろうかという不安がありません。地獄に行くのなら地獄に行きます。行き場所が地獄であっても結構です、なぜならそういう自分自身だからです。自分から逃げていません。「いずれの行もおよびがたき身」というのは、これはなかなか私たち

はいえないで生きているのです。自分自身の事実に気づく、自分自身の事実に目覚める、自分自身の事実を受け止める。そのことを率直に述べたのが、「いずれの行もおよびがたき身なれば、とても地獄は一定すみかぞかし」という言葉です。

逆だと不安ばかりです。自分がやったことは自分で知っていますから、それをできるだけ隠して上辺を飾って生きている限り、不安はなくならないのです。

「いずれの行もおよびがたき身」、どんな修行も不合格の自分自身であるということは、たとえ自分が気がついていても、なかなか受け入れることができないことではないでしょうか。だから、立派にやっている人を見ると、自分で自分のことが嫌になります。自己嫌悪に陥ります。そういうことから解放される、不安や自己嫌悪というのがなくなる。自分自身を率直に受け止めさせていただいて、こういう親鸞ですといっておられるのです。ここが『歎異抄』の大事なところです。

「いずれの行もおよびがたき身なれば、とても地獄は一定すみかぞかし」とは、凄いお言葉です。親鸞聖人ご自身が自分自身のことをこのようにいっておられる。だから、聖人というすごい方も、親鸞聖人ご自身は、お好みにならないかもしれません。私は人から聖人と呼ばれるようなものではありません、いずれの行もおよびがたい自分です。地獄一定すみかぞかしと、自分自身のことを受け止めて、はっきりといわれるのが親鸞聖人だと思います。

普通は、こういう言葉は自己嫌悪のもとになるのではないでしょうか。自分が自分のことを嫌悪するほど辛いことはないと思います。

「人と比較をしなくなってから、自分が好きになりました」

という言葉があります。人と比較をすると、どうでしょうか。自分よりも優れた人を見ると、「ああ立派だなあ」と思い、同時に「どうして私はこうなんだろう」と思う。だから自分が嫌になるのです。それから今度は、自分よりも力が弱いとか、自分よりも劣っている人がいると、今度は威張るのです。

曽我量深《そがりょうじん》先生が、「劣等感も自慢も同じです。どういう心かというと、人と比較する心です。威張ることを増上慢といいます。それで自己嫌悪のことを卑下慢といいます。増上慢も卑下慢も、慢という点で同じである」と、いっておられます。ですから、自己嫌悪の強い人は、威張ることも強いということです。人のことだけではないのです。ぺこぺこする人は、威張るのも強いのです。自分がそうなのに、自分では気づかない、人のことを見ると、そうだなとわかります。率直な自分自身というのを失ってしまっているのです。その結果、自分の劣った部分を隠して、なんとか切り抜けて生きていこうとするので、自分を守るために理屈をいうし、弁護します。ばれるのではないかと、ますます不安になるわけです。親鸞聖人は、そうではなくて、自分自身のことを「いずれの行もおよびがたき身なれば、とても地獄は一定すみかぞかし」と、明らかにされたのでしょう。

私たちは、笑われまい、馬鹿にされまいと思って育ってきました。それは、社会の中で生きていく上で大事なことだろうと思います。しかし同時に、笑われまいとしてもどうしても笑われるようなことを、本当は誰でも持っているはずなのです。決して賢くない、知恵がないと感じることもあるわけです。年齢が長じてきたり、肩書きがついてくると、隠すのが巧くなります。肩書きは、隠すことが巧くなってからついてくる、そういうものかもしれません。

親鸞聖人の場合は、どうなのでしょう。言葉は悪いのですが、愚か者とか馬鹿とかいわれても、「はい馬鹿です」、そういう自分になれたということではないでしょうか。そうなれば喧嘩になりません。そして、馬鹿といわれまいという肩肘張った気持ちから解放されます。実は、これが大変に難しいことなのでしょう。

正直な自分自身というのは大変いいことなのですが、正直になることは難しい。自分で自分のことを決めたり、いったりすることは、なかなかできません。せいぜいが自己嫌悪です。本当の自分自身に気がつき、自分を受け止めることができたのは、「ただ念仏」という教えに遇ったからだということがあると思います。本当は受け入れることのできない自分自身を、先に受け取ってくださっているお心があったのだなと知らされる。つまり、それは弥陀の本願のまことということだと思います。

地獄の底を照らす阿弥陀仏の光明

「地獄は一定すみかぞかし」の地獄というのは、どういうことですか。『往生要集《おうじょうようしゅう》』という本に地獄のことが書かれています。現在でも、私たちは地獄のことを聞いて知っています。たとえば、躾《しつけ》を受けている段階で、

「嘘をつくと、地獄へ行って閻魔さまに舌を抜かれるぞ」

と、いわれたりします。地獄は大変怖いところなのだなと思います。私の父は、地獄の絵というのを私に見せました。その絵には、針の山もあるし、舌を抜かれている図もあるし、鰻のように頭をツーンと打たれてジーッと腹を裂かれる絵もあるし、餅搗《つ》きの餅みたいに臼の中で搗かれる絵もあります。本堂の阿弥

陀仏の前で、「南無阿弥陀仏、南無阿弥陀仏……。なんとか地獄に堕ちないようにしてください。お願いします」と祈っていました。幼稚園に入る前、子どものときに、そのときは、死後の話も怖かったのですけれども、実際に怖いのは、今に迫ってくる問題です。現在私たちが感じている地獄があります。

たとえば、交通地獄。一家の大黒柱のお父さんが交通事故で死んで家族が遺されたとか、子どもが学校帰りに車に轢かれて事故に遭ったとか。それから受験地獄です。ひどいです。倍率が二倍ならば、隣の人を落とせばいい。それから、サラ金地獄、ローン地獄、倒産地獄など多々あります。幼稚園から受験があります。針の山に追い立てられはしないけれども、精神的に圧迫を加えられることがあるでしょう。針の筵《むしろ》という、針の上に座っているような居たたまれないような気持ちになることがあります。それが家の中でも、あるいは地域の中でも、そのようなことがあると思います。押し潰されるような仕事とか、束縛されて押さえつけられる地獄です。地獄の絵というのは、本当はこの世の在り方を示しているのだろうと私は思います。

そして、地獄は真っ暗闇だといわれるのですが、真っ暗だったら、絵にもなりません。獄卒や、閻魔さまから、「その針の山へ登れ」といわれて、地獄の罪人たちが針の山に追い立てられて山を見上げたときに、「ああ……」と思います。針の山が見えるからです。ということは、真っ暗闇ではないということです。そうすると、その光は何の光でしょうか。

蛍光灯の光なら、限りがあって地獄の底までは届きません。お日さまの光も、地球が回ると光の届かない夜になってしまいます。では闇を照らす光というのは何か。それは阿弥陀仏の光です。地獄の底の苦しみまでしっかりと照らし出しているというのは、阿弥陀仏の光ということになるのではないでしょうか。

一一光明、遍照十方世界。念仏衆生、摂取不捨。
（一一の光明、遍《あまね》く十方世界を照らす。念仏の衆生《しゅじょう》を摂取《せっしゅ》して捨《す》てたまわず）
（『観無量寿経』真宗聖典一〇五頁）

と説かれています。十方世界はあらゆる世界です。地獄も世界の一つです。阿弥陀仏の光は、地獄までも照らす。だからこそ地獄の情景もわかるということでしょう。

それで地獄において、阿弥陀仏の光に遇う者は地獄から救われると、『無量寿経』の中に書いてあるのです。

もし三途《さんず》・勤苦《ごんく》の処《ところ》にありてこの光明《こうみょう》を見たてまつれば、みな休息《くそく》することを得て、また苦悩なけん。寿《いのち》終わりて後、みな解脱《げだつ》を蒙《こうぶ》る。
（『無量寿経』真宗聖典三〇～三一頁）

地獄という苦しみを照らし出して、その中に生きているものの苦しみをよく知って、願いを起こしたのが阿弥陀仏だということなのです。「地獄は一定すみかぞかし」、地獄は自分の決定的な住み処だといわれるのは、大変な悩み苦しみがあってのことでしょう。その悩み苦しみを全部知って、だから、ただ念仏しなさいと勧めてくださるのが阿弥陀仏のご本願であるということです。

「地獄で仏」といいますが、これは地獄の苦しみの真っ只中で、まことの救いの教えに出遇ったということだと思います。「地獄は一定すみかぞかし」という苦悩の底で、阿弥陀仏に遇うことができた。ほかの修行がいろいろできる人は、その修行でやってください。どんな修行も果たし遂げることができない不合格の人の悩み苦しみを弥陀の本願は、全部知っておられます。だからこそ「ただ念仏して、弥陀にたすけられまいらすべし」という教えがあるのです。その教えの元の心は阿弥陀仏の本願です。

弥陀の本願まことにおわしまさば

第一条についての解説の中で、どうして念仏往生の本願が立てられたのか、その理由をお話ししました。もしそれ造像・起塔をもって本願となしたまわば、すなわち貧窮《びんぐ》困乏《こんぼう》の類は定んで往生の望みを絶たん。

このような『選択集《せんじゃくしゅう》』（本願章）の言葉があります。

つまり、仏像を造るとか塔を建立するとか、そういう行いをもって救おうとしたならば、それには財産が要りますから、財力のない人は漏れてしまう。しかも財産のある人は少なく、財産のない人のほうが多い。だから、それで衆生を救おうというのでは、本当には一切の人を救うことができない。故に阿弥陀仏は、法蔵菩薩の昔に造像起塔という修行はお捨てになりました。

孝養《きょうよう》父母《ぶも》をとらんとすれば、不孝《ふきょう》のものはうまるべからず。

（『唯信鈔』真宗聖典九一八頁）

それでは親孝行なものを救おうといったらどうかというと、やっぱり親孝行な人はなかなか少ない。「親孝行したいときには親はなし」とか、「墓に着物は着せられない」というような嘆きがあるように、生きているうちに孝行を尽くす人はなかなかいません。ですから、親孝行なものを救うといったら、百人、千人に一人救われるかどうかということになります。阿弥陀仏の願いは、千人中千人とも救いたい、百人いたら百人救いたいということです。

他にも戒律を守るとか、一切の行は、みなたやすくない。逆に、ただ南無阿弥陀仏と称えるということは、いつでもどこでも誰でもできます。もしも口が不自由な場合でも、心で南無阿弥陀仏と思うだけで救おうと、それが弥陀の本願でした。地獄に堕ちるような苦しみの中にいるものも必ず救おうと、それが弥陀の本願です。良い子も救う、普通の子も救う、悪い子は必ず救わなくてはいけない。つまり、親鸞聖人は自分自身のことを、どんな修行も果たし遂げることもできない自分だ、現代でいうと、不合格な落ちこぼれだということです。落ちこぼれの自分を阿弥陀仏はわかってくれていて救うといわれていたのだ、そういう自分であるからこそ、阿弥陀仏の本願に遇う。

「弥陀の本願」とは、どれくらい前の話でしょう。弥陀の本願が起こされたのは、釈尊がおられたのが二千五百年前ですから、そのころの話かというと、そうではないのです。「弥陀成仏《みだじょうぶつ》のこのかたは、いまに十劫《じっこう》をへたまえり」（真宗聖典四七九頁）とあります。阿弥陀仏が仏になってから十劫の時間が経っている。その前はというと、永劫《ようごう》の修行をなさったというのです。それで、その前はというと、五劫のあいだ思惟したといわれます。劫の話は、ご承知のとおり、長い時間です。一辺四十里の大きな石がある。三年に一度天女が降りてきて、羽衣でサッと石を撫でる。そうすると石が減っていく。それを繰り返して石がなくなる時間を一劫といいます。阿弥陀仏が成仏してから十劫経っている。阿弥陀仏は一切衆生を救うのに、ただ念仏、念仏一つというように定められるのに五劫という時間が経っています。さらに、この誓願を果たし遂げるために、永劫の修行をなさったというので、遠い昔の歴史の根源から、ずっとこの願いは生きつづけているのです。

そこで、「弥陀の本願まことにおわしまさば、釈尊の説教、虚言なるべからず」と。阿弥陀仏の本願が先です。その本願がどういうものかというと、それは地獄一定の人を必ず救う、そういうのが本願です。その弥陀の本願のまことが、釈尊のお説教になって表れた。釈尊のお説教は、「ただ念仏」ということです。

そして善導大師については、「仏説まことにおわしまさば、善導の御釈、虚言したもうべからず」とあります。虚言とは、嘘です。ですから、善導の御釈は嘘ではない、ということです。善導大師は中国の唐の時代の人です。『正信偈《しょうしんげ》』の中に、

善導独明仏正意（善導《ぜんどう》独り、仏の正意《しょうい》を明かせり）

（真宗聖典二〇七頁）

とあります。その善導大師のお話、お説教も、嘘ではない。弥陀の本願まことにおわしまさば、釈尊の説教は嘘ではない。釈尊の説教が本当ならば、釈尊の説教の心を示した善導大師の話も嘘ではない。善導大師は、「ただ念仏」ということを教えた人です。それで、「善導の御釈まことならば、法然のおおせそらごとならんや」、「そらごと」というのも嘘ということです。法然上人の仰せも嘘ではないでしょう。

法然のおおせまことならば、親鸞《しんらん》がもうすむね、またもって、むなしかるべからずそうろうか。

（真宗聖典六二七頁）

これは、弥陀の本願に遇った人の歴史です。釈尊、善導大師、法然上人、そして親鸞聖人という伝統がずっと伝えられてきているということをいっておられるわけです。

この『歎異抄』を読んでいて、ここの話はおかしいという人もいます。「釈尊の説教まことならば、弥陀の本願虚言なるべからず」というように、釈尊の説教のほうを先に出さなければ駄目じゃないかと批判されるのです。しかし、これでは弥陀の本願も釈尊の創作だということになる。

そうではなくて、釈尊を生み出したのは弥陀の本願なのだ、釈尊よりも以前からずっと弥陀の本願は伝わってきたのだということです。釈尊と阿弥陀仏の関係は、阿弥陀仏の本願から生まれて、「阿弥陀仏の

本願まします。私と同じくお念仏もうすべし」と教えを説いてくださったのが、釈尊であるということです。

浄土真宗のお寺が、釈尊でなく阿弥陀仏を本尊としているのはなぜかというと、釈尊の説教に従って、阿弥陀仏を信ずることによって、私たちも釈尊と同じように仏陀になるからです。ですから、「弥陀の本願まことにおわしまさば、釈尊の説教、虚言なるべからず」と、弥陀の本願から始まるのです。

釈尊が、ただ頭が良くて、体力があって、修行に耐える精神力が強くて、おかげで仏陀になったというわけではないのです。そこには、釈尊を生み出した人類の祈りというのがあるのでしょう。仏陀を生み出す背景が重要なのです。一人だけ立派な人が出るわけはないのです。その人が出るためには、人類の歴史の苦労があるのです。その苦労の、願いの大本が、弥陀の本願です。だから弥陀の本願は人種差別をしない、あらゆる差別をしない。なぜかというと、人類の根源の願いだからです。一切の衆生が、本当に助かっていく教えを明らかにしてくださいという願いが、ずっとあったのでしょう。それが、弥陀の本願力によって、釈尊、善導、法然、親鸞というように教えが伝えられてきました。それ故に「親鸞がもうすむね、またもって、むなしかるべからずそうろうか」と、いわれます。

弥陀の本願の歴史がずっと貫いて、私のところまできました。では、どういう本願の歴史でしょうかというと、「いずれの行もおよびがたき身」の悩み苦しみをよくよく知って、そしてこの「いずれの行もおよびがたき身」の苦悩をもって生きているものを、必ず救うという本願の歴史です。だから、釈尊も善導大師も法然上人も、「いずれの行もおよびがたき身」であるという自覚において、阿弥陀仏に遇った人だったのです。

面々の御はからいなり

それで最後に親鸞聖人は、「詮ずるところ愚身の信心におきてはかくのごとし。このうえは、念仏をとりて信じたてまつらんとも、またすてんとも、面々の御はからいなり」と結ばれるのです。ここはつまり、「今までお話しをしてきました。これが私の信心のすべてです。この上は、お念仏を信じようと、また捨てになろうと、お一人お一人のご判断に委ねます」と、判断を一人一人に委ねたわけなのです。

宗教カルトが危険視されるのは、「絶対にこの教えだ。この教えを謗《そし》ると地獄に堕ちるぞ。この教えでないと駄目だぞ。逃げるなよ」といって強制し、マインドコントロールして、精神の自由、魂を奪うものだからです。親鸞聖人の教えは、そういうものではないということです。話しをするときには一生懸命に話されますけれども、最後に信じるか信じないか、お念仏を取るか捨てるか、一人一人がきちんと判断してくださいといわれます。

これを早口で読むと、親鸞聖人が怒っているようになります。ゆっくり読まないといけません。「一人一人で、ちゃんと決めるのですよ」といわれるのですから、お一人お一人を本当に尊敬しておられるのです。どれほど強く縄で縛っても、魂の自由だけは、絶対にその人自身の自由です。なぜなら、みんなに阿弥陀仏の本願がかけられているからです。一人一人に阿弥陀仏のご本願がかけられて、ご本願を魂の奥底にもって生まれてきているのです。だから、束縛して絶対に信じ込ませようということはしません。互いに尊敬し合うという気持ちが出ているわけです。

＊　　＊

親鸞聖人晩年、おそらく八十四歳のお言葉です。善鸞事件によって動揺する関東の同朋《どうぼう》を代表して、命がけで真意を尋ねて来た人びとに向かって、親鸞聖人は、自身の信心の総てを打ち出して語られます。「親鸞におきては、ただ念仏して、弥陀にたすけられまいらすべしと、よきひとのおおせをかぶりて、信ずるほかに別の子細なきなり」。「たとい、法然聖人にすかされまいらせて、念仏して地獄におちたりとも、さらに後悔すべからずそうろう」。「いずれの行もおよびがたき身なれば、とても地獄は一定すみかぞかし」と。法然上人との出遇いを得た二十九歳から、五十数年を経た親鸞聖人に、今もなお生き生きと躍動する出遇いの事実が語られています。まことに感動を禁じ得ません。それは、よき人との出遇い、よき人の言葉との出遇い、よき人の心との出遇い、自己自身との出遇い、そして弥陀の本願との出遇いであったのです。

第三条

一　善人《ぜんにん》なおもて往生をとぐ、いわんや悪人《あくにん》をや。しかるを、世のひとつねにいわく、悪人なお往生す、いかにいわんや善人をや。この条、一旦《いったん》そのいわれあるににたれども、本願他力の意趣《いしゅ》にそむけり。そのゆえは、自力作善《じりきさぜん》のひとは、ひとえに他力をたのむこころかけたるあいだ、弥陀《みだ》の本願にあらず。しかれども、自力のこころをひるがえして、他力をたのみたてまつれば、真実報土《しんじつほうど》の往生をとぐるなり。煩悩具足《ぼんのうぐそく》のわれらは、いずれの行《ぎょう》にても、生死《しょうじ》をはなるることあるべからざるをあわれみたまいて、願《がん》をおこしたまう本意《ほんい》、悪人成仏《あくにんじょうぶつ》のためなれば、他力をたのみたてまつる悪人、もっとも往生の正因《しょういん》なり。よって善人だにこそ往生すれ、まして悪人はと、おおせそうらいき。

（真宗聖典六二七～六二八頁）

善人なおもて往生をとぐ

まず最初の言葉は、「善人なおもて往生をとぐ、いわんや悪人をや」です。これは、おやっとびっくりするような言葉です。善人でさえ往生をとげる、まして悪人はなおさら往生をとげるといわれているのです。

往生というのは、これは『歎異抄』の第一条にも、「往生をばとぐるなりと信じて」という言葉がありました。それから第二条にも「往生極楽の道を問いきかんがためなり」「念仏よりほかに往生の道をも存知し」と、そういう言葉があります。往生というのは、「往く」それから「生まれる」です。ですから、極楽浄土に往く、それから生まれるということが往生ということです。往生というと、極楽浄土に往き生まれてしまったという理解が多いわけですが、親鸞聖人の教えの場合は、極楽浄土に往って生まれてしまったというだけが往生ではありません。極楽浄土に往き生まれる歩みは、いつから始まっているのかというと、信心獲得《ぎゃくとく》の今から始まっているのだというわけです。その歩みが完成するのが「遂げる」ということです。

極楽浄土に対して、今の、この世界は何というのかというと、娑婆といいます。娑婆というのは、サバーというインドの言葉が元で、音を漢字で写して、娑婆と書くのです。その意味は、「雑会《ぞうえ》」、さまざまなものが会わなければいけない所ということであり、また、「ああ、つらいなあ」という世界です。その意味では堪忍土《かんにんど》といわれます。堪え忍んでいかなければならない世界ということです。それに対して極楽浄土というのは、まことの喜び、まことの楽しみの世界で、浄らかな世界です。

浄土とは穢土《えど》の反対語です。穢というのは、汚いということです。何が汚いかというと、欲望です。それに汚されている世界です。それに対して、まことの世界、救われていく世界というのは、極楽であり浄土なのです。

極楽浄土に向かって一歩一歩生きていくことが、そのまま往生です。そうすると、この一歩一歩の生活は、たとえ娑婆の中の生活で、どんなにつらいことがあったとしても、私はまことの世界に往き生まれるものですと、そういう自信を持って生きていくことができる。そういう生き方のことを、往生といいます。

念仏もうす人を、摂取不捨の光が照らしているのです。そのように、阿弥陀仏の光明に包まれた生活が、往生ということです。

そのような往生が、まことの救いです。一般には、「善人でさえ救いを得る、まして悪人は、なおさらである」というような表現は、おかしいのではないかと思われます。当たり前の道徳、規範だと思われている常識ということからいうと、これは大変な言葉だと思います。普通は、善いことをしたら誉められるし、善いことをすればするほど徳がついてきて、救われる。これはよくわかります。逆に、悪いことをしたら批難され、いじめられる。こづかれたり、つつき回されたりして、救われないやつだと馬鹿にされるということになるのです。ですから、悪人が往生するなら、まして善人はなおさら往生するというのが、普通の考え方です。

「しかるを、世のひとつねにいわく、悪人なお往生す、いかにいわんや善人をや」と、次に出てきますね。「それなのに、世の人は常にいいます、悪人でさえ往生する、まして善人はなおさらである」と。みなさんはどちらが正しいと思いますか、と問われているのだなと思います。親鸞聖人に、みなさんは世の人のほうですか、と問われている。そして、世の人の立場は、親鸞聖人の立場と違うということがはっきり出ているわけです。親鸞聖人の見方と世の人の見方というのが、ちょうど反対になっています。親鸞聖人は、善人でさえ救われる、まして悪人はなおさら助かるといわれる。ところが、世の人はというと、悪人でさえ助かる、まして善人はなおさら助かるというようにいうのです。しかし、そのような世間の人たちの考え方は、「この条、一旦そのいわれあるににたれども、本願他力の意趣にそむけり」と、阿弥陀仏の本願のお心にそむいている。これが親鸞聖人の立場だということです。

それで、ここではまず善人、悪人というのは何かということを考えてみないといけないと思います。

善人とは何か、悪人とは何か

善人という言葉も、悪人という言葉も、日常よく使われる言葉です。子どもたちを躾《しつ》けるときも、善いこと悪いことのけじめをつけなさい、それは善いこと、それは悪いことと教えます。善い子、悪い子といいます。そのように善人悪人、あるいは善い悪いということをいいますけれども、この善と悪との定義は、とても難しいことだと思います。何が善だか何が悪だか、本当にはわからないことが、ずいぶんあると思います。

本当にはわからないことなのに、わかったふりをしていることがあるでしょう。いざ自分がその場になってみれば、それまで装っていたもの全部が間に合わなくなってしまいます。善悪ということは、本当は、わかっているのではなくて、わかったつもりになっているだけで、それで自分ができるかどうかになると、これは大変難しいことになることがあります。

「よくいうた、それをお前がやってくれ」という川柳があったそうです。これは、いうは易く、行うは難しということでしょう。他人事なら、「それはいいことだ」「いや、それは常識的ではありませんね」「ひどい人ですねえ、信じられません」などと、いかにも自分は善悪のことをよく知っているような調子でいいます。

親鸞聖人はどうでしょうか。親鸞聖人は、やはり聖人ですから、善いも悪いもよくご存知でしょう。私はそのように思って『歎異抄』を読んでいました。ところが、『歎異抄』の終わりに、「善悪がわからない」と、あります。

聖人《しょうにん》のおおせには、「善悪のふたつ総じてもって存知《ぞんじ》せざるなり。」

（真宗聖典六四〇頁）

このように、善も悪もわからないといわれているのです。親鸞聖人ともあろう人が、善も悪もわからないなんて、がっかりしませんか。そんなことなら、親鸞聖人の教えなど聞かなくてもいいと思う人もいるかもしれません。けれども、これが本当の教えなのだということを、みなさんにわかっていただきたいのです。自分の胸に手を当てて、自分が善悪ということを知って行うことができるのかということです。

具体的に考えてみると、朝起きてから、心の中に何を思いましたかということです。

「ああ、みなさまのおかげです。本当に私はいつもみなさまのおかげをいただいています。やはり人は優しくなければいけません。思いやりが大事です。正直な心、優しい眼差し、優しい温かい言葉、みなさまが良くなれば良くなるほど、世の中は幸せになります。私は、それをまず第一に実践していきたいと思っています」

朝起きてから、このように思って、ずっとやってこられましたか。どうでしょうか。私自身のことをいうと、人にいえないような思い、人にいえないような心のはたらき、そのようなことばかりでした。人に対する怒りの心や、あれが欲しい、これが欲しいというような貪りの心ばかりでした。人生は、怒りと欲の中にあります。

愚かであることの自覚の言葉

善い悪いということについて、胸に手を当てて、自分の今朝からの思いを振り返ると、悪い心のはたらきというのは、「よくもまあこれほど起こしたものだなあ」と思いますね。条件によってすぐ、そういう心が起こってくるのです。たとえば、こちらが挨拶をしたときに無視をされたりすると、「なんだ！」という怒りの心が出てくる。また、食事に自分の嫌いなものが出てきたときにも、怒りの心が出てくるのです。また、「あれ欲しいなあ」というような心も出てくる。瞬間的に、パッと心が変わるのです。ですから、善と悪を、自分は本当には知らない、まったくわからないのです。それが正直な言葉なのではないですか。

私は、親鸞聖人のこの言葉を聞くと、「ああそうだなあ」と感じます。「何をいっているのですか、親鸞聖人ともあろうかたが、善悪を知らないなんて。それでよく聖人と呼ばれますね」というような、そんな気持ちにはなりません。「自分は善も悪も知らない」、これはつまりは「愚かだ」ということです。「私は愚かだ」ということをいっておられるのです。その言葉を聞くと、「ああ本当のことだなあ」と感じます。かえって、この言葉を聞くと、なんと正直な人だろうと感じます。

建て前と本音という、もののいい方があるでしょう。「みんな仲よくしなさい」といいながら、ガツンと叩いたりすることがあります。これは「みんな仲よくしなさい」が建て前で、本音はガツンと叩いているのです。仲よくなんかできないといっているのです。建て前と本音の使い分けもできない。使い分けられる人は、賢い人でしょう。しかし、本音と建て前とを使い分けるのも、本当に困難なことだと思います。

そして、つねに、本音のほうが、いつ出てくるかわからない。そういうときに親鸞聖人の言葉を見ると、

「私は善悪をすべてわかりません」

「それならば善悪を知っているのはどなたですか」

「阿弥陀仏です。阿弥陀仏がご存知です。私は、善悪はまったく知りません」

と、このようなところにも、安心して座れるという場所があるのではないでしょうか。


晴れ着を着ているときに肩が凝ったり足が痺れたりというようなことはありませんか。一年に一度とか数年に一度、普段は着ることのない羽織袴とか晴れ着、振り袖などを着たときに、感じることはありませんか。私の場合ですと、きらびやかな色の着いた衣を着るときです。本金といって、金で織ったような布地のものもあるのです。そのような衣をつけると、ゴワゴワして、歩くのもぎこちないですし、座るのも大変です。自然でなくなってしまうのです。ですから、高価なものを着れば着るほど、安心して座れなくなってしまう。

これは着るものの話ですが、心の衣装も同じことです。いい格好をして、見栄を張るような心でいれば、いつ見破られるかと、ビクビクしながら暮らさなければならないことになるのではないでしょうか。「私は本当は何もわからないのです」といって、正直に自分を打ち出して暮らしたほうが、落ち着いた暮らしになるのではないですか。そのようなところを、日常で実践的に教えてくださっているのだと思います。

「善悪のふたつ総じてもって存知せざるなり」という、善も悪もわかりませんという態度は、つまりは、善悪がわからないということで、愚かというところに立っているということです。「愚か」というのは、まあ「バカ」というようなことです。ですから、「バカ」といわれたら、「はいバカです」といえるという

ことです。「バカ」といわれまいとして必死に暮らしている場合には、「バカ」といわれるとカーッとなりますが、本当は「バカ」という人のほうがバカなのでしょう。「バカ」というようなバカな人から「バカ」といわれて腹が立つ人も、もっとバカですよ。何が本当にバカなのかということも、わからないのです。一瞬の思いの中で煩悩が千も万も混じるような心の働きをしています。

この『歎異抄』第三条の一番最初に、「善人でさえ救われる、ましてや悪人はなおさら救われるのだ」とありますが、これは親鸞聖人が命がけでいわれたことだと思います。これは、どんどん悪いことをしなさいと勧めているわけではありません。どんどん悪いことをすればするほど助かるというようなことではないのです。私は、悪から離れることができない在り方をしている。悪から離れることができない思いをしているものを必ず救うのだという教えが、親鸞聖人の教えです。

自力作善の人は

次に「自力作善」という言葉が出てきます。「自力作善のひとは、ひとえに他力をたのむこころかけたるあいだ、弥陀の本願にあらず」とあります。「弥陀の本願にあらず」というと、これは本願のお心に合わないということです。「自力作善の人は、ひとえに他力をたのむ心が欠けているので、弥陀の本願ではありません」と。「しかれども、自力のこころをひるがえして、他力をたのみたてまつれば、真実報土の往生をとぐるなり」、この真実報土というのは、まことの極楽浄土のことです。ここにいわれている自力作善の人というのが、善人です。その自力作善の人は、他力をたのむということをしない。だから、まことの浄土に生まれることができないのです。

悪人は、どのようにいわれているのかというと、「煩悩具足のわれらは、いずれの行にても、生死をはなるることあるべからざるをあわれみたまいて、願をおこしたまう本意、悪人成仏のためなれば、他力をたのみたてまつる悪人、もっとも往生の正因なり」と、このように続いています。煩悩具足のわれらは、どのような修行によっても迷いを離れることができないでいる。それをあわれんで、阿弥陀仏は法蔵菩薩の昔、煩悩具足の一切の人びとを必ず救おうという願いをおこしてくださった。「煩悩具足のわれら」という言葉が、これが救われるものの名前です。本願によって救われる相手です。願いの本意は、煩悩具足のわれらのためでありましたということです。そうすると、たとえば本願が主人なら、まさしくお正客は煩悩具足のわれらだということになる。本願の願う相手は、煩悩具足のわれらだということなのです。

親鸞聖人は、煩悩具足のわれらのところにおられます。もしもこの煩悩具足のわれらの中におられないなら、煩悩具足の彼らと表現されるはずです。彼らというのは、あの人たちということで、彼らの反対が、われらです。われらというのは、みんなの中に一緒に入って、われらといっているのです。「煩悩具足のわれら」というところに、親鸞聖人自身もおられます。「自力作善」というのが善人、それから「煩悩具足のわれら」というのが悪人です。そういうことが、『歎異抄』のお言葉からうかがわれるわけです。

本願他力の意趣にそむけり

それでは、その善や悪の基準は何なのか、どこから見て善、どこから見て悪なのかということが、やはり問題です。戦争では、敵をたくさん殺すことが勲章をもらえることです。「人を殺すのはいやだ」といったら、牢屋に入れられます。敵を殺せなければ、兵隊失格だというわけです。これは戦争のときの基準で、善と悪を分けた場合です。平和な時代の善と悪というのもあるでしょう。

しかし、親鸞聖人が善と悪をいわれるときの基準は、何でしょうか。それは、「本願他力の意趣」というのが基準になっているのです。親鸞聖人が善や悪について、私は知らないというようなお言葉も、すべて阿弥陀仏が基準です。阿弥陀仏の心が本願です。阿弥陀仏のお心が本願で、そのはたらきが他力の意趣。その「本願他力の意趣」が、親鸞聖人の基準です。

善人というのは、自力作善の人だといわれる。善を作っていく人なのですから、善い人のように思うのですが、この自力作善の人は往生できにくいという。なぜかというと、本願他力をたのむ心が欠けているからだといわれるのです。他力をたのむ心が欠けているので、弥陀の本願ではない。では何をたのんでいるのですか。たのむというのは、当てにするとか、自慢するとか、誇るということです。あるいは帰命するということです。帰命とは、すべてをあげて従うということです。何に従っているのかというと、自力作善の人は自力に従っている。本願他力に従っていない。自力というのは、私がいいものだという思いはからいのことを、自力というのです。

親鸞聖人が『一念多念文意《いちねんたねんもんい》』というお聖教《しょうぎょう》の中に、自力というのはどういうことかということを説明されているところがあるのです。

自力《じりき》というは、わがみをたのみ、わがこころをたのむ、わがちからをはげみ、わがさまざまの善根《ぜんごん》をたのむひとなり。

（真宗聖典五四一頁）

人の在り方を自力ということで説明をされるのは、この「わが、わが、わが」と繰り返されるところです。「わが」というのは、「自分が」ということです。「わがみをたのむ」というのは、自分の体です。自分の体を当てにする、自分の体を誇るということです。たとえば、体が丈夫であると自分の体を誇る。まだ元気だから大丈夫だという証拠は、どこにもないのです。今元気でも、ハーッと吐いた息が入ってこなければ、もう死んでしまうのですから。それなのに、私は大丈夫、どこも悪いところがないからと、自分の体を誇るということです。

「わがこころをたのむ」というのは、心がけです。今日一日、腹を立てません、優しい心で過ごします。このように誓いを立てて守りとおせる、そういう思いを「わがこころをたのむ」といいます。自分の心が けを当てにして、誇るということです。

それから「わがちからをはげむ」、この力は何でしょうか。財力、地位、名誉、学力など、いろいろな力があります。そういう力を励む。つまり、自分が頑張って、どんどん力を出していくと、自分の思いどおりになっていくということを疑わない在り方でしょう。それから、「わがさまざまの善根をたのむ」というのは、善い行いをしてきたのだから、必ず今度もまた善いことがあるに違いないということです。善い悪いは、本当にはわからないのに、このように思う。そして、それを貫いているのは、「わが」という思いです。

「私は人を殺すまいと思ったら、殺さないですみますよ」という人もいるでしょう。けれども、自動車を運転している人はよくわかると思いますが、一日に一度くらいは、「ああ危なかった」と思うことがありませんか。「ああ危なかった」というのは、ちょっと目をそらしたら、人を轢いて、殺してしまっていたかもしれない。このようなことが、よくあるでしょう。「私は大丈夫だ。気をつけているから、人を轢き殺したりはしない」と、いくらいってみても、人間の体は弱いものですから、自動車が当たったら、あっという間につぶれてしまいます。

居眠り運転というのもあります。寝てはいけないとわかっていて、「寝てはいけない、寝てはいけない……」とやっている瞬間に、何十メートルも走っていたりします。このようなときでも、自分の思いは、大丈夫のつもりでいます。

また、体の調子が悪いという場合はどうでしょうか。「若い人はいいなあ」と、よくいいますが、そういわれても、若い人たちには何がいいのか、よくわかりません。そして、若い人が、お年寄りや体の不自由な人を見ると、「かわいそうだなあ」と思う気持ちと、「どうしてそんなにゆっくりと歩いていられるの」というような気持ちが起こります。これはなぜかというと、自分の体を誇っているからです。自分は早く歩くことができるという気持ちがあるから、早く歩けない人に対して「遅い」という気持ちが出てくるのでしょう。これは、人に対して冷たい心があるということでしょう。自力というのは、自分の力ということだけではないのです。冷たい心だということです。

「どうしてあんなひどいことをするのでしょう。信じられません」などといっている人は、ほとんどが自力の話です。それはつまり、そのような状況になったら、どんなことをするかわからないのが人間ではないですか。このように見るのが、親鸞聖人の立場です。「さるべき業縁《ごうえん》のもよおせば、いかなるふるまいもすべし」(『歎異抄』真宗聖典六三四頁)、それが人間ではないのかといわれるわけです。「今日一日、腹を立てません」と誓っても、ちょっとしたことで、すぐにその誓いは壊れてしまいます。どんなに誓っても、誓っても、その誓いを貫き徹すことはなかなかできません。

その事実に反する「わが、わが、わが」ということです。心がけもそうですし、力もそうです。テストの点数でしか人の価値をはかれないような教育を受けた人は、試験で、合格点をとれない人をバカにするような心が出てきます。点数で人間の値打ちが測れるわけはないのに、点数がすべてだと思い込んで、点数の低い人をバカにすることを悪いことだとは思わない。そのようなことを間違いだと思わないという在り方全体を、自力というのです。

自力作善の人は、人をバカにする、できない人をけなす、よってたかっていじめる。そういう冷たい心があるということです。

自力を気づかせる阿弥陀仏の智慧

いわゆる常識というのは、実はちょっと危ないことがあるのではないですか。親孝行をするのはよいことだというのは常識です。しかし、親孝行をしたいといっても、「親孝行したいときには親はなし」「墓に着物は着せられない」、どうしてこういう言葉があるのでしょう。よいことならば、どんどん親孝行をすればいいのに、やはりこちらの心に親孝行できないものがあったのです。それに気づくのがあとになってしまう。そういうわが思いの中で、本当には自分が生きていない。常識というのは、みんなのわが思いの集まりという面もある。それで、失敗した人や、悩んでいる人、そういう人を仲間はずれにしたり、バカにしたりする、そういう冷たい心の大元というのが、この「わが」という思いです。ですから、自力作善の人は、そのわが思いということ自体にも気がつきません。

どういうことかというと、自分の顔が汚れていても、自分ではわからないということです。「あら、隣りの家、障子が破れてるね」といいながら、自分の家の障子の破れ目から隣の家を見ていたとかいうことがあります。自分は大丈夫だと思っているから、人のことを笑うのです。しかし、自分の汚れに気づかないままで人の汚ればかりを見ていると、ますます人のことを悪くいうようになるのです。

そこで、「あなた、顔が汚れていますよ」といって教えてくれるのは、誰でしょうか。それは、本当に自分のことを思ってくれている人が教えてくれるのです。電車に乗り合わせただけの他人さまや、初めて会う人とか、もう二度と会う予定のない人は、「あの人、顔が汚れてる」と思うだけです。やはり、本当に相手のことを思っている人、自分のことを思ってくれている人が注意をしてくれるわけです。また、鏡を見てわかるということもあります。自分のことを本当に思ってくれる人がいれば、また鏡があれば、自分の汚れがわかるのです。その「わが思い」というのを教えるのが鏡で、それが他力です。自力の中では、自力はわからないのです。「自力だな」ということを教えるのが、阿弥陀仏の智慧のはたらきだといわれるのです。

他力というのは、他人の力ということとは違います。他人の力をあてにしたり、棚からぼた餅のようなことは、他力ではないのです。仏さまの智慧のはたらきを他力というのです。他力本願とは、本当の智慧のはたらき、本当の慈悲のはたらきのことです。

「ああ、わが思いだった」と気づかせてくださるのが他力。これは先ほど鏡といいましたけれども、この「鏡」という字と、お経の「経」という字と、教えの「教」という字は、どれも「きょう」ですね。善導《ぜんどう》大師に、「経教《きょうきょう》は鏡のごとし」という言葉があります。経教は鏡のようなはたらきをしてくださるのだということです。つまり、本当の自分自身の姿を教えてくださる、照らし出してくださる、そういうはたらきが教えなのだといわれるのです。

それで、自力作善の人は、ひとえに他力をたのむ心が欠けている、自分で自分のことを善しと思い込んでしまっている。だから弥陀の本願にあらず。自分のために本願はおこされたのだということが感じられないからです。弥陀の本願は誰のためにおこされたかというと、「煩悩衆生の彼らのためにおこされたのでしょう」というのが自力の根性です。

「助からないやつを助ける」という言葉がありますが、「弥陀の本願は助からないやつを助けるのでしょう」というと、それは違います。「助からないやつと助かる」のです。つまり自分自身のことなのです。助からないやつを助けるのが本願ではないのです。助からない私であるとの頷きが助かることであるのが弥陀の本願なのです。これには天と地の隔たりがあります。ぜんぜん違うことになる。「助からないやつを助ける」というのは一般論で、自分抜きの話です。「そもそも人間はだね、こうでなくてはいけないよ」などといっている段階です。「よくいうた、それをお前がやってくれ」という川柳がどうして一番になったかというと、それは自分自身のこととして受け止めるということが大変なのだということです。自分自身のこととして受け止めなければ、何でもいえます。

善悪平等の救い

ロシアの文豪トルストイに聞いた人がいるそうです。

「先生、この世で一番簡単なことは何ですか」

「それは人に忠告をすることだ」

トルストイは、このように答えたそうです。みなさんは、この意味がおわかりになるでしょう。みなさんの身の周りにも、こういう人がいるのではないですか。「君ね、およそ人間というのは……」「君の態度はよくないねえ」などといって、組織や人間関係の中で、幅をきかせて威張る。その中に、この自力作善がはたらいているわけです。ですから、そこでの人間関係は大変に冷たい、厳しい、怖い関係になってしまいます。相手が失敗すれば自分が得をするという考え方があるからでしょう。

上役が失敗したら後輩が昇格して月給が上がるというようなこともあります。だから、失敗することを期待するようなところがあるのかもしれません。世間では、「お互いの思いやりが大事だ」「相手が困っているときには助けてあげなければいけない」といっておきながら、内心では、相手が失敗すると、「やった、俺のチャンスだ」と感じる。このような関係というのは、本当は不幸な関係ではないでしょうか。冷たい関係です。これが家の中でも行われたら、大変でしょう。嫁と姑、婿と舅の関係などでも、どうでしょうか。こういうところが人間の恐ろしさというものではないでしょうか。「人間にとって本当に怖いのは人間ではないでしょうか」というのは、こういうところからいわれるのです。これは自力です、自力の怖さなのです。

人の集まりの中で、羽振りをきかせて、肩で風をきっている人というのは、大変に誠実で立派な人もおられますけれども、だいたいがニコニコしていても目は笑っていないとかいうこともあるわけでしょう。それから本音と建て前の使い分けです。そういうことがあらゆるかたちになって出てくるのを自力作善といいます。これが人間を本当の幸せに導くのかどうか。他人の失敗を笑って、喜んで、それが本当の幸せですか。そんなことをすれば、自分が失敗したときにも大笑いされますよ。「困ったときには助け合いましょう」と、口ではいいながら、転んだ人を蹴飛ばすような、そういう在り方というのが、実は自力作善という問題なのです。

親鸞聖人は、ここのところをよくついておられるのだと思います。自力作善の冷たさ、恐ろしさに深く気がつかれたからこそ、親鸞聖人は「煩悩具足のわれらだなあ」ということを感じられたのだと思います。

煩悩というのは、煩い悩みです。それが具足しているというのは、十分に具わっているということです。煩い悩みが十分に具わっている、欠け目がないというのです。煩悩は、貪《とん》、瞋《じん》、痴《ち》、慢《まん》、疑《ぎ》と、数えていくと百八つあるといいます。それで除夜の鐘は百八回撞《つ》くといいますが、本当はそうではありません。億千万無量無数の煩悩があります。そして、その煩悩を全部持っているというのが煩悩具足ということです。「私は怒ることは多いのですが、欲しいと思ったことはないですねえ」などというのは、だいたい嘘です。「私は欲しい煩悩は強いのですが、怒る煩悩は弱いのです」、そんなことはないでしょう。だいたい全部具わっています。だからこそ、煩いと悩みが離れることがないのです。

煩いというのは、心の中の思いというのは体の病気にまで出てくるということです。悩みというのは、心の奥底の悩みです。煩い、悩みをもって生きているのです。それが自力作善の人は煩悩がないようなふりをして生きているという、つらい在り方なのです。本当は自力作善の人だって煩悩具足なのでしょう。ですから、自力作善のほうが暗いのです。

たとえば、何かで表彰されるようなことがあっても、「有難うございます。みなさんのおかげです」といいながら、もう自分の悪事が露見しないかと思って、びくびくしながら暮らしているのです。社長だといって威張っていても、社長が真っ先に逮捕されるようなこともあります。金持ちだといっていても、金持ちのおかげで逮捕されてしまう。汚職とか収賄などという事件があります。そういう話は、みんな自力作善という。その自力作善の恐ろしさということをよく見据えてくださっているのが親鸞聖人です。

そこから開かれてくるのは、どういうことでしょうか。ふりをするのはやめましょうということです。それでも、ついつい、善いふりをしてしまうのが人間です。そういう在り方、全部含めて、南無阿弥陀仏ともうしましょう。

自力の冷たい心を持っている在り方でも、本当にこの他力、「このままでは助からなかったのだなあ」と他力をたのむところに、必ず救いの道があるのです。そういうところまでいわれて、善悪平等の救い、それが浄土真宗の救いです。善悪平等というときの根拠は何かというと、阿弥陀仏の本願であるというのです。悩み苦しんでいる衆生を真っ先に救おうというご本願です。誰のための本願ですか。彼らのためではなく、私のためです。「弥陀《みだ》の五劫思惟《ごこうしゆい》の願《がん》をよくよく案ずれば、ひとえに親鸞一人《しんらんいちにん》がためなりけり」(『歎異抄』真宗聖典六四〇頁)の、このお気持ちです。「助からないやつと助かる」、こういう自覚、目覚め、それが本当に私にいただけるのだというのです。目印は、南無阿弥陀仏のお念仏です。そういうお心を『歎異抄』が教えてくれるのです。

真実報土の往生をとぐるなり

親鸞聖人の往生というのは、「まことの救い」ということです。「真実報土」は、無量光明土、大般涅槃界《だいはつねはんがい》、完全なさとりの世界です。「自力のこころをひるがえして、他力をたのむ」ことによって「真実報土の往生をとぐる」のです。「自力のこころをひるがえして」「他力をたのみたてまつれば」「真実報土の往生をとぐる」と、三つのことが書いてあるように見えますけれども、実はこれはたった一つのことであるといただいたほうがいいと思います。つまり「自力のこころをひるがえす」というのは、それは「他力をたのむ」ときなのです。「他力をたのみたてまつる」ときこそ「自力のこころをひるがえす」ということができるのです。自力のこころをひるがえして、一度何もなくなって、それから他力を信じます、たのみますというのではないのです。「自力のこころをひるがえす」ときが「他力をたのみたてまつる」ときです。その他力をたのみたてまつるものに、まことの浄土というのは、すでに明らかに開かれてきます。その道は浄土からの道です。この一歩一歩に、「往生の道を歩いていくのだ、進んでいくのだ」という心境が開かれるわけです。そのときに、もうすでに真実報土は始まっている、といっていいわけです。

私は、今朝、家を出たときから、「今日は『歎異抄』公開講座に行くのだ」と思って来ました。そこからもう始まっているのです。着いてからではありません。講義に行くのだと思って家を出たときから、「弥陀の誓願不思議、悪人成仏、親鸞聖人が煩悩具足のわれらとおっしゃったところを聴聞するのだ」と、道中に、ずっと考えて来ました。みなさんもそうでしょう。「今日はいろいろ用事もあるけれども、『歎異抄』の講義があるから、やっぱりお参りしよう」と思って、ここまで来られたのだと思います。

そのように、「真実報土」は現在の悩み苦しみを持って生きている中から、お念仏と同時に始まっているのだということに注意をしなければいけないと思います。

ある解説では、「自力のこころをひるがえして、それからあとで、他力をたのんで、他力をたのんだあとで、真実報土への往生をとげて、真実報土の往生をとげたあとで、まことの仏になるのだ」というような説明をされている場合もあるようです。けれども、そうではなくて、「自力のこころをひるがえす」ときに「他力をたのむ」ということが同時にある。「他力をたのみたてまつる」ということと同時に「真実報土の往生」が始まるのです。

そうすると、この現在の一歩一歩は、墓場に向かっての人生ではなくて、まことの仏になるべき人生を生きていくのだと、人生観が変わる。悩み苦しみを持って生きていても、この悩み苦しみを持っていることで、お念仏の激励の言葉を聞けるようになるのです。お念仏の激励をいただいて生きていくものは、必ずお念仏自体になるのです。

お念仏は、衆生が仏を念ずるということです。でも、仏を念ずるよりも先に、仏のほうから衆生を念じておられるから、念仏は出てくるわけです。私たちのお念仏というのは、「如来の御もよおし」にあずかって念仏もうす、そういうお念仏をいただいているわけです。

煩悩具足のわれら

次は、「煩悩具足のわれら」というところです。

煩悩具足《ぼんのうぐそく》のわれらは、いずれの行《ぎょう》にても、生死《しょうじ》をはなるることあるべからざるをあわれみたまいて、願《がん》をおこしたまう本意《ほんい》、悪人成仏《あくにんじょうぶつ》のためなれば、他力をたのみたてまつる悪人、もっとも往生の正《しょう》因《いん》なり。

（真宗聖典六二七～六二八頁）

このように続けて説かれています。この「煩悩具足のわれら」といわれているところが、私は大変にありがたいのです。「ああ親鸞聖人だなあ」「親鸞聖人の教えをずっといただいていきたいなあ」という気持ちになるのは、ここです。「煩悩具足のわれらは」、この「われら」というのは、自分自身もその一員であるということです。他人事だったら、「かれらは」というところです。そういう「煩悩具足のかれらは」というような人は、自分は煩悩がないものだと思い込んでいる人です。つまり、この『歎異抄』でいうと、「善人」の立場にいる人は「煩悩具足のかれらは」というわけでしょう。「私だって煩悩はありますよ。でも、あの人たちほどひどくはないわ」というような気持ちでしょう。そうすると「煩悩具足のかれらは」というういい方になるのでしょう。テレビで文化人とか評論家といわれるような人たちが話しているのを聞くと、この人たちは「煩悩具足のかれらは」という立場で話しているのではないかなあと感じるときがあります。

親鸞聖人は、そうではありません。親鸞聖人は「煩悩具足のわれらは」と、率直に、正直に、本音をいってくださっているのだと思います。

日本に仏教が入ったのは、聖徳太子の時代です。聖徳太子は、「共に是《こ》れ凡夫《ただひと》ならくのみ」（『十七条憲法』真宗聖典九六五頁）と説いてくださったわけです。「共に是れ凡夫ならくのみ」というのは、彼が必ずしも間違っているわけではない、また私が必ずしも正しいわけではない、お互いに凡夫であるということです。そういうのが「共に是れ凡夫ならくのみ」ということです。聖徳太子の『十七条憲法』の中にある言葉です。

聖徳太子という人は、平服の上に衣を着けて、そして政治を運営された人です。それで、日常の在家生活のただ中にも仏になるべき道があるのだと、まさしく在家の仏教ということを、身をもって実行された人です。その聖徳太子を、日本仏教の祖師であるとして、「和国の教主聖徳皇」と、日本国の釈尊ですと、親鸞聖人は大変讃嘆されているのです。その親鸞聖人が「煩悩具足のわれら」といわれた、そういう気持ちは、実は聖徳太子までずっとさかのぼって、「共に是れ凡夫ならくのみ」という気持ちが親鸞聖人まで伝わってきているのだと思います。

「煩悩具足のわれら」の「われら」とは、自分が煩悩具足の凡夫であるということをいっておられるわけです。聖徳太子以来、仏教の高僧といわれるような人たちは数多くおられたでしょうけれども、自分自身のことを「煩悩具足のものです」というように、はっきりといわれた人は、そうはおられません。

たとえば、禅宗のほうでは、栄西《えいさい》禅師とか道元《どうげん》禅師という、大変立派な人がおられます。「煩悩とみれば煩悩、煩悩の本性は空、空を悟れば煩悩もなし」というように、スパッといわれます。達磨《だるま》大師のところに、「私はこの悩みが消えません」といって相談に行った慧可《えか》という人がいます。そのときに達磨大師は、「それなら、その悩みを出してみろ」といわれたというのです。これはつまり、「悩みと思っているその心をひっくり返すのだ」ということを教えたのでしょう。けれども、言葉が足りないのです。そして、お互いに精神の極限の澄みきった状態のところで話し合いをしていくわけです。そういう点では、道元禅師や栄西禅師から「煩悩具足のわれら」という言葉は出てきません。

親鸞聖人は、「煩悩具足のわれら」といわれた人です。煩悩は、煩い、悩みです。除夜の鐘の百八つは、煩悩の数だといわれます。煩悩を除くために、百八つの鐘を撞くのだというようにいわれてきたわけです。しかし、浄土真宗の場合は、煩悩を除くというよりも、現在ただ今ある煩悩のしぶとさや深さを自覚する、かみしめるというような意味があるだろうと思います。ただし、親鸞聖人の場合は「一つ、二つ、三つ、四つ、ああ三十六ある」というような数え方はしません。数をいうとしても、「八万四千の煩悩あり」といわれる。八万四千とは、無量無限ということです。数え切れないほどの煩悩を持って生きている。それで、親鸞聖人は、数を数えあげるよりも、現在の煩悩はどう自分にはたらいているか、ということを「煩《ぼん》は、みをわずらわす。悩《のう》は、こころをなやます」(『唯信鈔文意』真宗聖典五五二～五五三頁)といわれるのです。煩悩というのは、「わずらい、なやみ」というように、その字のあらわす事実のとおりに説いてくださっています。

欲の心や怒りの心は体にもあらわれてきます。「身のわずらい」に出てきます。たとえば、食欲が落ちるとか、夜眠れないとか、疲れるとか、内臓が悪くなるとか、そういうことが「身のわずらい」です。「心の悩み」、これは「悩」です。「煩は、みをわずらわす。悩は、こころをなやます」、薬を使っても治らないのです。このような煩悩が具足しているというのです。「具」は完全にということです。欠けることなく完璧に満ち足りているのを「具足」といいます。「私は貪欲は強いけれども、怒りのほうはありません」というようなことはないのです。煩悩という煩悩、全部を具えているというのが煩悩具足ということです。

「煩悩具足のわれらは」、わずらい悩みを持って生きている。欠けめなく完璧に煩悩を具えている。そういう「われらは」です。ここに親鸞聖人ご自身が入っているのです。親鸞聖人ご自身は、この煩悩の悩み苦しみを、身にしみて、そして生きてこられた人です。

これを「だらしがない人だ」と見る見方はあるかもしれませんが、それは『歎異抄』でいう「自力作善」の立場だと思います。

生死をはなるることあるべからざる

「煩悩具足のわれら」というのは、自分の事実ではないでしょうか。この事実を親鸞聖人は「煩悩具足のわれら」といわれたのでしょう。この「煩悩具足」というのは、どういうものなのでしょうか。「どんな修行をしても生死を離れることができない」ということです。「生死」という言葉は、生と死というように分けていうのではなくて、迷いということを示す言葉です。

『正信偈《しょうしんげ》』の中に「証知生死即涅槃」とありますが、「生死」というのは迷いということです。つまり、生きる死ぬということの中に何があるのか、迷いがあるのだということでしょう。

いずれの行にても生死を離れることができない。なぜならば、煩悩をもって修行するからです。煩悩の心をもって修行をすれば、それはますます迷いを深めることになる。たとえば、自慢したい気持ちを持っている。自分の心に憍慢《きょうまん》の心がある。それでもって修行をする。憍慢がよくないから、憍慢を断ち切ろう断ち切ろうとして修行するけれども、修行すればするほど「私は一生懸命に修行をしているのだ」という自慢の心がまた出てくるのです。そうすると、この威張る気持ちを断ち切ろうと思って修行している全体が、また威張ることになってしまう。それだと、迷いから離れるということはできません。

どんな修行によっても迷いから離れることができないのは、どうしてでしょうか。もとに煩悩があるからです。この煩悩を断ち切ろう断ち切ろうとしても断ち切ることができないのが、じつは人間の事実ではないのでしょうか。断ち切ったふりはできますけれども、実際には断ち切れていません。断ち切ったふりをしていて、「ご立派ですねえ、あなたのような人なら腹が立つこともないでしょう」などといわれると、今度は窮屈になってくるのです。

曾《そ》我量深《がりょうじん》先生のお言葉に、「『歎異抄』の第三条の、善人は暗い人、悪人は明るい人」というお言葉があります。どうして悪人は明るい人なのでしょうか。それは、煩悩具足といわれたら、「はい、私は煩悩具足です」といえるということでしょう。煩悩がないようなふりはしないのです。「煩悩があります。煩悩だらけです」といえるというのです。バカといわれないようにと思って、必死に暮らしているうちは、「バカ」といわれると腹が立ちます。また、バカといわれないようにと、毎日毎日緊張して暮らしているわけです。

「私は、煩いと悩みを持って生きています」ということを正直にいうと、煩悩具足を見破られないようにして隠しているものがなくなるから、落ち着いてくるのです。「煩悩があるだろう」「ないふりをしても顔に書いてあるぞ」といわれても、「はい、そのとおりです」と、落ち着いていえるようになるのです。

これは自力のはからいの考え方が、ぐるっと変わったようなことなのです、それが自然ということでしょう。「煩悩具足のわれら」といえるのが明るい人です。煩悩具足ではないというふうにして、明るいふりをしていても、それは本当には明るくないのです。顔は笑っていても目が笑っていないということがありますね。ふりをするというのは、大変なことなのです。

親鸞聖人が「煩悩具足のわれら」といわれますが、これが「悪人」ということです。人間の本性というのは、正直にいうと、じつは悪人ということになるのではないでしょうか。それを、悪人と善人と、別々にあるように分け隔てをして考えている在り方がおかしいのです。親鸞聖人は、このように示しておられるのです。

「善人」というのは、本当にはいないのです。阿弥陀仏の眼から照らされると、「善人」というのも、偽って善いふりをしているだけということになる。それは、偽善ということでしょう。偽善というのは、大変つらいのです。かえって、「悪事を犯しました」「私は悪いものです」と率直にいえるなら、そのほうが落ち着きます。楽になると思います。

願をおこしたまう本意

「煩悩具足のわれら」という在り方は、どんな修行をしても、もとに煩悩がありますから、修行すればするほど、ますます煩悩が大きくなるのです。煩悩の在り方というのが、明らかに見えてきます。いろいろな修行がありますが、その修行の一つ一つ、全部、ほとんどできません。ですから、修行ができなければ生死を離れるということができない。迷いを離れることができません。そうすると、大変に悲しいことですが、また迷い続けていかなければいけません。この涙が絶えることがないのです。そういう在り方をしているということまでも、阿弥陀仏はすべてご承知のうえで、「そのままで来なさい」といってくださるのです。「煩悩をなくしてから極楽浄土に来なさい」ということではありません。「そのままで来なさい」です。そして「そのままで来させるよ」というために、願いをおこしてくださったのです。それが、この「願をおこしたまう本意」ということです。

この「願」とは、何でしょう。「ただ念仏をもうすものを必ず救う」という願いです。これは、「そのままで来なさい」ということです。「裸でもいい、そのままで来なさい」というのです。「今、普段着で、ボロな着物ですから、ちょっといい着物を着てきます」「いや、そのままでいいから来なさい」といわれるわけです。これが「汝《なんじ》一心に正念《しょうねん》にして直ちに来《きた》れ、我よく汝《なんじ》を護《まも》らん」（「信巻」真宗聖典二二〇頁）という言葉です。このように、立ち上がって呼ぶのが、南無阿弥陀仏の心です。「汝一心に正念にして直ちに来れ、我よく汝を護らん」という願いの心が、南無阿弥陀仏です。浄土真宗のご本尊が立ち姿であるということも、その心を表しておられるのです。

願いをおこされた本意、この願いは、「念仏往生の誓願」のことです。「たとい罪業は深重なりとも、かならず弥陀如来はすくいましますべし」、これが第十八願の誓願の心です。この願いは、阿弥陀仏の無量の願いの一番根本の願い、本意です。本当の気持ちです。それは悪人成仏のためです。煩悩具足の凡夫、この悪人が助かる道は、一切の条件なしに必ず救うという願いです。これが阿弥陀仏の願いです。

念仏したら助かるといわれているのではないのですか。念仏は条件ではないのですか。このような疑問も出てきますが、じつは、お念仏一つと定められるについては、阿弥陀仏はあらゆる修行を一つ一つ点検された。たとえば親孝行をもって衆生を救うといったら、どうでしょう。親不孝のものは多く、親孝行のものは少ない。そこで、親孝行で衆生を救うというと、救われない衆生のほうが多くなります。そうすると、親孝行しなさいということで救おうというふうにはいえません。では、戒律を守るというのはどうでしょう。生活の規則を守るということで衆生を救おうというと、どうでしょうか。見た目には生活規律を守っているように見える人はいるけれども、本当に守り徹している人は少ない。そうすると、戒律をもって衆生を救おうというのも、できない。それで、親孝行から布施、持戒《じかい》、忍辱《にんにく》、精進《しょうじん》、禅定《ぜんじょう》、智慧と、あらゆる修行の在り方を一つ一つ点検されて、一切の衆生を平等にもれなく救うには、ただ南無阿弥陀仏と称えるものを救おう、念仏するものを救おうというように誓いを立てられましたということです。これは、いつでも、どこでも、誰でもできる南無阿弥陀仏です。

もしも、声が出せないような人でも、南無阿弥陀仏と心に念ずる、思うことができるのが念仏です。声に出すのも、心に思うのも念仏です。また心が弱ければ、ただ礼拝《らいはい》するだけでもよい。それも念仏です。その念仏をもって衆生を救おうと誓われたのは、一切の衆生をもれなく救うということです。では、なぜ一切の衆生をもれなく救うのですかというと、それは悪人を救うためです。ほかの修行は、全部成り立たないのです。あらゆる修行は、水をザルにいれたら漏れてしまうように、どんどん抜けていってしまうのです。本当の器ではないのです。そういう修行に全部破れてしまうような衆生、悪人をこそ救おうというのが、阿弥陀仏の本願の一番根本の心です。

「着替えてから来なさい」ではなく「そのままで来なさい」、煩悩具足のままで必ず救う。こういう願いは、まさしく悪人成仏のためにおこされたのです。これは誰のためですかというと、親鸞聖人は「親鸞一人がためなりけり」といわれました。そのお気持ちからの言葉でしょう。

『歎異抄』の終わりのところに、

弥陀《みだ》の五劫《ごこう》思惟《しゆい》の願《がん》をよくよく案ずれば、ひとえに親鸞一人《しんらんいちにん》がためなりけり。されば、そくばくの業《ごう》をもちける身にてありけるを、たすけんとおぼしめしたちける本願のかたじけなさよ。

（真宗聖典六四〇頁）

とあります。数知れない悪業を持って生きてきた自分であるのに、この自分を助けようと思い立ってくださったのが阿弥陀仏のご本願だったのだ。これが「願をおこしたまう本意、悪人成仏のためなれば」。この悪人が、まさしく親鸞聖人からすると、「悪人というのはこの私、親鸞一人です」と、そういう気持ちがここにあると思います。

悪人、もっとも往生の正因なり

阿弥陀仏は、どんなに悪くて、どんなに煩悩を持って生きていても、その衆生を必ず救うと願ってくださっています。どんなに悪事を犯し、どんなに凡夫で、悪人であっても、その悪人をこそ救おう、絶対に救おう。その人が救われるまでは、私は仏にはならない。自分の成仏をかけて衆生を救おう、悪衆生を救おうと誓ってくださった。どうしてそこまでご辛労をかけるのか、どうしてそこまで強く打ち出さなければならないような願いがあるのか。それは、何を隠そう、私というものがいるからです。この私がいるから、阿弥陀仏は一切の衆生を平等に救おう、念仏するものをすべて救うのだ、平等に、もれなく救うのだと誓ってくださった。その本意は、一切衆生からはずれたような気持ちを持っているこの自分を救うためであったのです。

「みんなを救う、みんなを救う」という中に、自分は入っていないと思うのが煩悩具足の悪人の気持ちです。「みんなを救う」といったときに、「私だけは例外だろう。暗く、一人で堕ちていかなければいけないのだ」と、そのような気持ちでいる人に、「みんなを救うんだ。悪人を救うんだ」といってくださった。それを「親鸞一人にかけられた言葉だったのだ」と感じる中から、善人、悪人のことを親鸞聖人はいっておられるわけです。

『歎異抄』を悪くとらえる人は、「悪いことをすれば助かるかのように書いている。悪い教えだ」といいます。しかし、そうではありません。よくよく胸に手を当てて考えてみれば、自分は煩悩具足であるほかに何もないじゃないですか。人のことをいうよりも、自分自身のことを、今日一日何を思ってきたかということを考えてみましょう。私自身が、悪事のかたまりです。その自分を必ず救おうという願いが、常に常にはたらいているのです。

だからこそ、本当に「他力をたのみたてまつる悪人」といわれたのは、これはもう自力ではまったく間に合わない、どれほどいい格好をして飾ろうとしても、とても間に合わないということをいわれているのです。だから他力をたのむ、阿弥陀仏の本願のお心にしたがう。それしかない。その「悪人」「煩悩具足」の、この一人こそ、もっとも往生の正因です。このようにして悩みを持って生きていること自体が、救われる原因なのだと。なぜなら、悩みを持って生きているということ自体を救うために、阿弥陀仏は本願をおこしてくださったからです。

悩みを持って生きているということがなければ、阿弥陀仏のご本願がおこされる動機もない。阿弥陀仏のご本願がおこされる動機、原因は、ここに現に悩みを持って生きているこの自分がいるということです。

煩悩具足の凡夫である自分がいるからこそ、阿弥陀仏が本願を立ててくださったのです。

ここのところは、開き直りとは違って、本当に「かたじけなさよ」というお気持ちだと思います。

弥陀《みだ》の五劫《ごこう》思惟《しゆい》の願《がん》をよくよく案ずれば、ひとえに親鸞一人《しんらんいちにん》がためなりけり。されば、そくばくの業《ごう》をもちける身にてありけるを、たすけんとおぼしめしたちける本願のかたじけなさよ。

（『歎異抄』真宗聖典六四〇頁）

これは親鸞聖人の言葉です。この「親鸞」のところに、みなさんお一人お一人の名前が入るのですよと、親鸞聖人は教えてくださっているのだなあと、私は感じます。「あなたの名前が入るのですよ」と、親鸞聖人から直接いわれているように、私は感じます。そしてみなさんも、もし花子さんなら、「花子一人がためなりけり」といえるのですよ、そういってもらいたいのです。それが阿弥陀仏の願いです。太郎さんならば、「太郎一人がためなりけり」と、そういってもらいたいのですよと、そういうことを親鸞聖人は呼びかけておられると思います。そういう言葉だからこそ、『歎異抄』は長い間伝えられてきているわけなのです。

よって善人だにこそ往生すれ、まして悪人はと、おおせそうらいき。

（真宗聖典六二八頁）

悪人であるということ自体こそ、まことの救いがかけられるその身であるというのです。悪人、煩悩具足の身の事実ということをとおして、一点一画も外さずに、その事実において、お念仏の道が開かれています。

曾我量深先生は、「如来に信じられ、敬われ、愛されている。かくして我等ははじめて如来を信ずることを得る」と、こういう言葉を残しておられます。これは親鸞聖人の言葉を受けておられるわけです。

つまりは、阿弥陀仏は悪人を必ず救うという願いをおこしてくださった。善くなってから救おうというのではない。「絶対にあなたを救う」と、そのように誓ってくださっているのが阿弥陀仏です。そのことに気がつくというのが信心です。ほかに信心は、ありません。阿弥陀仏の本願のお心を、「ああ、なるほど、自分のためだったのだなあ」といただくのが信心です。いろいろの法門はありますが、阿弥陀仏から絶対に信じられているということに気づくことこそ、まことの信心です。そのことを教えてくださるのが、この『歎異抄』の第三条です。

＊　　　＊

この条のはじめの「善人なおもて往生をとぐ、いわんや悪人をや」という言葉はあまりにも有名です。それゆえ誤解する人も多いのです。ここにいわれる善人とは、「自力作善のひと」であり、悪人とは、「煩悩具足のわれら」です。どのような修行によっても、生死の迷いを離れることができない煩悩具足のわれらを痛み悲しんで、必ず救おうと願いをおこされたのが、阿弥陀仏の本意であると、親鸞聖人は、本願との出遇いにおいて率直にこの言葉を説かれたのです。

第四条

一　慈悲《じひ》に聖道《しょうどう》・浄土《じょうど》のかわりめあり。聖道の慈悲というは、ものをあわれみ、かなしみ、はぐくむなり。しかれども、おもうがごとくたすけとぐること、きわめてありがたし。浄土《じょうど》の慈悲《じひ》というは、念仏して、いそぎ仏《ぶつ》になりて、大慈大悲心をもって、おもうがごとく衆生を利益《りやく》するをいうべきなり。今生《こんじょう》に、いかに、いとおし不便《ふびん》とおもうとも、存知《ぞんじ》のごとくたすけがたければ、この慈悲《じひ》始終なし。しかれば、念仏もうすのみぞ、すえとおりたる大慈悲心にてそうろうべきと云々（真宗聖典六二八頁）

慈悲とはまことの愛

この第四条には、「慈悲に聖道・浄土のかわりめあり」「聖道の慈悲」「浄土の慈悲」「大慈大悲心」「この慈悲」「大慈悲心」というように、慈悲という言葉が何度も出てきます。この慈悲について、曇鸞《どんらん》大師が『浄土論註《じょうどろんちゅう》』の中で、

苦を抜くを慈《じ》と曰《い》う。楽を与うるを悲《ひ》と曰《い》う。（真宗聖典二九三頁）

と解説されています。悲しみあわれんで、苦しみから解放すること。さらに、楽を与えることが慈悲であると考えられているのです。

インドの原語では、慈悲の慈はマイトリーです。そして悲のほうは、カルナーです。マイトリーという

のは、友情、友愛という意味の言葉です。これは平等ということです。友だちというのは、「きみ、ぼく」というように、お互いに呼び合える関係です。あるいは、名前を呼び捨てで呼び合える、そういうのが友だちです。小学校からのことを思い返せば、友だちというのは、上から下とか、下から上という関係ではなくて、対等の関係、平等の関係です。その平等の関係で、お互いを大切に思う、そういうことで友愛が慈ということなのです。

それからカルナーは、共に呻《うめ》き声をあげるという意味です。共に呻き声をあげるというのは、苦しみを共にするということです。独りだけで苦しい思いをさせるのではない。自分もいっしょになって苦しみを共にして、そして同じ心になる。そういうのがカルナーです。

私は、このインド語の話を、増谷文雄《ますたにふみお》先生から聞きました。最初、私は、慈悲というのを、仏さまの慈悲というように思っていたのです。そうしたら、インド語ではもともと友情、友愛、そして、共に呻き声をあげる、こういうような心なのだということを聞いて、慈悲というのは、やはり人間に関係したことなのだ、尊い、美しい、すばらしい力を持つ仏さまだけの話ではなくて、人間同士の関わり合いというときに、この慈悲ということは大事なことなのだと感じたわけです。

ともかく、それで慈悲というのは、思い切っていいますと、これは「まことの愛」ということができると思います。どうして思い切っていうかというと、愛という言葉は、仏教用語の常識としては、悪い心だといわれているからです。愛というのは、渇愛《かつあい》だといわれます。喉が渇いているときに、水を求めて、水のためなら何でもするというような恐ろしい心を渇愛というのです。渇き求め、そして執着する。それが渇愛です。ですから、愛というと、仏教では悪い心、強い煩悩といわれるのです。

しかし、もう一つ愛というのに、法愛という言葉もあります。法愛というのは、仏法の愛です。やはり、愛というのは、ただ悪いものではない。大事にする、いとおしむ、そういう気持ちが全部駄目だというわけではないでしょう。

仏教一般には、愛というのは、渇愛で悪いものだといわれてきたのですが、大乗仏教の経典である『涅《ね》槃経《はんぎょう》』には、法愛とか善愛というような言葉も出てくるのです。そのように、愛というのに、悪い愛だけではない、よい愛もあるのだということです。

それで、私は、慈悲という言葉は大変に大事な、いい言葉なのですけれども、さらにもう一つ、現代に慈悲とは何ですかといったときには、「まことの愛」と思い切っていわせていただきたいと思うわけです。どうしてかというと、テレビをつければ、「愛してる」「あなた愛してないの」「いや、愛してるよ」と、ずいぶん愛という言葉が出てきているようです。「愛してる」という言葉は、あまり使わなかった言葉です。英語のアイラブユーを訳すのに、愛してるというようになったのでしょう。それが、現代の若者、大学生や高校生になると、もう愛というのは当たり前の用語になっています。そういう中で、「仏教は愛とはいいません、慈悲といいます」といっていても、駄目だと思います。それで、愛というのなら、愛だけれども、まことの愛だと、ここに「まこと」と入れておくことが大事です。渇愛とは違う、真実の愛です。

では、真実でない愛はどういうのかというと、これは自分の利益のために相手を好む、そういうのは嘘の愛です。たとえば強いものに対する愛、お金をたくさん持っている、あるいはお金に対する愛、こういうのは執着で、嘘の愛です。まことの愛というのは、それと反対です。自分を捨てても相手を生かそうとする、そういうのがまことの愛というものです。「愛してるのだから、あなたも愛しなさい」と、そういうものは取り引きですから、本当の愛とはいわない。自分のすべてを捧げて相手を生かそうとする愛こそ、まことの愛です。

弱いもの、貧しいもの、悲しい思いをしているものに対する愛というのが、本当の愛です。そのことを、この慈悲という言葉が示しているわけです。

実際、「与楽《よらく》」と「抜苦《ばっく》」というのは同じことです。同じことでないといけないのです。楽を与える、苦しみを抜く、これは同じことです。ですから、楽を与えて苦しみを抜く心、まことの愛、それを慈悲というわけです。

「仏心というは大慈悲これなり（仏心者大慈悲是）」（真宗聖典一〇六頁）という言葉が、『観無量寿経《かんむりょうじゅきょう》』にあります。仏の心は何かというと、大慈悲です。「仏心者大慈悲是」。したがって、仏教は慈悲の教えである。仏さまの心が慈悲ならば、仏さまの教えは慈悲の教えであり、仏教の本質は慈悲であるということになります。慈悲を外したら仏教ではありません。

浄土真宗のご本尊の阿弥陀仏の木像を見ると、立ち姿です。この立ち姿も、慈悲の心を示しています。私たち人間が迷っている、その迷っている衆生を救おうというときに、坐禅を組んだままで、「こちらへ来い、ここは救いの道が明らかだから、この道を来なさい」と呼ぶことはできません。立ち上がって、迎えに来て、「こっちだよ」と救い取ろうという慈悲の気持ちを、この立ち姿で示しておられるのです。そのように、仏教の本質は慈悲であり、慈悲のない仏教は嘘の仏教です。

それから、仏教というのは、仏さまの教えだけではない、仏になる教えなのです。仏になる教えということは、大慈悲を持ったものになるという教えだということです。では、誰が仏さまになるのですかというと、衆生、私たち凡夫が仏にならせていただく教えが仏教です。それは、わがままな自分勝手の心の凡夫から大慈悲を持った人になっていく教えなのだということです。

したがって、慈悲ということは、私たち人間関係の中でも、本当につねに問題になることです。そこのところを親鸞聖人が示しておられるのが第四条なのです。

慈悲に聖道・浄土のかわりめあり

最初に「慈悲に聖道・浄土のかわりめあり」とあります。聖道・浄土とは、聖道門と浄土門のことです。仏教には、二つの道筋があります。それを聖道門と浄土門といいます。門というのは、教えのことを示すわけです。門は、入ったり出たりするものです。入るというのは、何に入るのかというと、さとりに入るということです。出るというのは、衆生を救うためにそのさとりから出るということです。どちらにしても、門をくぐらなければいけないわけです。

その門というのは、「八万四千の法門あり」といわれています。八万四千というので、無量、無限ということを示すのだと思います。一つ、二つ、三つ、四つといって、八万四千あると数えたわけではない、とにかく無量の法門があります。その八万四千の法門というのは、一人一人の人に合うような道として用意されたのです。そういう点で仏教は、非常に法門が広いわけです。一人一人の人に合うように教えの筋道が準備されているのです。

その八万四千の法門を、大きく二つに分けることができるというので、聖道門と浄土門というわけです。

「聖道・浄土」という言葉は、道綽《どうしゃく》禅師が示してくださいました。仏教に教えはたくさんあるけれども、聖道門と浄土門と大きく二つに分けることができるといわれたのです。

それで、まず聖道門というのは、浄らかな道を行く聖者のための教えということです。では聖者、浄らかな人というのは、どういう人かというと、欲はなく、驕ることなく、妬むこともなく、静かに自分自身を耕し、修行していく人です。そういう人が聖者です。ですから、この聖道門というのは、聖者の道で、厳しい修行を実践し、そして自分の努力精進によって仏になっていく、さとろうとする道です。

ですから、聖者という場合には、肉食しない、酒は飲まない、盗まない、性交渉をしない。戒律という、厳しい律法をしっかりと身に堅持して、修行していく。家には住まない。一か所に定住しない。行雲流水、行く雲、流れる水のごとく、ところどころに居所を変えて、そして、ものを持つと執着が出てくるから、ものは一切持たない。そして食事は、一軒一軒の家の前に立って、鉢を持って、いただけるものをいただく。それに対して、「こんなものしかくれないのか」というような不平はいわない。乞食の行をして、自分自身が仏になる修行をしていく。そういうのが聖道門、聖者の道です。

それと比べて、浄土門はどういう人の道かといえば、これは凡夫の道です。聖者の反対の言葉が凡夫です。凡夫とは、どういう在り方をしているのかというと、

凡夫《ぼんぶ》というは、（中略）欲《よく》もおおく、いかり、はらだち、そねみ、ねたむこころおおく、ひまなくして、臨終《りんじゅう》の一念にいたるまでとどまらず、きえず、たえずと、（『一念多念文意』真宗聖典五四五頁）

そういう心を持って生きているものです。「私は欲を起こしません」といって頑張っても、やはり欲の心が出てくる。今日一日何を思ったかと振り返ってみると、欲だらけです。そうでなければ怒りです。自分

の欲のとおりにならなければ腹が立つ。そういう凡夫は、数限りなく、たくさんいます。

聖者のほうは少ないと思います。欲はなく、怒らず、腹立てず、やきもちもやかず、いつもにこやかに静かにして教えをいただいている。そういう聖者は、千人中に一人いるかどうかでしょう。ところが、凡夫のほうは、いっぱいいます。これは自分の胸に手を当てて考えるとわかることです。「あいつは凡夫だ」というのではなくて、自分は聖者か凡夫かと考えてみるべきなのです。

その凡夫が救われていく道が浄土門という教えです。仏教は、数限りなく法門があるけれども、大きく分けると、聖道門と浄土門になる。聖道門は聖者の歩む道、浄土門は凡夫の歩む道。凡夫であっても必ず救われる、そういう道が浄土門です。こういうことを道綽禅師がいわれて、それをまた法然上人が、日本において明らかに示されたのです。「欲もおおく、いかり、はらだち、そねみ、ねたむこころ」だらけのものも、お念仏によって、必ず救われます。必ず仏にさせていただけます。そういう教えがある。それを浄土の教えといいます。浄土というのは、極楽浄土です。阿弥陀仏の大慈悲心のはたらきによって、建立されている世界。その浄土に、阿弥陀仏の大慈悲によって救われていく、その道が浄土門です。

次に、「慈悲に聖道・浄土のかわりめあり」と、「かわりめあり」とありますが、それはどういうことでしょうか。「かわりめ」というのは、相異する点、違いというように、従来から解釈されてきました。しかし、「かわりめ」というのには、もう一つ「変わっていく目」という意味もあるのではないでしょうか。つまりは、転換点という意味がある。「変わっていく目」と読んだほうがいいのではないかと初めて指摘されたのは廣瀬杲《ひろせたかし》先生です(『歎異抄講話』第二巻、法藏館)。

聖道の慈悲というは

次に、「聖道の慈悲というは、ものをあわれみ、かなしみ、はぐくむなり」とあります。「もの」とは、「生きとし生けるもの」ということで、衆生のことです。生きつつあるもの、生きているものすべてというのが衆生です。

現代用語では、いのちのないものを「もの」といいます。いのちがないものとは、くすぐっても叩いても反応しないものだというのが現代用語です。けれども、仏教では、ものにはいのちがあると見て、ものというのは、いのちあるものすべて、衆生というように見るのです。

ですから、衆生は、範囲がすごく広いのです。まずは人間が衆生です。それだけではない、犬や猫も衆生です。それだけではない、鳥たちや、さらには山や川も、衆生というのです。山や川も衆生で、いのちあるものなのだといわれます。だから、むやみやたらに木を伐ったり、山を削ったりすると、山が泣くのです。川を汚すと、川が泣くのです。そういうような感覚というのが、仏教の感覚です。

そういう感覚は、欧米のほうではあまりなかったようです。残念ながら日本人も、そういう感覚が鈍くなってしまった。そのために、公害問題というのも出てくるようになった。本当は川もいのちがあるのだということを忘れずにいたら、川に毒を流すということはしなかったでしょう。仏教が生きていないと、大変なことになるのではないかと思います。やはり慈悲の心を忘れてきたのではないでしょうか。いつから忘れたのでしょう。慈悲ということをずっと忘れたまま暮らしているのです。自力ではわかりません。慈悲ということを忘れているよということを教えてもらうということが大事なのです。

いのちあるものすべてを「あわれみ、かなしみ、はぐくむ」というのが聖道門の慈悲だといわれるのです。「あわれむ」というのは、かわいそうだなというあわれみの気持ちと同時に、大事にするという気持ちです。「かなしむ」というのは、かわいがるということ。また、いとおしむということです。それから、「はぐくむ」というのは、育てるということです。漢字で書くと「育む」です。「ものをあわれみ、かなしみ、はぐくむなり」、これが聖道の慈悲です。一切の衆生を大事にして、かわいがって、「さあ大きくなれ、大きくなれ」といって、手を尽くして、子どもを育てあげていく、そういう心というのが、聖道の慈悲です。大変に尊い心だと思います。

その聖道の慈悲について、「しかれども、おもうがごとくたすけとぐることきわめてありがたし」といわれました。「しかれども」というのは、しかしという意味です。しかし、衆生を思いどおりに助け遂げることは、きわめて困難なことであると言い切られているのです。「ありがたし」というのは、「有ること難し」ということで、困難であるということです。

「ものをあわれみ、かなしみ、はぐくむ」心を持って、思いどおりに救っていこうとするのだけれども、助け遂げることが、きわめて困難であると。これは、大変な言葉だと思います。慈悲の心を実践しようとしても、助け遂げることはできない。たとえば、親が癌になる、あるいは連れ合いが癌になる、あるいは子どもが癌になる。子どもの癌は、白血病とかです。そういう病気になったときに、なんとかして助けようと思って、寝ずの看病をするけれども、それでもどうしても助け遂げるということができない場合があります。

あるいは、相手のためによかれと思ってやったことが、相手に対しては、悪い結果になったりすることもあるのです。相手のことを思うから、たとえば、子どもでも友だちでも、不自由していると思ったら、一生懸命手助けする。そうすると、そのことで自立できない依頼心の強い子どもになったりすることがあるでしょう。わがままの甘えん坊になってしまう。どうしてこういう子どもになったのか。それは、親があまりにお金持ちで、手をかけすぎたからという場合があるでしょう。

思いどおりに助け遂げることが、きわめて困難だというのは、これは一つ一つ、日常生活の中で確かめていくべきことだろうと思います。相手のためによかれと思ってしたことが、よくないようになることがあります。不治の病の場合、どんなに手を尽くしても、相手が治るということはない。そういうときがあります。ですから、「おもうがごとくたすけとぐること、きわめてありがたし」、本当に助け遂げるということは、きわめて困難なことなのだと示されているのです。

これは、他人のやっていることを眺めていて、ただ批評していわれたのではないと思います。親鸞聖人自身が、きわめて困難なことだなという悲しみを感じておられるのだと思います。どれほど相手のために尽くそうとしても、それが本当に尽くしたということにならない。恩着せがましいと思われてしまって、まっすぐに受け取ってもらえない。そういうようなことばかりでしょう。それが、私たちが持つ慈悲というものの問題です。

私たちが、慈悲を行おうとすると、最初は相手のためを思ってやっていても、「有難うのひと言くらい、いえばいいでしょう。どうしていわないの、これほどしてあげているのに」と、恩着せがましい気持ちが出てくる。結局、わがままなのです。他人をわがままだという人は、自分もわがままです。そのわがままな心を中に持っていて、それで慈悲を行おうとすれば、その慈悲は本当の慈悲ではなくなります。そのような問題も、私たちは感じます。

「聖道の慈悲」というのは、人間の行う慈悲であって、そして、この慈悲は、自分の身を捨てて、いのちを捨てても、あらゆるものを助けようという尊い心です。それを実行しようとしても、思いどおりに助け遂げること、完全に助けるということは、きわめて困難なことだと、そういう困難さに私たちはぶち当たるのです。聖者でなければ、ますますぶち当たります。ここに、実は、悲しみということがあると思います。「聖道の慈悲」を行おうとすればするほど、完全に助け遂げるということができないなという悲しさ、つらさということに突き当たるのです。

そういう悲しさ、つらさというのを、よくよく知ったうえで、南無阿弥陀仏の道、念仏の道というのが用意されているのです。阿弥陀仏が、ただ念仏もうすべしといわれたお念仏は、一切の衆生を平等にもれなく救う道です。これは、「聖道の慈悲」につまずいて、悲しい、つらいという、そういう悲しさをよく知り徹した中から浄土のお念仏の慈悲というのが出てくるのです。そして、いちばん終わりのところに「念仏もうすのみぞ、すえとおりたる大慈悲心にてそうろうべき」と、お念仏もうすということが、本当の大慈悲心なのですと、最後に結ばれるわけです。

しかし、これは、「聖道の慈悲は結局駄目だ、やるな、念仏だけやれ」といわれているのではないと思います。「聖道の慈悲」というのは、尊い心です。しかし、これを行おうとすればするほど、それが末徹らないなあ、完全に助け遂げることというのは、困難だなという悲しみや嘆きというのがあって、その悲しみ、嘆く心を知り徹して、本当に救われる道はお念仏なのですよ、われ、ひとともに、一切衆生が救われていく道がお念仏なのですよと、そういうことをお示しになっていくのだと思います。

浄土の慈悲というは

次に、

浄土《じょうど》の慈悲《じひ》というは、念仏して、いそぎ仏《ぶつ》になりて、大慈大悲心をもって、おもうがごとく衆生を利《り》益《やく》するをいうべきなり。

（真宗聖典六二八頁）

とあります。ここに、「念仏して、いそぎ仏になりて」とありますが、私たちはいつ仏になるのかというと、いのち終わるときに、ただちに仏になる。これが浄土真宗の教えであり、親鸞聖人の教えです。平生に本願を信じて、「臨終一念の夕《ゆうべ》、大般涅槃《だいはつねはん》を超証《ちょうしょう》す」（「信巻」真宗聖典二五〇頁）とあるように、臨終の一念に仏になる。それが浄土真宗の教えです。

「いのちが終わってから、人間はどこに行くのか」、みなさんもいろいろと、お聞きになっていると思います。よくいわれる話は、亡くなったその座敷の床の間の柱のところにいるとか、屋根裏にいるとか、屋根の上に上がっているとかいわれます。四十九日のあいだ、自分の家の屋根の上にいて、遺族がどういう話をしているか黙って聞いているとか、そういうような話もあります。

亡くなってから四十九日のあいだを中有《ちゅうう》といいます。こういうことは、真宗以外でいわれることです。どこに行くか、行き場が決まっていないというので、中有といわれます。行き場が決まっていないので、裁判官のところを回っていくのです。最後の裁判官が閻魔大王です。そして、四十九日目に裁判の結果が出る。たとえば、「おまえは、前世でなした行いによって八大地獄中の無間地獄へ行くのだ」というように判決が出るのです。だから、この中有のあいだに、遺族が一生懸命供養して、お経をあげてもらって、お念仏して、いっぱい善をなして、追いかけるようにして故人に善根を回向してあげれば、その人が地獄に堕ちそうなときでも、閻魔大王の判決に情状酌量が加えられて、罪一等を免ぜられるということがある。そういうようなことが、普通に仏教の話としてされています。

ところが、親鸞聖人の浄土真宗の教えは、そういうことをいわないのです。ご信心を得たときに、そのときから往生の歩みがただちに始まります。極楽浄土に生まれて往く道を生きるというのを、往生といいます。その往生の道を得るというのが、「即得往生」です。一歩一歩が、浄土に向けての人生になります。そして、そういう人生をいただいたものは、「臨終一念の夕」、ただちにまことの仏になる、そういう教えが親鸞聖人の教えです。だから、まことの念仏者は、亡くなってからプカプカ浮いて迷ったりしているようなことはないのです。

それでは、お葬式以後の七日、七日のお勤めというのは、何のためにするのかというと、これは閻魔大王の判決が軽くなるようにと、お願いするわけではないのです。浄土真宗の場合、七日、七日のお勤めは、遺された遺族のためのものなのです。いちばん身近な人を失った、その悲しみ、嘆きの中で、どうやって生きていったらいいかわからない、人生がすべて無駄だったように悲嘆してしまう。そこで仏陀の教えを聞いて、そして真実に生きる道に目覚めるためなのです。そういう聞法の機会が、七日、七日のお勤めです。

遺族が、どうすればまことの人生を歩んでいけるのか、どうか道を教えてくださいというところでお参りするというのが、七日、七日の法事なのです。これは、四十九日もそうです。一周忌、三回忌、七回忌というのも、そうなのです。教えを聞くというのが法事。だから、法の事と書くのです。あるいは仏事といいます。目覚めた仏の教えをいただくというのが仏事です。仏事も法事も、教えを聞くためのものです。遺された遺族が、誠実に教えをいただく、そういう営みです。

大慈大悲心をもって

それで、「浄土の慈悲というは、念仏して、いそぎ仏になりて」といわれる。「いそぎ」というのは、さっさと、あるいは早く、中間で迷ったりするようなことなく、ただちに仏になるということです。いそぎ仏になって、「大慈大悲心をもって、おもうがごとく衆生を利益する」、それが「浄土の慈悲」だといわれるのです。

ここに「大慈大悲」とあります。慈悲には、大慈悲、中慈悲、小慈悲と、大・中・小があります。これは、曇鸞大師が『浄土論註』の中で、小慈悲とは「衆生縁の慈悲」だと示されています。「衆生縁の慈悲」とは、私たちが持っている慈悲の心です。身内がかわいい、親がいとおしい、子がかわいい、親子兄弟、夫婦の情愛、そういう心は小慈悲だといわれます。あるいは、やや広げて、親戚を大切に思う。あるいは、同じ地域に住んでいる人と手を取り合う。また、民族が手を取り合うとか、国境を越えて人間同士大切にするということ。このように、範囲はいろいろありますが、人間が懐く慈悲というのは「衆生縁の慈悲」であって、小慈悲であるといわれています。

どうして、人間の慈悲は小さいといわれるのでしょう。たとえば、玄関の前にゴミが落ちている。「このゴミ、いやだな」と、さっさっさと掃いて、「ああ、きれいになった」という。では、そのゴミはどこにいったかというと、隣の家の前にいっている。それで、家の前はきれいになったという。そういうのは、本当の掃除ではありません。その隣の人も、家の前にゴミがあると、さっさっさと掃いて、また隣にゴミは移る。そういうのは小さな掃除です。慈悲もそうです。家の中だけでかわいい、自分の家だけよければいいというのは、本当の慈悲ではない。だから小慈悲といわれるのです。お互いに関係があるもの同士で、いいとおしみ合う、そういう慈悲は小さい。本当の慈悲ではない。

法によりどころを持つような慈悲、「法縁の慈悲」といわれるものが、中慈悲です。これは「菩薩の慈悲」といわれます。菩薩というのは、さとりに向かって勇敢に進むもので、自分が救われるだけではない、衆生を救おう、自利利他を実現していこうとするのが菩薩です。菩薩の慈悲、これは人間同士が持つ慈悲よりも大きい。しかしながら、この慈悲は、法を縁とするという限界があることから、中慈悲といわれるのです。

まことの慈悲は、もっともっと大きい。大慈悲は「無縁の慈悲」といわれ、分け隔てがない。男も女も一切の生きものも、すべてもれなく救うというのが大慈悲です。それだけではなく、背くものも、自分に害をなそうとするものまで包もうとするのが大慈悲です。これが仏の慈悲です。『観無量寿経』には、「仏心というは大慈悲《だいじひ》これなり。無縁の慈《じ》をもってもろもろの衆生《しゅじょう》を摂《せっ》す」（真宗聖典一〇六頁）とあります。仏になって、仏の心である「大慈大悲」をもって、衆生を救うのだということで、これが「浄土の慈悲」だと示しておられるわけです。

「浄土の慈悲というは、念仏して、いそぎ仏になりて、大慈大悲心をもって、おもうがごとく衆生を利益するをいうべきなり」、この「おもうがごとく」というのは、自分勝手に思いどおりにというのとは違います。如来の真実のはたらき、阿弥陀仏のはたらきとして、「おもうがごとく」です。阿弥陀仏のお心自体になって、もれなく衆生を救うということで、これが「浄土の慈悲」だといわれるのです。

念仏もうす衆生は、「臨終一念の夕に大般涅槃を超証」して仏になるといわれますが、どういう仏さまになるのかというと、阿弥陀仏と同体になる。それが、浄土真宗の教えです。私たち自身が、無量寿、無量光になる。阿弥陀仏の脇に座らせてもらうという話ではないのです。仏になるということは、大慈大悲心を得るのです。そういうことが、まことの仏になるということです。ですから、念仏して、いそぎ仏になることによって、「大慈大悲心をもって、おもうがごとく衆生を利益する」。それが、浄土の慈悲です。

実は、いま私たちは、浄土の慈悲を受けているのです。どうして受けているというのかというと、念仏によって受けています。念仏もうすということは、慈悲の現れです。阿弥陀仏の慈悲の心が、南無阿弥陀仏となって現れているのです。念仏もうすというのは、慈悲の現れです。手を合わせて南無阿弥陀仏ともうす。ここにもう、阿弥陀仏の慈悲がはたらいているのです。だから、現在ただいま、南無阿弥陀仏と念仏もうす人に、仏の大慈悲がはたらいている。「ああ、眠い。南無阿弥陀仏、南無阿弥陀仏」というような念仏であっても、それでも慈悲がはたらいている。行儀よくきちんと座って、「南無阿弥陀仏」と称えていても、慈悲がはたらいている。いつでもどこでも、大慈悲は念仏になってはたらいているということです。

おもうがごとく衆生を利益する

「念仏して、いそぎ仏になりて、大慈大悲心をもって、おもうがごとく衆生を利益するをいうべきなり」

とありますが、仏になって、「おもうがごとく衆生を利益する」こと、それこそが本当の慈悲です。小慈悲や中慈悲ではない、大慈大悲のはたらきが、お念仏です。自力でつとめるのではない、そういう念仏の道というのがある。ここに、凡夫の救いの道というのが成就してくると説かれているのです。

どんなにいとおしい相手であっても、なんとかして助けようと努力しても、それでもどうしても相手を助け遂げるということができない場合があります。そのときも、念仏もうす道がある。

ですから、「念仏して、いそぎ仏になりて、大慈大悲心をもって、おもうがごとく衆生を利益するをいうべきなり」と説かれるのです。本当の慈悲というのは、「大慈大悲心」しかありません。人間同士が持っているような慈悲は、本当の慈悲というには、あまりにも有限すぎます。憎むもの、謗《そし》るものまで救おうというような、そういう慈悲を、私たちは持ち合わせていません。かわいいものだけかわいがるのだったら、それはわがままと違いがない慈悲なのです。わがままでない慈悲の持ち主というのは、阿弥陀仏です。その阿弥陀仏の慈悲を、いまこうむっている私です。したがって、今度、この私がいのち終わるときに、阿弥陀仏と一つになる。そのように阿弥陀仏と一体になったならば、それこそ、「大慈大悲心をもって、おもうがごとく衆生を利益する」ということができるのです。

このように、念仏が「大慈悲心」の現れであるということを、親鸞聖人が示されているわけです。「浄土の慈悲」というのが、お念仏の道であるということを示しておられるのです。

「念仏して、いそぎ仏になりて、大慈大悲心をもって、おもうがごとく衆生を利益する」といわれるのですが、この中の「いそぎ仏になる」という言葉に、ぴんと響くことがある。自分の慈悲を貫き徹すことができないということを痛みと共に感じている人に、「いそぎ仏になりて」という言葉が響くのです。自分は、わがままな心を内に持ち、慈悲に限りがあり、いのちも力も限りがある。それでも救いたいという気持ちが起こる。起こるけれども、相手をかならず救うということが、いまの自分にはできない。その悲しみや嘆き、つらさ、そういうものを抱いている人には、「いそぎ仏になりて」という言葉がぴんと響くわけです。「いそぎ仏になりて」というのには、気持ちがこもっているのです。願いがこもっているわけなのです。「いそぎ仏になりて」、つまり、本当の力があったらという気持ちです。仏になるということは、真実の力の持ち主になるということです。まことの慈悲を実践するということです。それが仏になるということですから、「いそぎ仏になりて」という言葉に、響くものがあるのです。

これを他人事として見て、慈悲の悩みや悲しみを感じなければ、いろいろここから議論が出てくるのです。一つ例を話します。

「いそぎ仏になるというのなら、禅宗のこの身このまま仏なりという教えと浄土真宗の教えとが、ごちゃごちゃになってしまうのではないか。この身このまま仏というのは、断食修行して、本当の煩悩を断ち切った人でなければなれるはずがないではないか。念仏の教えのくせに、この身このまま仏のような話をするのはおかしい」

と、そのように読んではいけないのです。「いそぎ仏になりて」というところに、切実な心がこもっているのです。それが私たちの気持ちに響くのです。慈悲が末徹らないことを感じている人が、悲しみ悩んでいる人が、この「いそぎ仏になりて」という言葉に、「ああ、この道です」、「私のために道がありました」と響くところなのです。

この慈悲始終なし

次には、「今生に、いかに、いとおし不便とおもうとも、存知のごとくたすけがたければ、この慈悲始終なし」とあります。凡夫の力で、いま生きているあいだにどれほど、いとしい、ふびんだ、かわいそうにと思って、なんとか助けようとしても、それでも助け遂げることができないから、この慈悲は始終がないといわれています。

「この慈悲始終なし」とは、どのような意味でしょうか。「この慈悲は首尾一貫しない」という解釈が行われてきました。

「存知のごとくたすけがたい」、この慈悲は一貫しない、貫けないものである。ここに、人間の悲しさ、つらさ、やるせなさがあります。

私は、「始終なし」ということに、もう一つ別の意味があるように感じます。「始めもない、終わりもない」ということです。つまり、いつからが始めということがいえない。これでやり遂げたという終わりもない。慈悲の心は尽きることはない、そういう意味が、ここにはあると思います。始めもない、終わりもない、「この慈悲始終なし」。つまり「これから慈悲だ」というようにいうことはできないし、「これだけやってあげたから終わりです」ということもできない。慈悲心は限りなし。「今生に、いかに、いとおし不便とおもうとも」、これで終わりといえないほどに、慈悲の心は尽きることがない。そのように、慈悲の心を達成するということはできないから、ますます、悲しみ嘆きも尽きることがない。つまり、慈悲に始めがなく、終わりがないのです。始めなく終わりもないという意味で「始終なし」という言葉が『往《おう》生要集《じょうようしゅう》』にあります。ちょうど慈悲と恩愛の情の問題の故に迷いに循環して「車輪の如く始終なし」とあるのです。

人として生きているかぎり、悲しみも嘆きもつらさも、これで終わりということはないということです。この世は愁嘆《しゅうたん》の声の満ち満ちた世界です。警察署の前に、本日の事故、死亡何名、けが何名と出ていますね。これを他人事だと見れば、「今日は一人か、少ないな」となります。しかし、一人でも亡くなった人がいれば、そこには身内がいるわけで、お父さん、お母さんが、その事故で死んでいった子どもの遺体を迎えて、大変な嘆きをしている。また、親を亡くした子どもたちがいるし、連れ合いを亡くした奥さん、奥さんを亡くした夫がいる。そうすると、本当は「今日は一人か、少ないな」という話ではないのです。交通事故で人の死なない日はないです。ですから、本当はこの世は、嘆きの声が満ち満ちているのです。それを、「今日は一人」、「今年は死亡はやや少なくて、六千人でした。少なくてよかったです」などというのはおかしいでしょう。一万人を超えるというのは大変なことですけれども、それが六千人であろうと、三人であろうと、一人であろうと、直接の遺族の悲しみ、嘆きというのは、大変なものです。現実に私がその身になったら、どういうことになるかということが失われてしまっているのが、恐ろしいことです。現に、この世は愁い嘆きの満ち満ちた世界です。「そういう暗いことを考えないで、町へ出て遊んでくれば」といっても始末はつかないのです。

この世は、愁い嘆きの世界です。慈悲の心を持つからこそ、愁い嘆きは尽きることがないのです。「存知のごとくたすけがたし」いから、愁い嘆きが尽きることがありません。本当は、みな悲しみを胸に抱いて、作り笑いをしながら生きているのではないでしょうか。実際のところは、他人にいえないような悲しみ、嘆きを、やはり、誰でも持っているのです。その悲しみ、嘆きというのを、よくよく知り、実感して、立てられた願いが阿弥陀仏の本願です。ここに本願の立ちどころというのがあるのです。

阿弥陀仏が念仏往生の本願を立ててくださいました。ただ念仏の教えの根拠は、「愁い、悲しむ衆生が一人でもいるかぎり、私は仏にはなりません」という誓いです。「本当に、世界中の人がみんな笑い、喜ぶようになっても、あなた一人の嘆き、悲しみが抜けないのなら、そのあなた一人のために、私は仏にはならずに、かならずあなたを救います」というのが、弥陀の本願なのです。

「存知のごとくたすけがたければ、この慈悲始終なし」、尽きることのない愁い、嘆き、悲しみがある。だからこそ、念仏するものを必ず救おうという願いがおこされたのです。「存知のごとくたすけがたければ、この慈悲始終なし」というのを、ただ客観的に他人事にして小慈悲は首尾一貫しない、駄目なものだといって済ませることができない人が、親鸞聖人だと、私は感じます。愁い、悲しみが尽きないのが人間ではないか。だからこそ、念仏の教えというのがあるのです。

念仏もうすのみぞ、すえとおりたる大慈悲心

そして最後に、「しかれば、念仏もうすのみぞ、すえとおりたる大慈悲心にてそうろうべきと」とあります。「しかれば」というのは、そうであるからという意味です。だからこそ「念仏もうすのみぞ」と、「念仏もうすのみ」というところに、強めの「ぞ」が付いている。念仏だけ、ただ念仏だけがという意味です。

次の「すえとおりたる」の「すえ」というのは、これは木でいうと、根とか幹や太い枝だけではない、葉っぱの先の先までもという意味です。「すえとおりたる」とは、「末徹りたる」ということでしょう。人間の体でいうと、指の先の先までということです。この指の先をチクッと刺しただけで血が出る。それは、体中に血が末徹っているからです。この体中、くまなく血が流れているように、木の枝の先の先の先まで、栄養が回っている。そのように、端の端まで、どんな小さなところにもいきわたっているということが、「すえとおりたる」ということです。

つまり、私たちは、「阿弥陀仏の本願とか、仏教の教えとか、お念仏とかは嫌だ。暗いし、抹香臭い」とか、そのようなことばかりを思って、欲と腹立ち、そねみの心を持って、それで仏の心に背いている。その背いている自分まで、もらさず末徹って「大慈悲心」が私まできています。もったいなくも、私のところまで、もらさずにきてくださっています。これを、「すえとおりたる大慈悲心にてそうろうべき」といわれているのです。

親鸞聖人は、「弥陀《みだ》の五劫思惟《ごこうしゆい》の願《がん》をよくよく案ずれば、ひとえに親鸞一人《しんらんいちにん》がためなりけり」（『歎異抄』真宗聖典六四〇頁）といわれます。親鸞一人威張っておられるのかというと、そうではありません。続いて、「されば、そくばくの業をもちける身にてありけるをたすけんとおぼしめしたちける本願のかたじけなさよ」といわれています。つまり、数知れない悪業を持って生きている、この自分をこそ助けようと思い立ってくださった、これが阿弥陀仏のご本願だと説かれているのです。「本願のかたじけなさよ」といわれる親鸞聖人は、本当に「すえ」というなら、「衆生のすえのすえのすえは私です」と思われていたということではないでしょうか。そんな親鸞聖人まで徹ってくださるという慈悲が、この「すえとおりたる大慈悲心」なのです。「すえとおる」というのは、骨の髄まで貫き徹すという意味です。ただ念仏だけ、念仏もうすということだけが、本当に末徹った、徹底した「大慈悲心」だということです。

お念仏の教えに出遇い、お念仏の教えを実行する中で、お念仏によって限りない大慈大悲心のお心を注がれて生きていた自分なのだなというように、いただかれてきました。そういうお気持ちがここに出ているのではないでしょうか。

したがって、「聖道・浄土のかわりめ」の、「かわりめ」というのは、はたに眺めていて、「これとこれは違う」といっているだけの話ではなくて、この「ものをあわれみ、かなしみ、はぐくむ」という心を現に持っていて、その心が挫折して、貫き徹すことができないという悲しみ、嘆きから、その嘆きをご存知の阿弥陀仏の本願に救われた、そういう変わっていく目というところが、実は「かわりめ」という意味なのです。

「かわりめ」というのは、明治時代以来、ずっと「違い」と解釈がされてきました。それでは聖道の慈悲は駄目なのでしょうか。駄目ではないでしょう。聖者の慈悲だからといって遠ざけているのではないと思います。どんなに欲ばりの凡夫でも、やはり少しは、「ものをあわれみ、かなしみ、はぐくむ」という気持ちがわかります。誰でも少しは持っているのです。それが駄目だといってしまうのではないはずです。やはり、そういう慈悲の心を持つからこそ、慈悲が徹っていかないということの嘆き、悲しみがあるのです。その悲しみ、嘆きの気持ちというのを、阿弥陀仏がすでにご存知だということです。

阿弥陀仏は、極楽浄土で坐禅を組んで、ただ悟りを味わっている仏さまではありません。衆生を救おうと立ち上がっておられるのが、阿弥陀仏です。浄土真宗のご本尊の姿は、立ち姿です。この立った姿の気持ちは何かというと、衆生の悩み、苦しみの泥田に入って、泥をかぶって、溺れている衆生を救うのだという気持ちです。阿弥陀仏のもとは法蔵菩薩。その法蔵菩薩は、衆生と悩み、苦しみをともにして、衆生の悩み苦しみをじかに味わい、じかに苦しむ。その中で、ただ念仏をもって衆生を救おうという誓いを立てられたのです。

ですから、「聖道の慈悲」「浄土の慈悲」というのを、ただ違い目というのでは不十分なのです。「聖道の慈悲」が末徹らない、まして凡夫の慈悲は末徹らない。だから、そこに嘆き、悲しみがある。悩み、嘆き、悲しみがあるからこそ、念仏の呼び声がある。「しかれば、念仏もうすのみぞ、すえとおりたる大慈悲心にてそうろうべき」と、お念仏の道こそ、本当の大慈悲の道であると説かれるのです。大慈悲心が、お念仏になった。だから、お念仏もうすということが大慈悲心なのです。

そうすると、「私が仏になったあとで、衆生を救います」というような、間の抜けた話とも違うわけです。念仏もうすそのときに、もう阿弥陀仏のはたらきが、ここにはたらいているのです。それは、私にだけではない、みんなお念仏するものに、慈悲は平等にはたらいている。そういう大慈悲心にめざめること、それが、ただ念仏の道なのです。

まことの慈悲に立ち返る念仏

では、人助けはしないのですかというと、そうではないのです。まことの人助けをしようと、そういう願いをおこしてくださったのが、阿弥陀仏です。阿弥陀仏の本願です。そのご本願のお心に従って、お念仏もうす、これが本当の大慈悲心なのだということなのです。福祉実践をやらない言い訳に、慈悲が末徹らないとか慈悲始終なしを使ってはいけません。ただ、やっているからといって、誇らないことです。誇ることはできないではないですか。実際は、たまたま福祉実践ができたのです。

「寄付させてもらって、有難うございました」というのが本当の寄付ではないですか。「寄付してあげたのだから」「賞状はもらえないのか」などというのは、本当はおかしいのです。

まことの慈悲というのは何でしょうか。思いやり、優しい心、小さな親切、そのようなことが大事なことだといわれるのですけれども、そこに偽善の雰囲気はないでしょうか。よいふりをしているのではないかということまで、よくよく見通し、まことの慈悲に立ち返る。そしてまた、嘆き悲しんでいる人に、そっと寄り添う。その嘆き、悲しみを、本当にご存知なのは阿弥陀仏です。その阿弥陀仏のお心を実践してきた親鸞聖人です。また、今日まで、お念仏の教えが伝えられてきたのは、やはり、お念仏を伝えてきた人びとの苦労がずっとあるわけです。お念仏によって、悩み、苦しみから救われていく道というのがある。悩み、苦しみ、嘆きが、お念仏の立ちどころなのです。阿弥陀仏の本願がおこされた場所なのです。嘆き、悲しみは、仏道の根幹、根本です。

そういうことまで全部含んで、まことの信心歓喜の喜びは出てくるわけです。まことの喜びは、「やった」「もうけた」という喜びではない。信心の喜びです。喜んでも喜んでも、喜びすぎということのない喜びです。それは、悲しみの尽きることがない私たちの救いの道なのです。そこから、親鸞聖人の「如来大悲の恩徳は、身を粉《こ》にしても報ずべし」というお言葉が出てきたのだと思います。「身を粉にしても」、身体全部を粉にすりつぶすような苦しみを味わっても、それでもご恩報謝せずにおれません。なぜなら、そういう尊い、ありがたい、かたじけない慈悲を、もうすでにこうむっているからです。お言葉のもとにある気持ちを味わう、そういう姿勢で『歎異抄』を拝読するのがよいのではないかと思うわけです。

＊　　＊

仏教の根本の心は慈悲です。親鸞聖人は、慈悲に聖道・浄土の「かわりめ」があると説かれました。この「かわりめ」とは、変わり目、変わっていく目、転換点です（廣瀬杲『歎異抄講話』）。慈悲は、教理についての客観的比較対照的優劣論ではありません。あくまで、親鸞聖人ご自身の人生の歩みをつらぬく事柄であったのです。さらに、親鸞聖人は、「今生に、いかに、いとおし不便とおもうとも、存知のごとくたすけがたければ、この慈悲始終なし」といわれました。「この慈悲始終なし」とは、人間が情として懐くこの慈悲は、始めなく終わりなく尽きることがないということではないでしょうか。人間の悲しみは果てしがありません。だからこそ、「念仏もうすのみぞ」との大慈悲のお言葉が、身にも心にも沁みるのです。

第五条

一　親鸞《しんらん》は父母《ぶも》の孝養《きょうよう》のためとて、一返《いっぺん》にても念仏もうしたること、いまだそうらわず。そのゆえは、一切《いっさい》の有情《うじょう》は、みなもって世々《せせ》生々《しょうじょう》の父母《ぶも》兄弟なり。いずれもいずれも、この順次生《じゅんししょう》に仏《ぶつ》になりて、たすけそうろうべきなり。わがちからにてはげむ善にてもそうらわばこそ、念仏を回向《えこう》して、父母《ぶ》をもたすけそうらわめ。ただ自力《じりき》をすてて、いそぎ浄土のさとりをひらきなば、六道四生《ろくどうししょう》のあいだ、いずれの業苦《ごうく》にしずめりとも、神通方便《じんずうほうべん》をもって、まず有縁《うえん》を度《ど》すべきなりと云々

（真宗聖典六二八頁）

父母の孝養のためとて

第五条は、びっくりするような言葉から始まります。

親鸞は父母の孝養のためとて、一返にても念仏もうしたること、いまだそうらわず。

とありますが、「父母の孝養」とは、父母への親孝行の追善供養です。「孝」は、親を大事にするということです。「孝行」といって、「行い」という字がつきますと、「孝の行い」ということです。重い荷物を持っているお母さんに、「僕が持つよ」といって持ってあげる。それを、親孝行な子どもだといいます。今日は母の日だからと、プレゼントをしたり、「有難うございます」と言葉だけでもいってもらえると、親

孝行な子どもでありがたいねと、親も思います。そのように、「孝行」ということは、現在も使われている言葉です。

「養」というのは、「養う」ということですけれども、これは追善供養のことです。供養というと、お供え物をして、養うということ。差し上げるということですから、生きている人同士でも、供養ということはいわれていい言葉なのです。物を捧げて、養うということが供養のもともとの意味です。物をあげるにしても、その心根が大事です。

さらに、「追善」ということがある。これは、父、母が亡くなってしまって、現在は、自分自身では善を行うことができない。そこで、代わって遺族が善い行いをして、その善い行いによって得る結果を遺族が受けることを辞退して亡き父、亡き母に振り向ける。後から追いかけるというかたちの善を、追善といいます。ですから、追善供養というと、亡き父、亡き母の冥福を祈ってお供え物をし、善い行いをするというのが追善供養ということです。そのような、亡き父母に対する追善供養のためにお念仏をもうしたことは一返もありませんと、親鸞聖人はいわれるわけです。

この冥福の「冥」という字は、暗いということです。意味がわからないとか、よくわからないということを「冥」といいます。冥土というと、あの世。あの世というのは、よくわからない。死後の世界のことを「冥」といいます。その冥土での福というのが冥福ですから、これはあの世での幸せということになります。

あの世での幸せとは、あの世での不幸の反対です。あの世での不幸とは、たとえば地獄に堕ちることです。地獄といっても、何種類もあります。源信僧都《げんしんそうず》がお書きになった『往生要集《おうじょうようしゅう》』を見てみますと、八大地獄といわれて、地獄というのは、地下八階建てになっているそうです。一番浅いところの地獄は、等活地獄といわれます。

この地獄では、全員が鉄の爪を持って暮らしていて、ふらふらと歩き回っているのです。そして、亡者同士が出会うと、いきなりつかみ合いを始めるのです。お互いに鉄の爪を持っていますから、お互いの肉を切り刻み、骨を砕く。そして、お互いが粉になってしまうまで争いをやめないのです。それで、最後に鉄の爪だけが残るのです。ところが、お互いが粉になってしまったあと、一陣のすずしい風がサーッと吹いて、カツカツという声がどこかから聞こえてくると、またすぐに塵が亡者の姿になって、そして鉄の爪を持って歩き出す。そして、行き逢った相手を見ると、またお互いにつかみ合いを始める。そういう地獄です。これが等活地獄といわれる一番浅いところにある地獄です。出会ったものが、お互いに敵になる。許せない、油断がならない。お互いがすぐに切り刻みあうという地獄です。これは、人間世界の争い、苦しみ、そういうありさまを示しておられるのではないかなと思います。

ともかく一番浅い地獄は、等活地獄です。ずっと下の下までいくと、八番目の地獄は無間地獄といいます。無間地獄というのは、休憩時間がないという地獄です。次から次へと苦しみが絶え間なく続くという地獄で、このような地獄に堕ちるについて、私は無間地獄に行きたいといっても、そう簡単に行けるわけではない。それぞれ、生きているあいだに何をしたかということで、行く地獄が決まるということなのです。

追善供養の意味

迷いの生存の在り方として、地獄、餓鬼、畜生、修羅、人、天上、この六つで六道といいます。生きとし生けるものの迷いの在り方を、六種類に分けて説かれている。その中で、地獄、餓鬼、畜生を三悪道《さんまくどう》といい、六道の中でも特に苦しみのある三つの世界です。

人間としてこの世に生まれたのは、もともと人間に生まれる理由があって人間に生まれてきたといわれます。人間の特徴は、無常であり、不浄であるということです。どんどん移り変わり、常ということがいえないのが人間世界であり、それから、浄らかではない世界です。たとえば、皮膚が少し傷ついただけでも、血が出て、膿が出てきます。それから、風邪をひくとすぐわかりますけれども、この体は何種類もの体液で満ち満ちているのです。また、口から浄らかなものを入れても、外へ排出されるときは、汚いものになって出ます。そういう点からいうと、見かけはどれほど美しい人でも、みんな不浄なるものを持っているのです。それが人間の特徴です。

もう一つの人間界の特徴は、仏教を聞くことができるということです。六道を超えて仏さまになることができる機会である。修羅は、戦いばかりしている世界で、教えを聞くという縁がありません。地獄、餓鬼、畜生となると、ますますそうです。天上というのは、物質的にも精神的にもなんの不自由もない世界です。そのために、天上界では仏さまの教えを聞く気にならない。そのように、人間世界だけが仏教を聞くことができる世界であるといわれているのです。ですから、人間として生まれたという機会を無駄にしないで、しっかりと教えを聞くことによって、迷いの世界を超えていくというのが、人間の務めであるということになります。

しかし、火付け、泥棒、かっぱらいというようなことをやるのも人間です。他の動物たちを見ても、放火する動物や、泥棒、詐欺をする動物はいません。そういう悪事をおこした報いによって、地獄、餓鬼、畜生、修羅などに堕ちるというのも、また人間の特徴なのです。自分のしたことは自分で報いを受けるというのが、自業自得の道理です。自業自得の悪事の報いを決めるのが、閻魔大王です。

「お前は娑婆世界で何をやってきたのだ」

「私は何もしていません。早く天の世界へ送ってください」

すると、男の首と女の首が台の上に乗っているのですが、その首が「この者はこういうことをした」と、いいつのります。さらに鏡が出てきて、その鏡に、過去に人間世界で成した行いが、事細かに映し出されるのです。誰も見ていないだろうと思って、口をつぐんでいたことまで、ありありと映し出される。それで、

「こういう行いをやったのは、誰でもない、お前自身ではないか」

と、閻魔大王から問い詰められることになるわけです。この鏡が出てくると、もう何もいえません。このような裁判が、四十九日のあいだ続くわけです。

その四十九日のあいだに間に合うように追善供養を行うと、「娑婆世界において、この者の遺族が追善供養をしました」と報告が入るといわれるのです。親族一同が集まって、お寺で法事のお経をあげてもらいました。ご馳走を差し上げて、たくさんのお土産も差し上げました。そのように、丁寧に追善供養がされましたと連絡が入ると、罪を減じてもらえるというのです。さらに、このような追善供養が積み重なる

と、餓鬼、畜生と、生まれ変わる世界が良くなっていくということがあります。このようなことがあるから、亡くなった人のために、善を振り向けて、お供え物をしなさいというのが、追善供養の教えなのです。

追善供養を必要としない念仏者

だいたい、現代行われている仏教儀式の大半は、追善供養のためという思いで行われているということはありませんか。ところが、『歎異抄』に親鸞聖人がはっきり説いておられるように、浄土真宗では、追善供養ということや冥福ということは説きません。浄土真宗で法要をお勤めするというのは、死んだ人のために追いかけて善を供養するためではないのです。法要は、仏の教えを聞くという営みです。亡くなった人の命がけの教えは、人間は命が終わるということです。人間は死すべき存在であるということを、身をもって教えてくださったのです。その亡き人の教えを聞く場が法要なのです。近親の人が亡くなったことを縁として、現在の自分の生き方はどうなのかということが問われ、そして本当の生き方はどうなのかと問われるのです。そこで本当の生き方を教えていただきましょう、深くかみしめて考えてみましょうという聞法の機会が法事となるのです。

それから、冥福ということも、いいません。もしも死後のあの世があるならば、現在の生き方が、そのことを決めるのだということです。お念仏をいただいた人は、死後、天上・人間・修羅・畜生・餓鬼・地獄のどこへ行くかとか、そういうことは関係がない。本願を信じてお念仏もうす人は仏になる。六道の輪《りん》回《ね》を超えた仏さまになる。したがって、冥界に行くわけではない。また迷って出てくるというようなことをいわないのが浄土真宗の教えです。亡くなった人の一番の教えは、人間は命が終わるものだということです。人間は命を生きているのだから、このままうかうかと過ごしていいのですかということを身をもって問い教えてくださったという点で、亡くなった人は、亡者ではなく善知識、諸仏と仰がれるのです。

また親がお念仏を称えていたおかげで自分も念仏もうすようになったという場合は、亡くなった人は本当の先生だし、念仏を伝えるというお仕事をなさった仏さまとして仰がれるわけです。私にまで念仏を届けてくださった人であり、人生の意味に目覚めるようにと教えてくださった人だということです。だから、死んだ人が迷うのではなくて、生きて残っている側のほうが実は迷っているのだから、この迷いから解脱する教えを聞かなければならない。そういう意味をもっているのが、浄土真宗の法要の意義ですから、追善供養とか冥福とかはいわないわけです。

私たちは、平穏無事に暮らしているときは、追善供養ということなど、ほとんど気にもしないと思います。幸せな家庭生活を営んでいる中で、こうやって暮らせるのも、亡きお父さんやお母さんのお陰だなと思うことは、ほとんどありません。もしあるなら、本当にすばらしいことだと私は思います。しかし、逆になにか家計の状況が傾いたり、家の中に病人が出てきたりというような不幸が続くときに、もしかしたらお父さん、お母さんがうかばれずにいるのではないか。霊が祟るとかいうし、やっぱりお祓いをしてもらわないといけないのではないかというような、そんな気持ちになったりすることがあるのではないかと思います。追善供養ということを手がかりとして、念仏の教えを聞くということになれば、聞法できるようになってよかったなということになるのですが、だいたいは、祟りよけや、お祓いのために追善供養をするということになっているのです。供養をしなかったから不幸が続くのだとか、逆に供養したおかげで儲かったとか、病気が治ったとか、そのようなことを平気で口にするのは、人生に正しく目覚めていないということが一番の問題にあるのではないかと思います。

新車を買って、それで三万円の祈禱料を出して、お祈りをしてもらった。その帰り道、ハンドルを切りそこなって、電信柱に当たった人がある。年の初めのニュースで多いのは、初詣での帰りに交通事故にあったという話です。そういうことなどを見ますと、吉凶禍福にとらわれるのは、人生を正しく見ていない心なのだということです。このことに気づくことが大事なのではないかと思います。「人生を正しく見て吉凶禍福に惑わない」ということが、真宗の教えの大事な点だと思います。

世々生々の父母兄弟なり

「親鸞は父母の孝養のためとて、一返にても念仏もうしたること、いまだそうらわず」とは、話し相手がいておっしゃった親鸞聖人のお言葉ですから、追善供養ということがこの言葉が出る前に話題になったのだと思います。追善供養するなら、やっぱりお念仏もうすことが一番大きな追善供養ではないのですかという話になったのではないかと思います。

『歎異抄』第四条には、

しかれば、念仏もうすのみぞ、すえとおりたる大慈悲心にてそうろうべき（真宗聖典六二八頁）

とあります。お念仏こそが、最後まで徹底した真実の慈悲の心であると説かれました。それでは、そのように尊いお念仏を使って追善供養をしたらいいのではないかという話が出たのだろうと思います。

亡くなった人のためにお念仏をたむけるといって、「南無阿弥陀仏、どうか迷わず成仏してください、南無阿弥陀仏」ということは、今でもテレビドラマにも出てくるほどで、そうすることが当たり前のように思われています。そういう考え方からすると、親鸞聖人が、追善供養のために念仏をしたことは一返もないといわれるのはどういうことでしょうかという疑問が当然出てきます。それに対する親鸞聖人のお答えが、「そのゆえは」以下です。

そのゆえは、一切《いっさい》の有情《うじょう》は、みなもって世々生々《せせしょうじょう》の父母《ぶも》兄弟なり。（真宗聖典六二八頁）

とあります。「有情」というのは、情を持って生きている者ということです。原語は「sattva サットバ」で、古い訳では「衆生」と訳されていました。それが玄奘三蔵によって新しく「有情」と訳されるようになったのです。犬も衆生かといいますと、犬もそうです。猫もそうです。「一寸の虫にも五分の魂」といって、一寸の虫にも心があるという点から、「有情」といわれます。

「世々生々」とは、「世」の繰り返しです。ですから、いくつもの世ということになります。「生々」というのも、「生」の繰り返しです。ですから、「世々生々」というのは、長い世をかけていくたびも生を繰り返すということです。

これは命の長い歴史のことを示しているのでしょう。『教行信証《きょうぎょうしんしょう》』の「化身土巻《けしんどのまき》」の中に、『弁正論《べんしょうろん》』が引かれています。それを見てみますと、

仏経に言わく、「識体《しょくてい》、六趣《りくしゅ》に輪回《りんかい》す、父母にあらざるなし。生死、三界に変易《へんえき》す、たれか怨親《えんしん》を弁《わきま》えん。」また言わく、「無明《ぶめい》、慧眼《けいがん》を覆《おお》う、生死《せいし》の中に来往す。往来して所作《しょさ》す、更《さら》にたがいに父子たり。怨親《えんしん》しばしば知識たり、知識しばしば怨親《えんしん》たり。」（真宗聖典三九二頁）

とあります。「識体」とは、人間の心です。人間の心は、地獄・餓鬼・畜生・修羅・人・天という六道をめぐりめぐっているものである。だから、その中で父母になったり、子どもになったりということがある。だから、生まれつきの敵、味方というように、前もって決まっているというものはないのだということです。それからもう一つの文章は、迷いが智慧の眼を覆って、迷いの中を行ったりきたりして、互いにいろいろな出来事を行っている。さらに互いに父となり、子となり、敵、味方がしばしば師友となる。そして、師友がしばしば敵や味方になるという。

私がいつから私になったのか

もう少し解説をしますと、今日私が人間として生まれるについて、長い命の歴史がある。私はいつから私でしょうかということを考えてみますと、どうでしょうか。オギャーと生まれたときから私ですというのが、まず一つ考えとして出てきますけれど、オギャーと生まれたときを私は知りません。「何月何日が誕生日だよ」といわれて、私の誕生日は何月何日なんだと思いますけれども、実際のところ、私がいつから私になったのかということはよくわかりません。しかし、ともかくお父さんお母さんがいたから、私がいるということは思います。父母がいなかったら私はいない。父母がいるお陰で私が生まれた。父母のどちらかがいなかったら私はいないと思います。

親子喧嘩で、

「どうして私を生んだんだ。生んでほしいと頼んだわけではないのに」

と悪口をいうことがあります。それだと、親が作ったという意識があるのです。しかし、親にしても、作れるものだったら、そういう子どもを作らないという言葉も出てきそうですね。「作ろうと思って作ったわけじゃない」というのが親子喧嘩のときの気持ちではないでしょうか。「どうして私を生んだのですか。頼みもしないのに」と子どもがいったら、「こっちだって作ろうと思って作ったんじゃない」と。「生まれたいといってきたのは、お前だよ。本当は」と、そういいたい気持ちも出てくるのではないでしょうか。つまり、親の感じからすると、生まれたいといって生まれてきたのは、あなた自身なんだということ、だから、お父さんとお母さんがいてもいなくても、あなたは生まれてきたのではないか。

自分の人生というのは、代わりのきかないものです。その自分の人生としていただけるということについては、これはやはり自分が生まれたいと思って生まれてきたのだというようなことに何か触れるものがないと、自分の人生を尊ぶということ、あるいは自分の人生に責任を持つということができないと思います。いつまでも、親がいたお陰で自分は生み出されたんだというだけでは、やはり本当の人生が始まらない。やはり、父母がいようといまいと、私という存在が現にあるということは実は大変なことなのだということになると、お父さんお母さんよりも前から私という個性というか、私がここにいることの意味の深さということを、どうしても考えさせられるわけです。

精子と卵子とが出会ったところから私が始まったというよりも、実はもっと前から、生まれたいと思って生まれたというように親がいわなければならないような感じの「私」というのがある。これは、「私の背景」、あるいは「私の歴史」ということです。私は、見ようによっては偶然に生まれた。それと同時に、現在の私という点から翻って考えてみますと、私にならなければならない歴史があって、私は生まれた。

つまり、父母、祖父、祖母、曽祖父、曽祖母といって、ずっとさかのぼっていきますと、どの一人が欠けても私は生まれなかった。つまり、先祖代々の命のつながりのすべては、私がこの世に生まれるための背景になり歴史になってくださっている。そういう見方ができるわけです。ただ偶然に生まれたものではない。私という存在が、ここに生まれるには、命の長い歴史があって生まれてきたのです。

そこから、今度は隣の人を思う。そうすると、隣の人もそうなのです。私は遠い命の歴史があって生まれてきた。隣の人も偶然に生まれてきたということはないわけです。そういう点で、みんな一人一人が、背景、歴史というものを担って生まれてきているのです。長い命のつながりがあるのです。昔の言葉ですが、「袖ふりあうも他生の縁」という言葉があります。ちょっと袖が触れ合っただけでも、袖がふれ合うような条件、因縁が整って初めて袖が触れ合ったのです。ただ今、この配置で、この仲間が座っているということについても、誰かが選び出して、「あなたはここに座ってください」「あなたはあちらに座ってください」「あなたは休みにしてください」などと、このように計画をした人はいないのです。たまたま、ここに会うべき縁が整っていたわけです。私が今ここにいるというのも、無量の条件が整って、私という存在があるのです。そのために、一切の有情は生まれ変わり、死に変わりしてきた父母兄弟だったのではないか。遠い昔からの因縁、因縁とは関わりです。遠い昔からの関係をもって、その関係が成就して今の私になっているのだということを、「一切の有情はみなもって、世々生々の父母兄弟なり」という言葉が示しています。今は他人です。しかしながら、命の背景ということを、時間的に、前の世、その前の世、その前の世とさかのぼっていくと、今は他人であっても、昔は兄弟だったかもしれない。昔兄弟だったから、今こうして並んで座っているのかなというように、出会いというのは、この世限りのものではないということを感じさせるものが私たちにはあるわけなのです。

深い因縁に結ばれた人間

夫婦の契りは二世の契りなどといいます。前の世からの約束で夫婦になったのだということです。また親子は一世だといいます。親子は、どれほど深い契りがあったとしても、この一生限りだというのです。そして、夫婦よりももっと深い因縁があるのは、友だち関係、あるいは主従、師弟の関係だと。そういうのは三世の契りといいます。これは、出会いの難しさと、それから一度出会ったら別れることがないということの深さを示す言葉です。こういうときに、三世の契りといって、前の前の世の契りといいます。生まれる前から結ばれていたというような言葉は、出会った事実を深くかみしめていう言葉ですね。これを、さらに掘り下げていくと、「一切の有情は、みなもって世々生々の父母兄弟なり」、一切の生きとし生けるものが、みんなお父さん、お母さんと呼び合える関係、呼び合っていたような関係だったということになる。お兄さんとか、妹、お姉さんと呼び合っていたのではないか、そういう関係があったのではないか。それを忘れて、今、他人のようにして暮らしているのではないのか。

つまり、「一切の有情は、みなもって世々生々の父母兄弟なり」ということが失われているのが、寒々とした、恐ろしい人間世界なのです。みんな敵だと思う世の中というのは、欲の世界です。お互いがお互いにとって狼のような世の中というのは、よくよく見ると、この世の中の恐ろしい面だと思います。それを、そうじゃないんだと、「一切の有情は、みなもって世々生々の父母兄弟なり」ということを教えてくだされるのが仏教なのです。現代に欠けているのは、「一切の有情は、みなもって世々生々の父母兄弟なり」という感覚です。

通りすがりの子どもが、私に「おじさん」と声をかけてきた場合、「君なんか私の甥っ子じゃないよ」などとはいいませんよね。子どもは、「おじさん」とか「おばさん」と、声をかけます。まったくの他人の子どもが声をかけてくる。これは、素朴、素直、純朴な気持ちからではないでしょうか。

また、連れ合いの親のことを「お父さん」とか「お母さん」といったりすることもあります。けれども逆に、子どもの連れ合いが気に入らないときには、「あなたにお母さんと呼ばれる筋合いはないですよ」と、逆に拒否したりするのかもしれません。そのような「一切の有情は、みなもって世々生々の父母兄弟なり」という感覚を失ってきたのが、現代の世界ではないかと思います。

「一切の有情は、みなもって世々生々の父母兄弟なり」、こういう感覚がしっかりと生きてはたらいていたならば、公害を起こさなかったでしょう。高橋和巳《たかはしかずみ》という作家が、「一切衆生悉有仏性（一切の衆生に、ことごとく仏性あり）」ということを日本人がしっかりわかっていたならば、公害を起こさなかっただろうと死の直前に、いっています。新潟で水質汚染による公害問題が起こったときに、このようにいわれたと聞いています。

「一切衆生悉有仏性」というのは、一切の衆生は、みな魂を持っている。仏さまの魂を持っているのだということです。みな仏さまの子である。この川に毒を流したら、どういうことになるのかということを、ちゃんと考えられるはずです。それなのに毒を処理するのには手間がかかるから儲けに繋がらない、だから処理の手間を省いて毒を流してしまう。そのように、欲のために公害が起こされてきました。そこで忘れられていたのは、「一切衆生悉有仏性」とか「みなもって世々生々の父母兄弟」という感覚でしょう。みんないのちが繋がっている親子兄弟ではないのですか。お互いに生き合っているその中で確かめられてきた言葉が、「一切の有情は、みなもって世々生々の父母兄弟なり」です。

この順次生に仏になりて

いずれもいずれも、この順次生《じゅんししょう》に仏《ぶつ》になりて、たすけそうろうべきなり。

（真宗聖典六二八頁）

とあります。賢い人もいれば、豊かな人もいます。いろいろな人がいるけれども、人間として生きていることに変わりはありません。人間を凡夫といいます。みんな人間として生きているということは、どれほど頭がよくても、どれほど財産があっても、なくても、凡夫であることに変わりがないということです。

凡夫とはどういうことでしょうか。親鸞聖人の言葉によると、

凡夫《ぼんぶ》というは、無明煩悩《むみょうぼんのう》われらがみにみちみちて、欲《よく》もおおく、いかり、はらだち、そねみ、ねたむこころおおく、ひまなくして臨終《りんじゅう》の一念にいたるまでとどまらず、きえず、たえず

（『一念多念文意』真宗聖典五四五頁）

と説かれています。私たちは凡夫です。どれほど賢くても、凡夫です。いいものを見ると欲しいなと思う、やきもちを焼く気持ちがある。うらやむ気持ちがある。それから自分の気に入らないことは排除する気持ちもあります。褒められると、今度は嬉しくなってきます。

凡夫は、力に限りがあります。たとえば、未来のことを知ることができません。今まで生きてきたけれ

ども、明日のことがわかりません。明日のことだけでなく、一寸先のこともわかりません。いくら力があっても、千キログラムのものを持ち上げることはできません。力には限りがあるのです。そして、いのちにも限りがある。どれほど相手を助けようと一生懸命になっても、助けきることができない。

これは『歎異抄』の第四条でも、どれほど可愛い、不憫だと思っても、思いどおりに相手を助けることができないのが私たち人間であると説かれていました。癌などのように、どれほど力を尽くしても治らない病気があります。医学が進歩したといっても、生ある限り死があるのです。死ぬということは免れません。したがって、凡夫である限り、目の前の父母をも本当に助けることはできません。「一切の有情は、みなもって世々生々の父母兄弟」といわれるけれども、その兄弟全員を助けるには、おそらく無量無限の時間が必要でしょう。仏に成らないと、すべての衆生を助けることはできません。それで、「いずれもいずれも、この順次生に仏になりて、たすけそうろうべきなり」とあるわけです。このいのちが終わって次の生、現在の生の次に受ける生が、一番手近な未来です。次の生で仏さまになって、相手を助けなさいと説かれるのです。

仏とは、絶対無限であると清沢満之《きよざわまんし》先生はいわれました。清沢満之先生は、名古屋の生まれで、明治時代に仏教を復興することに努力された人です。仏教の教えを、仏教用語を使わずに一般に広めたい、明らかにしたいと考えておられました。そこで、仏陀を絶対無限という言葉で表現されたのです。絶対とは、対立するものがないということです。相対的なものではありません。それから、無限とは、限りがないということです。私たち凡夫は、相対有限です。大きい小さいとかがあるように、相対です。また、限りがありますいのちにも限りがあるし、能力にも限界があります。絶対無限というのが仏さまです。

それで、いずれもいずれも助け遂げるというのは、できることだというのです。本当に相手のことを助けたいならば、まず自分が仏さまに成ろうということを深く願わずにはおられないのです。

わがちからにてはげむ善

わがちからにてはげむ善にてもそうらわばこそ、念仏を回向《えこう》して、父母《ぶも》をもたすけそうらわめ。

（真宗聖典六二八頁）

とあります。念仏が私の力で励む善であるならば、念仏を振り向けて父母を助けるだろう。けれども、そうではないとあります。では何なのかというと、念仏は、わが力で励む善ではないということです。それでは、誰がする善なのかという疑問が出てきますが、それは仏さまのお仕事だというのです。お念仏は、私の力で励むものではなくて、仏さまがはたらいてくださっているのです。これが、親鸞聖人のお念仏の教えです。お念仏というのは、仏さまのはたらきです。

曾我量深《そがりょうじん》先生は、「本願の名号は生ける言葉の仏身なり」といわれています。本願の名号とは、南無阿弥陀仏です。南無阿弥陀仏と称えるようにと誓ったのは、阿弥陀仏の本願です。南無阿弥陀仏のもとには願いがあります。名も号も名前のことです。阿弥陀仏の名前のことです。その南無阿弥陀仏は、生きてはたらいている仏さまであるということです。

空也上人《くうや》は念仏聖といわれて、街々を歩いた人です。その空也上人の像が京都の六波羅蜜寺にあるのですが、空也上人の口から六体の阿弥陀仏像が出ているのです。南無阿弥陀仏が六字だから、仏さまが六体出ている。南無阿弥陀仏と称えるということは、仏さまが自分の体から出てくるということを表しているのです。そのことを、曾我先生は「本願の名号は生ける言葉の仏身なり」といわれました。お念仏をもうすということは、私のはからいに先立って、仏さまがはたらいてくださっているのだというのです。『歎異抄』の第六条に、

ひとえに弥陀《みだ》の御もよおしにあずかって、念仏もうしそうろうひとを、（真宗聖典六二八頁）

というお言葉があります。「弥陀の御もよおし」というのは、阿弥陀仏の催促、はたらきです。阿弥陀仏のもよおしによってお念仏できるのです。私が称えているつもりであっても、私が称えるより先に阿弥陀仏がはたらいているのです。ですから、お念仏は人が作ったものではありません。仏さま自体がはたらいてくださっているのです。誰が称えても平等です。子どもが称えても、大人が称えても、老少善悪の人を簡ばず、みな平等に南無阿弥陀仏です。なぜなら仏さまのはたらきだからです。

誰が称えても、お念仏の値打ちには変わりがありません。これは大切なことです。こういうことに気がつかないと、人が本当に平等だということがわからないのです。いのちということも、こういうことをとおして明らかになってくるのだと思います。日ごろは、私のいのちと考えていますが、本当に私のいのちといえるのでしょうか。気がついたら生きていたというのが、本当ではないでしょうか。これから生まれるぞといって、お母さんのお腹の中から出てきた人はいないと思います。心臓も動いていますが、よしこれから動かすぞといって動かしている人はいないと思います。私の心臓のはずだけれども、私の思いどおりにならないのが心臓です。そういうことに、いつもは気がつかないのです。ですから、お念仏をとおして、いのちということの尊さを教えていただけるのでしょう。

お念仏というのは、私が称えても私が称えるのではなくて、生きた仏さまがはたらいて、私の体から出てきている。こういうことを教えていただくと、いのちも自分のいのちと思っていたけれども、たまわったいのち、いただいたいのちであるということになります。いただいたいのちであれば、大切にしなければならないと思います。そして、私だけがいのちあるものではないのです。民族を超えて、性の違いを超えて、お金持ちも貧しい人も、一切変わりなく、いのちをいただいているのです。いのちの大本は何ですか。無量寿です。それを教えてくださるのが、親鸞聖人の浄土真宗の教えです。

念仏を回向して

「本願の名号は生ける言葉の仏身なり」という言葉を紹介しましたが、お念仏は仏さまのはたらきだということです。親鸞聖人の『教行信証《きょうぎょうしんしょう》』の言葉では、

しかれば、もしは行・もしは信、一事として阿弥陀如来《あみだにょらい》の清浄願心《しょうじょうがんしん》の回向成就《えこうじょうじゅ》したまうところにあらざることあることなし。

（真宗聖典二二三頁）

とあります。行はお念仏で、信は信じるということです。そのどちらも阿弥陀仏の清浄願心の回向であって、阿弥陀仏の清らかな願いの心が振り向けてくださった行であり、信だと説かれています。『歎異抄』第六条にも出てきますが、これを「たまわりたる信心」といいます。それが「弥陀の御もよおし」の念仏と、親鸞聖人が説いておられるところです。お念仏は、私の力で励む善ではありません。もし私の力で励む善であれば、私が作ったものですから、これを亡き父母のために使うこともできるでしょう。しかし、

阿弥陀仏がはたらいてくださるものだから、身内のためだけに使うというのなら、やはりわがままということになります。お念仏は、公のものなのです。阿弥陀仏の徳をいただいているのですから、私があげるというものとは違うのです。

お念仏のことを、「他力催促の大行」ともいいます。他力というのは、阿弥陀仏のはたらきということです。浄土真宗では、お念仏やご信心は、仏のはたらきであるといいますが、実は何宗であっても、それが基本であろうと思います。自力修行で一生懸命励んで、坐禅を組んで、修行する。それによってさとりが開けるというときには、自分が賢くてさとったのではなく、真理のほうが私にはたらいてくださったのだと感じられると思います。道元《どうげん》禅師のお言葉などを見ると、同じことをいっておられます。方法は違いますが、真実によってさとったという点では通ずるところがあると思います。

お念仏は、仏さまのはたらきである。自分の善であったら自分の善を振り向けることができるけれども、そういうことではないのだということが、「わがちからにてはげむ善にてもそうらわばこそ、念仏を回向して、父母をもたすけそうらわめ」という言葉です。

そして、「ただ自力をすてて」とあります。自力とは、エゴイズムです。身内が可愛い、だから身内の追善供養のためにお念仏を使おうと考えるところが自力なのです。この自力のはからいが問題なのです。自力とは、「わがみをたのみ、わがこころをたのむ、わがちからをはげみ、わがさまざまの善根《ぜんごん》をたのむ」(『一念多念文意』真宗聖典五四一頁)人のあり方です。わが身を頼むというのは、私の体をあてにする。わが心を頼むというのは、私の心がけをあてにする。わが力を励むというのは、励んでためこむ。それから、私がさまざまの善い行いをしてきたことをあてにする。自分の勝手なはからいが、自力です。

だから、お念仏を親のために使おうというのも、はからいです。「わが」が、エゴです。家の中さえよければというのは、エゴイズムです。

他力とは自分は何もしないで、人任せにするということではありません。他力とは、如来の本願力、阿弥陀仏の本願の力です。そのことを、「たまわりたる信心」「如来の御もよおしの念仏」と教えてくださるのです。

いそぎ浄土のさとりをひらきなば

「ただ自力をすてて、いそぎ浄土のさとりをひらきなば」とあります。「いそぎ」というのは、「さっさと」ということです。浄土のさとりというのは、娑婆のさとりではありません。真のさとりの世界が、お浄土です。浄土のさとりを開くということが、真の仏に成るということです。真の仏さまになったならば、「六道四生のあいだ、いずれの業苦にしずめりとも、神通方便をもって、まず有縁を度すべきなり」と。六道四生とは、迷いの世界です。六道とは、地獄・餓鬼・畜生・修羅・人・天です。

地獄絵図を見ますと、舌を抜かれたり、魚のように開かれたり、材木のように斬られたり、押しつぶされたり、血の池で溺れる様子が描かれています。地獄というのは、極めて苦しい世界です。大変苦しい状態を、今でも地獄といいます。サラ金地獄、交通地獄とかです。家庭内の暴力というと、これは大変な地獄でしょう。

餓鬼は子どものことではなくて、もともとは飢えた鬼のことです。餓鬼の絵というと、あばら骨が出て、腹だけがふくらんで、そして痩せ細っています。喉の太さは針一本も通らないぐらいです。食べたいのだけれども、喉を通らない。水を飲もうとして口まで持ってくると火になる。ですから水も飲めない。栄養失調の状態です。得ても得てもまだ足りないという在り方です。欲望の限りないありさまです。ですから、餓鬼は、ただ飢えた鬼というだけではなく、上等な餓鬼もある。

上等な餓鬼は、山林や塚や廟に祀られるものがある。また、本をいっぱい持っているのに、まだまだ足りないという学者餓鬼というのもあるそうです。それから、金庫にお金がいっぱいあるのにまだ足りないという金の亡者の餓鬼というのもあるそうです。飢えの世界というけれども、いくらあっても足りないという数限りない欲のために、ますます動かされていく。そういう世界が、餓鬼の世界です。

それから、畜生とは何でしょう。これは動物の絵で描かれています。牛が鼻に輪を通されて、行きたくないのだけれどもグイッと引っぱられる。馬も、口の中にはみを入れられるのは好まないと思います。ムチで打たれたりもします。籠の鳥もそうです。しかし、これは動物だけのことではありません。実は、これは蓄えられた生です。束縛された生ということを示しています。縛るものは、見えるものだけではない。肩書きがあることによって縛られることもあります。つかなくてもいいような嘘までつかなければならないこともあります。いろいろな関係で縛られている在り方が、畜生ということです。ここまでの地獄・餓鬼・畜生が、三悪道といわれるものです。

次に、修羅とは何でしょう。修羅は、阿修羅です。戦争の世界として描かれます。来る日も来る日も戦いに明け暮れる。修羅場という言葉もあります。これは殺し合いのことです。

それから人です。これが私たちのいる世界です。人間とは、無常、不浄、苦です。見かけは地獄の苦しみと違うようだけれども、実は地獄の影響というのがあります。地獄・餓鬼・畜生というのも、実は人間の世界を示しているのでしょう。しかし、特に人間世界の特徴は、諸行無常と不浄です。一日お風呂に入らないだけでも垢が出てきます。どんなにきれいなものを食べても、出てくるものは茶色、黄色です。おまけに臭いも出てくる。顔を洗わないと、目ヤニもついたままです。

それから天です。天女の羽衣の話があるように、これはいい世界だといわれますが、天の喜びというのは、長くは続かないのです。天人に五つの衰えがある。花の冠がしぼむと、誰も見向きもしなくなってくる。また、体が太ってくるとか、脇の下からくさい臭いがしてくるということが書かれています。詳しくは『往生要集』に書かれています。これも人間世界の貴族の贅沢な生活のありさまを示しているのかもしれません。この六道を迷いの世界というのです。

四生とは、四種類の生まれ方のことです。生まれ方によって区別したもので、胎生《たいしょう》、卵生《らんしょう》、湿生《しっしょう》、化生《けしょう》と説かれています。胎は、女性の子宮のことです。胎生というのは、子宮から生まれることです。ですから、ほ乳類のことですね。卵で生まれるのが卵生です。鳥とか蛇は卵生です。湿生というのは、ジメジメしたところに生まれるということです。昔は顕微鏡などはありませんでしたから、卵もないのにどうして生まれてくるのだろうということで、湿生という呼び方をしたようです。それから化生です。私たちにはわからないけれども、地獄の衆生の生まれ方、天の衆生の生まれ方というのが化生だそうです。いずれにせよ、生まれるということは、死ぬということから免れない。生ある限り死がある、これが道理です。四種類の生まれ方ということで、生きものすべてを含んでいるわけです。これが迷いの在り方です。

「いずれの業苦にしずめりとも」というのは、誰が沈むのでしょうか。まずは、もしもお父さんお母さんが迷っているというのならば、六道四生のあいだに迷っていることになります。そして、業の苦しみの中に沈んでいることになります。業は行いです。行いの報いが苦しみということで、業苦といいます。どんな業の苦しみに沈んでいたとしても、自分が仏さまになったならば助けることができます。この助けるはたらきのことを「神通方便」といいます。神通というのは、自由自在ということです。方便というのは、手だてを尽くすということです。仏さまが自由自在に衆生を救おうとするはたらきのことを神通方便といいます。

神通方便をもって

『無量寿経《むりょうじゅきょう》』の中では、法蔵菩薩が衆生を救うためにこの世の中において修行する様子が説かれています。あるときは王さまになり、あるときは大臣になり、あるときは商人になり、いろいろな姿を現して衆生を救うということです。『法華経《ほけきょう》』の中には、観音さまには三十三の身があって衆生を救うと説かれています。そういうのを神通方便といいます。その仏さまのはたらきをもって、「まず有縁を度すべきなり」とあります。有縁の人というのは、まずは、お父さんお母さんでしょう。それから仏に成ってから出遇う人びとでしょう。ただ親子兄弟だったから助けようというのではなくて、縁あるものを救うはたらきをさせていただくのです。こういうことができるのは、ただ自力を捨てて、急ぎ浄土のさとりを開くことによって神通力を得てこそのことなのです。浄土のさとりを開いて、迷いの衆生との宿世《しゅくせ》の因縁を知り（宿命通）、相手を見出し（天眼通）、その声を聞き（天耳通）、心がわかり（他心通）、どこでも趣いて（神足通）、救って行く神通力は、さとりの智慧のはたらき（漏尽通）があってこそです。浄土往生を真に願うのは、衆生を救う力を得て、衆生済度するためだったのです。

それは、極楽浄土の中から手をさしのべて苦しみに沈んでいる人を助けるというのではなく、苦しみの世界の中へ飛び込んで一緒に救うということだと思います。浄土の仏さまが仏さまでいることをやめて、地獄にも餓鬼にも畜生にも修羅にも人にも天にも現れて、衆生を救うのです。これが真のさとりを開いたあと、本当に衆生を救うということが必ずできるということです。

そうすると、私たちは人間世界にいるのですが、今も仏さまが普通の人間の姿になってこの世界においてはたらいておられるのだということになります。そういうところから見ると、誰が仏さまかしらと思います。浄土の菩薩、浄土の仏さまが、人間の姿になっている。よくよく眼を澄まして見ていかないとわかりません。ただ明らかなのは、親鸞聖人は浄土から還ってきて、この教えを明らかにされた人でしょう。遠くさかのぼると、釈尊がそういう人だったのでしょう。

天親《てんじん》菩薩の『浄土論《じょうどろん》』に説かれた偈文《げもん》に、

何等世界無　仏法功徳宝　我願皆往生　示仏法如仏

（何等《なんら》の世界にか、仏法功徳《ぶっぽうくどく》の宝《ほう》ましまさぬ。我《われ》願わくはみな往生《おうじょう》して、仏法を示すこと仏のごとくせんと）

（真宗聖典一三八頁）

とあります。どういう意味かといいますと、仏法の功徳がない世界があるならば、その迷いの世界にいって仏法を仏の如く示そうという願いが説かれているのです。浄土のさとりを開いてから、人間の姿になって人間を救うという歩みが始まるわけです。浄土真宗の教えは、お浄土に往って終わりではなく、お浄土から還ってきて衆生を救うはたらきに参加するのです。お浄土に生まれさせるはたらきを往相回向といいます。阿弥陀仏の本願力回向によって私が助かるだけでなく、人も助けるのです。そのときには、私のはからいで助けるのではありません。仏さまのはたらきによってのことなのです。

では、それは死んだあとですか。ここでは「順次生に仏になりて」といわれるのですから、このいのちが終わって仏に成ってから助けるのだと説かれています。自力では人助けはできないということを示しているのです。人助けは、他力でこそできる。他力でというのは、仏さまのはたらきと一緒になって衆生を救うという道があるということです。仏さまになってからというのでしたら、今はできないことになります。しかし、ただそれで終わるのではありません。仏さまに成る道を、今現在歩いているのが、私たちです。ですから、仏さまの子どもです。子どもでも親の仕事に似たようなことはできるときがあります。

いのちが終わってからというのは、二つ意味があります。肉体のいのちが終わってからということと、自力のはからいが終わってからという意味があります。ただ、私のはからいで人を助けようとしても、自力が残っている限りは、「せっかくしてあげたのに何もお礼をいわない」という気持ちが出てきます。それでは本当の人助けではありません。無償の愛ということ、そのような慈悲の実践は「念仏もうすのみ」と示されていました。

六道四生の迷いの世界に入って、私たち衆生を救おうとされるはたらきが還相利他《げんそうりた》です。これを率先してなされたのが親鸞聖人でしょう。そして、もっと近くで考えますと、私たち一人一人に、お念仏の道があることを身をもって示してくださった人がおられるのでしょう。師匠であったり、親であったり、友だちであったり、そういう人びとも、この還相利他のはたらきをしてくださった人ではないかと、いただかれてくるわけです。

＊　＊

親鸞聖人は、亡き父母の親孝行の追善供養のために、一返も念仏もうしたことがないといわれます。それは何ゆえでしょうか。まず第一に、亡き父母に限らず、一切の生きとし生けるものは、永き世かけた迷いの中で父母兄弟であるからです。それゆえ、自分自身が仏になって、どの人をも救うべきであるからです。第二に、念仏は阿弥陀仏の本願力の促しであって、わが力で励む善ではありません。だから、自分のものを人に与えるような事柄ではないからです。私たちが、故人の追善供養のために何事かを行おうとするのは、報恩感謝というよりも、死霊の祟りを恐れる心がはたらいているからではないでしょうか。そのような自力、つまり、エゴイズムを捨てて、真実に帰し、浄土のさとりを開くことこそが肝要です。浄土往生を求めるのは、衆生済度のためなのです。

この条は「六道四生のあいだ、いずれの業苦にしずめりとも、神通方便をもって、まず有縁を度すべきなり」と結ばれました。ここでいう「有縁」とは、まずは、父母兄弟妻子のことでしょう。平面的に考えると前後矛盾があるようですが、人情にかなった慈悲のお言葉です。

第六条

一　専修念仏《せんじゅねんぶつ》のともがらの、わが弟子ひとの弟子、という相論のそうろうらんこと、もってのほかの子細なり。親鸞《しんらん》は弟子一人《いちにん》ももたずそうろう。そのゆえは、わがはからいにて、ひとに念仏をもうさせそうらわばこそ、弟子にてもそうらわめ。ひとえに弥陀《みだ》の御もよおしにあずかって、念仏もうしそうろうひとを、わが弟子ともうすこと、きわめたる荒涼《こうりょう》のことなり。つくべき縁《えん》あればともない、はなるべき縁あれば、はなるることのあるをも、師をそむきて、ひとにつれて念仏すれば、往生すべからざるものなりなんどいうこと、不可説《ふかせつ》なり。如来《にょらい》よりたまわりたる信心を、わがものがおに、とりかえさんともうすにや。かえすがえすもあるべからざることなり。自然《じねん》のことわりにあいかなわば、仏恩をもしり、また師の恩をもしるべきなりと云々

（真宗聖典六二八～六二九頁）

専修念仏のともがら

最初に「専修念仏のともがら」という言葉が出てきます。専修ということは、専はもっぱら、修はおさめる。もっぱらというのは、ほかのことはしないで、このこと一つだけということ。修するというのは、おさめる、行うということです。専修念仏とは、ただ念仏ということです。他の仏道修行をしないということです。たとえば、あるときは坐禅をし、あるときはお題目を唱え、あるときは回峰行《かいほうぎょう》の修行をし、あ

るときは滝に打たれ、あるときは念仏をするというのでは専修とはいいません。専修の反対は雑行《ぞうぎょう》、雑修《ざっしゅ》です。『歎異抄』の第二条に、

親鸞《しんらん》におきては、ただ念仏して、弥陀《みだ》にたすけられまいらすべしと、よきひとのおおせをかぶりて、信ずるほかに別の子細《しさい》なきなり。　（真宗聖典六二七頁）

とありましたが、この「ただ念仏」が専修念仏ということです。

専修念仏を、日本の国ではっきりと説かれ、実行してくださったのが親鸞聖人の師匠である法然上人です。その法然上人の教えを受けて、親鸞聖人も専修念仏を説かれるわけです。『無量寿経《むりょうじゅきょう》』には、「一向専念無量寿仏」とあります。この言葉は専修念仏と同じことです。浄土真宗を一向宗という地方もありますし、本願寺の門徒の一揆を一向一揆と呼びましたが、この一向という語源がここです。

一向とは、阿弥陀仏にひたすら向かうということです。法然上人の『選択集《せんじゃくしゅう》』に「二向三向に対す」と説かれています。ただひとすじに阿弥陀仏に向かう。阿弥陀というのは、無限のいのちということですから、無量寿仏という。ひとすじにもっぱら無量寿仏を念ずるというのが「一向専念無量寿仏」で、専修念仏と同じことです。

その専修念仏の「ともがら」とは、人びとということで、お念仏のお同行《どうぎょう》のことです。専修念仏のともがらの中に、わが弟子、ひとの弟子という相論があるということは、もってのほかのことであると、親鸞聖人はいわれているのです。相論というのは、言い争いのことです。「わが弟子ひとの弟子、という相論のそうろうらんこと」の「そうろうらんこと」は、「らん」ということが婉曲《えんきょく》で、やわらかくいう、ぼか

していうことですから、「私の弟子、他人の弟子という言い争いをやっているようだが」という意味です。

続いて、「もってのほかの子細なり」とあります。「もってのほかの」というのは、思いもよらぬこと、言語道断のことという意味で、「とんでもないこと」と訳したいと思います。

これは、わが弟子、ひとの弟子という言い争いが実際にあったということなのでしょう。そのような弟子の取り合いは、とんでもないと、親鸞聖人はいわれるのです。

これは、現代に置き換えて考えると、よくわかると思います。たとえば、お茶の先生をしているとしましょう。お茶でなくても、書道や謡曲でも結構です。人に何かを教えて月謝を受け取っていると想像してみてください。自分のところに通って来ていた生徒がよその先生のところへ行くようになると、自分のところに月謝五千円入っていたのが、他の先生に入るようになる。すると自分の収入が五千円減ってしまう。何人か一緒に出て行かれたら、五千円が一万円、二万円となって、切実な家計問題になる。大変なことになります。

親鸞聖人もそうです。霞を食べて生きておられるわけではありません。越後に流罪になって、なんとか生きながらえて、罪が許されても、京都には戻らずに、関東の地に行かれて二十年間、念仏の道を説き続けられた。たびたび危険な目にも遭われたけれども、人びとに念仏の道を勧められた。その中で、衣食住は、生きていくためにはなくてはならない問題です。親鸞聖人には、お子さんもおられたのですから、養育の必要もあります。そしてまた、親鸞聖人の直筆の『教行信証《きょうぎょうしんしょう》』は、八百年近くたった今でも、朱色の書き込みも、残っています。つまり、朱も和紙も非常に良いものであったということです。どうしてこのようなことができたのかというと、多くのお弟子が親鸞聖人を応援していて、その人びとのお礼で生活しておられたからだと思います。

親鸞聖人の関東の弟子

親鸞聖人の関東での二十年間の布教活動の中で、親鸞聖人の御教えを人びとに自ら伝えたいというお弟子も出てきたわけです。それで、横曽根門徒だとか、高田門徒だとかの集まりができてきます。その中で、特に代表的な弟子が、二十四人数えられていて、関東二十四輩といわれています。さらに詳しく数えてみたい人には、「門侶交名牒《もんりょきょうみょうちょう》」という親鸞聖人の弟子の名が記された本があります。これは親鸞聖人の没後に編集されたものです。親鸞聖人には教え子が何人もいました。その教え子達の中で、弟子の取り合いが起こる。それに対して親鸞聖人は、「もってのほかの子細なり」絶対にそんなことをしてはならないといわれました。

人間は、生きていかなければなりません。そのためには、食べなければいけない。しかし、それがともすれば、生きるために食べるのではなくて、食べるために生きるということになってはいないだろうか。そうなったら大間違いです。生きるためにはお金が必要だから、稼がなければならない。けれども、儲けるために生きるのは、大間違いです。儲けるために生きると、貯金通帳の数字は増えたけれども、これでよかったのだろうかということになる。

生活は大事なのですが、それは何のための生活かということを忘れてはいけない。人間として生まれたこのいのちを、まっとうしていくということが、一番大事なのです。人として生まれ、人としての在り方をよくよく考え、その生き方をまっとうさせていただく。それが人間として一番大事なことなのです。食べるため、儲けるために生きるということは、人間として間違った生き方である。人間として生まれた尊さ、ありがたさを、教えてくださるのが、お念仏です。

お念仏は、この世の、目先の欲望に振り回されている生き方に対して、「違いますよ、それが本当の生き方ですか」と問うてくださるのが、お念仏です。それなのに、お念仏のことを教える人びとの中に、生活上の利害で弟子の取り合いをするものがある。お念仏の教えを聞くようになりながら、「あいつが俺の弟子を取った」「あいつから俺のところに弟子が来た」ということでは、まったく儲け話や欲に引っ張りまわされていることになってしまいます。

三つの髻の教え

『口伝鈔《くでんしょう》』第九段に、三つの髻《もとどり》という話があります。法然上人の弟子が、「今まで教えをいただいてきたのですが、そろそろ故郷が恋しくなりました。だから故郷の九州に帰ります」といって、帰りかけたのです。そのとき、法然上人が、「ああ、坊さんが髻も切らずに帰っていくのか」と、背中に向かって声をかけたのです。すると、「私は頭を剃っているから髻などありません。どういうことですか」と弟子が質問した。そこで、法然上人が、

「あなたは大きな荷物を背負っているけれども、私が教えたことを記録したものもその中にたくさん入っているだろう。自分は法然上人のもとで教えを学んだのだといって、ひけらかすのだろう。有名になって、

大勢のお金持ちから寄付をもらおうとしているのだろう。そして、たくさん蓄えた知識で地方のものと議論して相手をやっつけるのだという根性で故郷に帰るのだったら、大間違いだよ。お念仏の教えをいただくということは、なにも有名になったり、お金持ちになったり、他人と議論して勝ったりする道具を手に入れるということとは違うのだ。自分が悩みや苦しみを持つ弱い人間であるということを肝に銘じて、同じ悲しみや苦しみを持つ人びとと共にお念仏していく。お念仏によって私は救われました、だからあなたもけっして暗く沈まないで、一緒にお念仏の教えを聞きましょう。よい人も悪い人も、男も女も分け隔てなく、みんな一人一人が私の子どもだといってくださるのが阿弥陀仏の教えです。お念仏もうす人びとと一緒に生活していくのが大事なことです。だから、名聞《みょうもん》や利養《りよう》や勝他《しょうた》のために念仏の教えを使うのはとんでもないことです」

といわれた。その話を聞いて、その人はハッと間違いに気づくのです。そして荷物の中のノート類を全部燃やして帰っていったとあります。

せっかくお念仏の教えに遇いながら、名聞・利養・勝他のためにお念仏を利用するということは大変にあさましいことだということです。そういった根性であるから、人間同士の関係もばらばらになる。欲があるから、私以外はみんな狼ということになる。

髻を無くするということでなくても、髻に気がついていくということが大事なことだろうと思います。人情でいえば、自分の弟子が他の人のところに習いに行くのは、淋しく思うだろうけれども、お念仏を我執のわがままでまげてはいけない。お念仏自体が傷つくことはないけれども、お念仏している人が、あさましいことをしているとなると、お念仏に対する誤解を招くことになります。「専修念仏」ということは、人が集まっても、集まらなくてもいいのです。私がお念仏させていただくということが、大変な幸せ、喜びなのです。これが、専修念仏の大事なところです。

自分がいただいて喜んでいくということで、ただ念仏して生きていく。そういった姿を見ることで、他の人にもお念仏していこうと思う心が必ず出てくる。ですから、まず私自身がお念仏もうしていく。他の人は関係ない。率先してお念仏していく身になりますということが、専修念仏の態度です。

誰かが飲み物を「ああ美味しい」と飲んでいると、「どういう飲み物なんだろう。私も飲んでみたい」となるものです。これは食べ物でも同じです。美味しく食べていれば、他の人も、「ください」となる。「美味しいそうですよ、どうぞ」と、いくら勧めても駄目なのです。人が集まっても、集まらなくても、関係がないのです。まず私が、お念仏もうすのです。

親鸞聖人は、念仏弾圧によって同門四人が首を切られたという経験をされました。いのちの危険があっても、お念仏を貫かれた人です。専修念仏というのは、お念仏以外のものを拠りどころにしないという、そういう生き方なのです。

念仏のもとには何があるのでしょう。そこには阿弥陀仏の本願があります。阿弥陀仏の大慈大悲のあらわれが念仏です。だから、阿弥陀仏の本願が自分自身に向けられているのだと、いただいていく。地位や名誉や財産や土地建物、そういうものは一切自分の身につくものではありませんでした。どれほどたくさん蓄えていても、死ぬときには全部置いていかなければならない。

本当の依りどころを明らかにいただかなければならないのでしょう。本当に依るべきところ、それは何だろうか。私たちが、頼りにならないものを当てにして生きている中にあって、それでいいのですか、頼りにならないものを頼っていませんか、と問いかけてくる。そのことに気づくところから、精神生活の中身が変わってくる。そうすると、生き方もまた変ってくる。

その教えをいただいているのが、「専修念仏のともがら」です。それがなぜ、わが弟子、ひとの弟子というような取り合いをするのか、とんでもないことだというきつい言葉が最初にあるわけです。

親鸞は弟子一人ももたず

次に「親鸞は弟子一人ももたずそうろう」というお言葉が出てきます。親鸞聖人は、謙遜しておられるのではなくて、本当にそう思っておられるのです。建て前でいわれるのではない。これは本当に大事な言葉です。

私は大学生のときに、教育学の先生が、この『歎異抄』の言葉を取り上げて、「こういう言葉こそ現代の教育において大切なことだ。忘れてはならないことだ」といわれたことを覚えています。学校の先生にしても、「私は教えるほうだから、あなたたちはちゃんと聞きなさい」ということで、上下関係になってはいけません。そういうのは自信のない先生で、本当に自信のある先生は、そうではない。生徒からも教わるのであって、上下関係ではない。教える側、教えられる側というような関係ではないのであって、この「弟子一人ももたずそうろう」という言葉は、教育学の基本になる言葉ですというお話を聞きました。

私は、教育学のほうにも親鸞聖人のお言葉が出てきて、大変驚いたのです。小さいころから『歎異抄』の言葉を聴いていたのですが、仏教は仏教、社会生活は別というように考えていたのですが、そうではなくて、あらゆる方面で親鸞聖人のお言葉は響いているし、忘れてはならないことなのだと気づいて、びっくりしたことがあります。

そして、「親鸞は弟子一人ももたずそうろう」と述べられたあとに、「そのゆえは」と続けておられます。

わがはからいにて、ひとに念仏をもうさせそうらわばこそ、弟子にてもそうらわめ。ひとえに弥陀《みだ》の御もよおしにあずかって、念仏もうしそうろうひとを、わが弟子ともうすこと、きわめたる荒涼《こうりょう》のことなり。（真宗聖典六二八頁）

このように、その理由を述べておられます。私の思いで念仏をもうさせたというのであれば、私の弟子ということになるのでしょう。私があなたに念仏ということを今教えるのだ、あなたは私のいうことをちゃんと聞いて念仏しなさいということができたら、おおよくできた。私の弟子だということになるのです。しかし、実際にはそんなことはできないというのが、親鸞聖人の考えです。

お念仏は、私がはからって人にお念仏させるというものではない。では、どうしてお念仏をもうすのですかというと、「阿弥陀仏の御もよおしにあずかって」、お念仏するのです。「御もよおし」というのは、はたらきをいただいてということです。「もよおし」というのは、「催し」で、熟語にすると、催促という言葉があります。お念仏もうすようにはたらきかけて催促してくださるのは阿弥陀仏です。阿弥陀仏が催促してくださるのだから、他力催促の大行と、古い言葉にあります。私がどんなに力なく、愚かな凡夫であっても、この私がもうす念仏も、頭がよくて、お金持ちで、勲章をたくさんもらっているような人のお念仏も、一緒なのです。どちらのお念仏も一緒であって、なんの変わりもありません。お念仏は、阿弥陀仏の催しのお念仏だからです。どんなにくたびれて、か細い声になったとしても、あるいは元気に大声で称えても、大行ということに変わりはありません。お念仏の価値に、まったく変わりがないのです。これが他力催促の大行ということです。ここに阿弥陀仏のお心がある。阿弥陀仏のはたらきによって、お念仏をもうしているのです。

ここに「ひとえに弥陀の御もよおしにあずかって、念仏もうしそうろう」とありますが、『歎異抄』の第五条には、「わがちからにてはげむ善にてもそうらわばこそ、念仏を回向《えこう》して、父母《ぶも》をもたすけそうらわめ」（真宗聖典六二八頁）と、ありました。念仏が私が作る善であれば、念仏を回向して父母を助けることもできましょう。しかし、そうではありません。お念仏は、阿弥陀仏の催しによるお念仏なのです。それと同じ事柄が示されているのです。私の思いではない。阿弥陀仏が直にはたらいて、念仏させるのだ。私が念仏するのも、その人がお念仏するのも、賢くて念仏するのでもない。阿弥陀仏がはたらいてお念仏する。あの人がお念仏するのも、私が教えたのではなくて、阿弥陀仏がはたらいてお念仏もうすのです。

弥陀の御もよおしにあずかって

お念仏がわかりにくいのならば、呼吸ということで考えたらどうでしょう。「吐いてみろ、吸ってみろ、おおよくできたな」などということはないですね。オギャーと生まれたときに呼吸をしているのです。これは自然のはたらきによって呼吸をしているのです。このいのちは誰が与えてくれたのか、母です、父ですといっても、息をすること自体は、両親が教えたわけではありません。息をするようになって生まれてきたのです。

普段は、呼吸というものを意識しません。それでいて、この呼吸が止まればいのちは終わるというように、呼吸は大事なものなのです。生きているというのも、はからっているのではない、生かされている。生かされているという言葉は大事な言葉です。それはまた、みな平等なのです。お念仏というのは、まことの自然の行いである。はからって念仏するというのではなくて、催促によってお念仏している。この催促とは、自然のはたらきなのです。呼吸は肉体の自然現象であり、本願他力の自然のはたらきとは違うのではないかと思う人もおられるでしょう。しかし、これを分けて考える限りは、わかりません。

親鸞聖人は、『末燈鈔《まっとうしょう》』の自然法爾章《じねんほうにしょう》など、八十歳を過ぎてから特に自然ということをくり返し、お話しになったようです。『歎異抄』第一条には、「念仏もうさんとおもいたつこころのおこるとき」とありました。心を起こすときではなくて、心の起こるときなのです。私の計らいよりも先に念仏しようという心が起こってくる。心が起こってきたときには、もうお念仏している。そういうお念仏を、私たちはもういただいているのです。普段は、当たり前のことのように思っている呼吸ですけれども、それこそが大事なことなのです。そこに大きな自然のはたらきがある。そういうことを教えてくれるのが、お念仏の教えなのです。

「弥陀の御もよおしにあずかって、念仏もうしそうろうひとを、わが弟子ともうすこと、きわめたる荒涼のことなり」とあります。この荒涼というのは、途方もない言い分ということです。ひとえに弥陀の御もよおしにあずかって念仏している人を、私の弟子だなどというのは、とんでもないことだ。そんなことを決していってはならないということです。先の例でいえば、この子どもは私が呼吸を教えてやったのだというとすれば、いくら自分の子どもであっても、それはおかしいじゃないかということになります。それと同様に、阿弥陀仏のはたらきによってお念仏するのであって、私の計らいによってお念仏させたのではないのです。私たちは、体をもってこの世に生まれた。この体を法の器という。どんな人でも法の器であり、その器にお念仏が盛られる。誰でもお念仏するように生まれてきているのだというのが、親鸞聖人の教えです。これは一人一人がお念仏の器であって、今はお念仏していない人も、そのことを思えば、お互いを尊重しあうということが出てくるのです。人をお念仏の御法器と見ていける人は、その人もお念仏する身になっているということでもあります。みんなお念仏をもうすべき人なのであり、阿弥陀仏のご催促をいただいているのです。

親鸞聖人が、自ら率先して念仏なさった。そういった姿が、私たちにお念仏の尊さを教えてくださいます。しかし、親鸞聖人だけでなくて、今の私にいたるまでに、お念仏を称えてきた人、お念仏を喜んできた人たちがいるわけです。そういう人のお陰で、お念仏をもうすことができるのです。これが他力催促の大行ということの意味だと思います。

つくべき縁あればともない

私の弟子だということは、とんでもないことだ。人間同士の関わりは、「つくべき縁あればともない、はなるべき縁あれば、はなるることのある」と説かれています。つく縁があれば一緒にいる。「ともなう」というのは、行動を共にする。縁があれば、伴う。そして、離れる縁があれば、離れるのです。これが縁ということの教えです。縁の話というと、縁談です。「好きだから結婚します」といいますが、いくら好きでも、縁がなかったら一緒にはなれないのです。好き嫌いの話ではありません。怨憎会苦《おんぞうえく》というように、憎いと思っていても一緒にいなければならないこともある。縁ということが大変に大きな意味を持っているのです。

縁とはどういうことか。原因から結果へというように、簡単にはいきません。原因から結果へと至らせるように関わるのが、縁ということです。いろいろな条件を縁といいます。縁があるから結果が生じる。善導《ぜんどう》大師の教えには、人間は遇縁であるというお言葉があります。『観経疏《かんぎょうしょ》』の中に書いてあるのですが、人間は縁によってあるのだということです。生まれること一つにしても、父母の縁によっているのです。私が選んだわけではない。気がついてみたら父母であり、縁があって親子になった。誕生だけではなくて、人生のさまざまなことが縁のはたらきです。それで、縁があれば結果になるし、縁がなければ、そうならない。今、ここにいる人たちも、縁がなかったならば、このように聞いていないわけです。こういうように一緒にいられる縁があって、こうなっています。時間がきて、解散になると帰っていくわけです。

自分の思いだけで物事は進まないということです。生まれることも、師弟の関係も、夫婦親子の関係もそうです。私がいいから師弟の関係ができたということではなく、縁のお陰でなっているのだと教えてくださるのが仏教です。これは、後ろを見る目が開けるということです。普段の私たちは、前ばかり見ている。けれども、その後ろを見るとずっと大きな世界があって自分があるということを教えてくださっている。弟子が離れていくからといって、引っ張って連れ戻すということはできないのです。来るものは拒まず、去るものは送るということではないでしょうか。縁がなければ離れるし、縁があれば離れない。

みなさんはどう感じられるでしょうか。私は、とても自由な、のびのびした関わりだったのではないかと思うのです。私のところに引き止めておかなければならないとか、引っ張り戻せというのは、私は正しい宗教ではないように思うのです。常に、公に開かれた人間の関係、交わりを生んでいくのが、まことの宗教であると思うのです。

「つくべき縁あればともない、はなるべき縁あれば、はなるることのあるをも、師をそむきて、ひとにつれて念仏すれば、往生すべからざるものなりなんどいうこと、不可説なり」というのは、つくべき縁があれば一緒にいるということになるし、離れるべき縁があれば離れることがあるのだということです。だから、私と私の教え子という師弟関係にしても、縁が整ったから師弟関係ができたので、縁がなくなれば師弟関係はなくなります。

それを冷淡のように感じる人もいますが、本当は相手のことを大事にできるようになるのではないですか。たまたま私が先に生まれて、若者は後に生まれて、たまたまこの場所で一緒に会うことになったということで、たまたま先生と呼ばれ、生徒と呼ばれるようになっているだけであって、縁がなければ一つも成り立たないわけです。

ひとにつれて念仏すれば

それなのに、先生に背いて人に従って念仏すれば往生はできないぞと脅す人がいるというのです。そのことに対して親鸞聖人は、「不可説なり」といわれるわけです。

「不可説」とは、説いてはならないということです。もってのほか、言語道断という意味です。「師をそむきて、ひとにつれて念仏すれば、往生すべからざるものなりなんどいうこと」は、大間違いですということです。

先生に背いて他の人について念仏すれば裏切り者だ、裏切り者は救われないと平気でいう人がいたというわけです。このように人間はグループを作ると、グループから抜けたものは裏切り者だ、どのような仕返しを受けるかわからないぞと脅したりする。それは今もあることです。他の人に従って念仏するなら裏切り者だ、先生を裏切るということは法を謗《そし》ることだ。法を謗るものは往生することができない。だから助からないのだという。親鸞聖人は、ずっと私の弟子でいろよ、よそへ行くなよというように脅すということはとんでもないことだといわれるのです。

「つくべき縁あればともない、はなるべき縁あれば、はなるることのある」ということは、親鸞聖人の人間関係は、楽な関係だったのだろうなと思います。つまり、自由な関係だったのだろうと想像されます。縁ということに思いを致して、人間の関係を結んでいきましょうということが親鸞聖人のお考えでしょう。ですから、縁によって別れるということになれば、それも結構である。師に背いて他の人について念仏すれば往生できないとか、そのようなことをいうのはまったくの間違いです。なにしろ、お念仏は阿弥陀仏の御もよおしによってお念仏させていただくのですから、あの人のお念仏、この人のお念仏なんて、ちがいがあるわけがない。お念仏は、誰が称えても真実のお念仏なのです。

阿弥陀仏のはたらきとしてのお念仏です。それを私たちはいただいているわけです。だから、お金持ちが称えるお念仏は、なんだか金持ちみたいで、貧しい人が称えるお念仏は、なんだかしみったれていると、そのようなことはないわけです。若い娘が称えるお念仏はなんだかワクワクして、おじいさんが称える念仏はしわがれてしまってというようなことはないわけです。人によって声の質の違いはあるけれども、お念仏自体の価値は何も変わりません。最高最上のお念仏をいただいているわけです。誰が称えても、南無阿弥陀仏の値打ちに変わりはありません。このことが弥陀の御もよおしにあずかって念仏もうすということなのです。

お念仏は、声に出して南無阿弥陀仏と称えるということが基本ですけれども、喉が悪いとか声が出ないという場合にでも、お念仏はできるわけです。それは、お念仏とは、心に阿弥陀仏のことを思うということと言葉のはたらきとが一つだから声に出しましょうと勧めるのであって、声が出ないときには心におもうことで十分結構なのです。なにしろ言葉と思いは一致しているということです。たとえば、梅干という と、梅干の形が頭に浮かんで唾が出てきます。これは言葉と思いが一致しているからです。思い内にあれば色外に現るといわれます。そのようなお念仏ですので、実は誰が称えてもお念仏に違いはありませんし、称えられなくても心に思うことでお念仏になるのです。おまけに、私たちが、事故や病気で意識不明になったとしても、呼吸をしているということ自体が、やはりお念仏の意味があるのだということだと思います。

お念仏は、これは一人一人の命の不可思議さ、尊さを示すものです。一人一人、誰も計らって命を恵まれた人はいません。私はこの家に生まれたいと思って、計らって生まれた人はいませんし、親にしても、このような子どもをもちたいといって作れる人はいないのです。一人一人の命というのは、やはりいただいたものだということが率直な感じだと思います。

子どもは授かりものというよりも、子どもは預かりものといったほうがいいのではないかという人がいます。子どもは子どもで、自分の人生というものがあるわけで、仏教的にいうと仏さまから預かった子ども、だったら大事に育てて、ひとり立ちしてもらわないといけません。それから社会的にいうと、社会からの預かりものだとなると、しっかりと育てて、社会にちゃんと貢献していけるような人になってもらわないといけません。

そのようなわけで、私が作った子どもということは、実は成り立たないのです。私が作った子どもという思いは、大変わがままなことなのです。授かったのだとか、縁あって出遇ったのだという関係なのでしょう。このようなことが親鸞聖人の言葉から感じられてくるわけです。

「如来よりたまわりたる信心を、わがものがおに、とりかえさんともうすにや。かえすがえすもあるべからざることなり」とは、大変強い否定の言葉です。「かえすがえすもあるべからざることなり」とは、重ね重ね決してあってはならないことであるということです。師匠に背いて他の人に従って念仏すれば往生はできませんなどというい方は、如来からいただいた信心を、自分があげたものだから返せというように、師匠がわがもの顔をして取り返そうとすることであるから、とんでもないことです。如来から、一人一人ご信心をいただいているはずなのに、私がお前にやっているのだから早く返してくださいなどということは、大間違いである。「信心」とは何を示しているかというと、具体的には私たちの生命は如来からいただいたものなのだということだと思います。如来からいただいたのに、私の弟子だから、弟子の命は私の好きなように左右させてもらうというのは間違いです。子どもの命は親が握っているのだというのは間違いです。みなさん阿弥陀仏から命をいただいているのです。だから、お互いに尊敬し、大切にしあいましょうということです。『改邪鈔《がいじゃしょう》』にも「弟子一人ももたず」という親鸞聖人の言葉を引いて、「これによりて、たがいに仰崇《ぎょうそう》の礼儀《れいぎ》をただしくし昵近《じっきん》の芳好《ほうこう》をなすべし」（真宗聖典六八〇頁）と述べられています。

如来よりたまわりたる信心

「如来よりたまわりたる信心」ということが、親鸞聖人の大切な教えです。『歎異抄』の後序に、

源空が信心も、如来《にょらい》よりたまわりたる信心なり。善信房《ぜんしんぼう》の信心も如来よりたまわらせたまいたる信心なり。されば、ただひとつなり。（真宗聖典六三九頁）

という法然上人のお言葉があります。これはどういう状況の中でいわれた言葉かといいますと、親鸞聖人が法然上人の吉水の草庵で学んでおられたときの話です。だいたい三十三、四歳のころかと思われます。法然上人は親鸞聖人よりも四十歳年上ですから、七十三、四歳です。弾圧されて、越後に、あるいは四国のほうへと、子弟が離れ離れになる前のことです。

法然上人の教え子同士で、言い争いが起こったのです。その言い争いの発端は、親鸞聖人であったようです。どういうことかといいますと、「善信が信心も、聖人《しょうにん》の御信心《ごしんじん》もひとつなり」（『歎異抄』真宗聖典六三九頁）ということを、善信、つまり親鸞聖人がいわれたのです。そうすると、勢観房《せいかん》、念仏房《ねんぶつ》などの先輩方が、どうして法然上人のご信心と善信房の信心が同じであるといえるのかと怒ったというのです。この念仏房や勢観房という人は、法然上人に長い間、直接付き従ったお弟子です。親鸞聖人が法然上人に入門されたのは二十九歳のときです。それ以前から法然上人に従っている先輩方であり、法然上人の日常生

活を間近で見てこられた人たちです。そのような先輩方は、後輩の善信が私の信心と法然上人のご信心とが一緒ですといったら、「なんということをいうのだ」と、大変怒ったというわけです。

そこで親鸞聖人は、引き下がればいいものを、法然上人の智慧や才覚が大変ご立派なのに、私の智慧や才覚と同じだというのであれば、それは間違いでしょう、しかし往生の信心においては、まったく異なることはありません、一つですといったというのです。頭の良し悪しということではないのです。このたび往生できるか、できないかの、ご信心のことに関しては同じなのですといわれたのです。そうすると先輩方は、ますます怒った。それで、揃って法然上人の前に行きまして、事情を説明して、法然上人に答えを求めました。そのときの法然上人の言葉が、

源空が信心も、如来《にょらい》よりたまわりたる信心なり。善信房《ぜんしんぼう》の信心も如来よりたまわらせたまいたる信心なり。されば、ただひとつなり。（真宗聖典六二九頁）

というものだったわけです。法然上人は、お弟子の善信の信心に対して「たまわらせたまいたる信心なり」と尊敬語でおっしゃられます。如来よりいただいた信心だからこそ、同じ信心である。別の信心の人は、源空の参るお浄土へは参ることができないであろうといわれるわけです。如来から直接にいただいた信心だから同じだと、法然上人はいわれる。このときに親鸞聖人は法然上人の真の人格に触れたのではないかなと思います。私が賢くて信じるわけではないのです。

信心は、罪悪深重、煩悩熾盛の私だということを弥陀の智慧によって深く信じ、この自分を救おうと思い立ってくださった弥陀のお心を信じるということだから、もともと阿弥陀仏が出所なのだというわけです。阿弥陀仏からいただいた信心によって、私たちは同じく救われるのだということを、法然上人は説か

れました。このことを親鸞聖人は、真に受けて一生涯を通したわけです。

「ただ念仏して弥陀にたすけられまいらすべし」という言葉の中身は、阿弥陀仏から直接にいただいた信心であるから、信心の人はみな平等であると、このことを世の中において明らかにしていくことが仏教の仕事なのだということを、親鸞聖人は法然上人から受けられたのです。ですから親鸞聖人は平等の信心、如来よりたまわりたる信心ということを、繰り返し繰り返しいわれるわけです。男性が称えても、女性が称えても、金持ちが称えても、貧しい人が称えても、みな同じ念仏に変わりはない。本願念仏を信じる信心は、如来からいただいたものだ、だからみんな同じ信心なのだということを人びとに伝えることが、親鸞聖人の生き方です。

言葉の上だけで、御同朋《おんどうぼう》・御同行《おんどうぎょう》と人間の平等をいっているのではありません。親鸞聖人の場合は、阿弥陀仏が根源だからみんな平等なのだとおっしゃるのです。不平等の教えは、先生の念仏がよい念仏で、生徒の念仏が悪い念仏だという差別の考え方です。これは、阿弥陀仏のお心に背いているから間違っているのです。念仏は阿弥陀仏のご催促であり、ご信心は阿弥陀仏から直接にいただいたご信心ですから、みんな同じであって、平等なのです。それを信心が違うとか念仏が違うとか値打ちが違うとか、そのように考えるのは、阿弥陀仏のお心に背いているのです。

今、人権の平等ということが実現されたのかというと、そうではないでしょう。今でも、女のくせにとか、貧乏人のくせに何をいうのかというような、ひどい言葉があります。人権平等の考え方のもとにあるものを、はっきりとさせなければならないと思うのです。それが阿弥陀仏の本願です。だから平等であり、一人一人尊い権限があるのだということなのです。

権利があるということは、また責任があるということです。阿弥陀仏のお心に従って生きていくという務めがあります。ヨーロッパで、自由・平等・博愛の宣言は、一七八九年のフランス革命ですが、それよりも先に、日本では鎌倉時代において、一人一人は阿弥陀仏の本願の故に平等だと説かれた親鸞聖人がおられるわけです。今日まで、親鸞聖人のお心を十分正確に伝えることができたかというと、決してそうとはいいきれない面があったと思います。しかしながら、現代において、親鸞聖人のこのようなお心を明らかに公開していかなければいけないと思うのです。

自然のことわりにあいかなわば

さて、第六条の結びの言葉は、「自然のことわりにあいかなわば、仏恩をもしり、また師の恩をもしるべきなりと」です。「自然」とは、「じねん」と読む仏教用語です。今使われている自然という言葉は、人間以外の山や川や生きものたち、空や大気などを指していわれます。その中に人間は入っていません。それに対して、仏教用語の自然というのは、人間も自然の一つであり、自然の中に入っています。

この「自然」という言葉を親鸞聖人自身はどのようにいっておられるでしょうか。

『末燈鈔』第五通に、

> 自然《じねん》というは、自《じ》はおのずからという。行者《ぎょうじゃ》のはからいにあらず、しからしむということばなり。然《ねん》というはしからしむということば、行者《ぎょうじゃ》のはからいにあらず、如来《にょらい》のちかいにてあるがゆえに。法爾《ほうに》というは、この如来《にょらい》のおんちかいなるがゆえに、しからしむるを法爾《ほうに》という。法爾《ほうに》はこのおんちかい

なりけるゆえに、すべて行者《ぎょうじゃ》のはからいのなきをもって、この法《ほう》のとくのゆえにしからしむというなり。すべて、人《ひと》のはじめてはからわざるなり。このゆえに、他力《たりき》には義《ぎ》なきを義《ぎ》とすとしるべしとなり。自然《じねん》というは、もとよりしからしむということばなり。弥陀仏《みだぶつ》の御ちかいの、もとより行者《ぎょうじゃ》のはからいにあらずして、南無阿弥陀仏《なむあみだぶつ》とたのませたまいて、むかえんとはからわせたまいたるによりて、行者《ぎょうじゃ》のよからんともあしからんともおもわぬを、自然《じねん》とはもうすぞとききて候う。ちかいのようは、無上仏《むじょうぶつ》にならしめんとちかいたまえるなり。無上仏《むじょうぶつ》ともうすはかたちもなくまします。かたちのましまさぬゆえに、自然《じねん》とはもうすなり。かたちましますとしめすときには、無上涅槃《むじょうねはん》とはもうさず。かたちもましまさぬようをしらせんとて、はじめて弥陀仏《みだぶつ》とぞききならいて候う。みだ仏《ぶつ》は、自然《じねん》のようをしらせんりょう（料）なり。この道理《どうり》をこころえつるのちには、この自然《じねん》のことはつねにさたすべきにはあらざるなり。つねに自然《じねん》をさたせば、義《ぎ》なきを義《ぎ》とすということは、なお義《ぎ》のあるになるべし。これは仏智《ぶっち》の不思議《ふしぎ》にてあるなり。

愚禿親鸞八十六歳

正嘉二歳《しょうかにさい》戊午《つちのえうま》十二月日、善法坊《ぜんぼうぼうの》僧都御坊《そうずのおんぼう》、三条とみのこうじ（富小路）の御坊《おんぼう》にて、聖人《しょうにん》にあいまいらせてのききがき（聞書）。そのとき顕智《けんち》これをかくなり。

（真宗聖典六〇二～六〇三頁）

とあります。

顕智は親鸞聖人の弟子で、親鸞聖人のおっしゃっていたことを、書き写したというのです。「正嘉二歳」というのは、親鸞聖人が八十六歳のときです。「善法坊僧都御坊」というのは、三条富小路にあった御坊に親鸞聖人がしばらくのあいだ住んでいたのですが、その場所に訪ねて顕智が書きましたというものです。

これは専修寺《せんじゅじ》に顕智筆の一通が所蔵されています。

ここから、「自然のことわり」という言葉が出てくるのです。逆に自然ではないとはどういうことでしょうか。それは「行者のはからい」『歎異抄』第六条の中で、そのあやまちが指摘されています。

どういうことかといいますと、わが弟子ひとの弟子という弟子の取り合いは自然のことわりに反しています。それから、わが計らいで人に念仏させたのだと思っているのでは、自然とは反対のことです。それから、自分の弟子だと、弟子を抱え込むようなことは、自然に反しています。師に背いて、人につれて念仏すれば往生しないぞと人を脅したりするのは、自然のことわりに反しています。それから如来からの信心を返せといって、横取りするようなことは、自然に反しています。このように自然に反しているということを挙げて、もってのほかのことであると批判されているわけです。

「人為」（人のため）と書いて、偽りと読みます。なぜ人為は偽りなのですかというと、そこにはわが計らいがあるからです。人に何かをしてやろうというようなわが思い、計らいが、実はどれほど自分がまじめにやっているというつもりがあっても、それは真のことではなくて偽りになってしまうというのが人間です。人間の為すことは、この偽りということが必ず含まれているということを忘れてはなりません。

人為でなく、行者の計らいではなく、「おのずからしからしむ」、「おのずから」とは自然にということです。自然にそのようにしてくださっているのだということです。これは、よその人のことを見て考えるよりも、自分自身のことを見るといいですね。どうして私はこのような私なのだろうか。私というものの体の成り立ちからいきますと、私の計らいで成り立っているものは一つもないのです。たとえば、血液型を変えてくれないかといわれても、変えることはできません。実をいうと、わが思い計らいということに先立って、もともとはたらいているおはたらきのおかげで自分はいるのだということに、しっかりと気づかなければいけないということを教えておられるような気がします。

自然の中にいる人間

現代用語の「自然（しぜん）」と、仏教用語の「自然（じねん）」は、違います。現代用語の自然の場合でも自分も自然の中にいるのだということを忘れてはならないと思います。ですから、川を汚すということは、自分を汚すということです。山を切り崩すということは、自らを切り崩すことになるわけです。

キリスト教やイスラム教の考え方では、特徴的なのは、天地創造の神さまが自分の姿に似せて人を創ったと、そして自然のものはすべて人に奉仕させるために創ってくださったという考え方をします。そうなると、自然は機械、装置であるということになります。神さまに似せて創られた人が暮らしていくために、何でも使っていいと、神さまがいわれたのだから、この自然も好きなように使っていいのだという考え方が基盤になるわけです。

その基盤が、仏教の場合は違うわけです。人は選ばれて創られたのではない、人も物も動物も、みな同じである。縁によってできたものであり、自然のはたらきの中にいるのだという考え方です。自然愛護とか動物愛護ということも、少しそれは違うわけです。動物を可愛がりましょうといっても、その可愛がる基盤が、仏教の場合と、キリスト教圏とでは、ちょっと違います。

ヨーロッパの場合は、可愛がって自分の悲しさや寂しさを紛らしていくようなものとしての愛玩動物、ペットという考え方を動物に対してするわけです。だから猫や犬を可愛がる。ヨーロッパの考え方ですと、牛はどうかというと、それは愛玩動物にはなりません。牛は、食べられるために神さまが創ってくださったのだから、牛を囲って食べるわけです。

しかし、日本の場合といいますか、仏教の場合は、「一寸の虫にも五分の魂」という情性があります。小林一茶《こばやしいっさ》の、「やれ打つな　蝿が手をする　足をする」という句があります。人間が蝿を叩こうとするときに、蝿が、どうか打たないでくださいといって、手をすったり足をすったりしているというのです。小林一茶は、蝿と自分とのつながりに気づいたわけです。「山河大地ことごとく心がある」と、いわれます。山も川も心を持っている、私が心を持っているのであれば、山も川も心を持っているのだという考え方です。すべて心を持っているもの同士なのだということです。それでも山を切り開かなければいけないというときには、すまないなあという気持ちが起こってくるのです。これをアニミズムという考え方で、物に魂が宿っているというように考えるのは子どもの幼稚な考え方だと批判する人もあります。しかしながら、仏教では、子どものころから持っているそのような感じを大事にするわけです。ですから、家を建てるときに、いろいろな生きものを傷つけてしまうかもしれない、そのことについて、すまないなあという気持ちがある。けれども、なんとか無事に工事をさせてもらいたいということで、一般には地鎮祭を行うわけです。

このような情性が、わが計らい、自我の思いによって失われていくのです。先ほどいった、「一寸の虫にも五分の魂」という情は、わが計らいで勝手に何でもしていいという思いに対して、それで本当に良いのかと問いかけるはたらきがあるわけです。まして人間同士、お互いになぜ、自分の都合だけで、やりたいようにやりあうのか。

仏恩をしる

親鸞聖人が説かれる「自然」ということは、ただの自然現象ではなくして、阿弥陀仏のはたらきという意味がこもっているということを忘れてはいけない。この「自然のことわりにあいかなわば」の「自然のことわり」を知らせようとするのが、阿弥陀仏の誓いであり、その誓いによってお念仏するのであり、信じる心が起こるのです。

では、阿弥陀仏とは、私たちとはまったく別の、神さまみたいなものかというと、決してそうではありません。阿弥陀仏とは、本願という誓いのお心を持っておられて、私たちにも生きているのです。私を生かそう生かそうとしてくださっているのです。このように、自分において阿弥陀仏のはたらきを見出していくことが、親鸞聖人の教えの特徴です。阿弥陀仏がはたらいてくださっているとするならば、相手に手をあげるよりも、相手を撫でたほうがいいのではないですか。阿弥陀仏のはたらきの中に私たちはいるのであり、私たちの心に阿弥陀仏がはたらいているというように、外にも内にもはたらいているということです。これを一切衆生悉有仏性といいます。生きとし生けるものは、すべて仏の性を持って生きているのだということです。親鸞聖人の『教行信証』も、仏性という言葉がなければ成立しません。仏性ということをもって、阿弥陀仏の本願のお心を親鸞聖人は説いておられます。一切衆生悉有仏性、およそ心あるものは、ことごとく成仏するというように、『涅槃経《ねはんぎょう》』に説かれています。

現在はこの「自然のことわり」から、まったく外れている時代です。わが計らい、わが思い、すなわち我執にすっぽりと取り込まれてしまっているのです。この我執は本音ではなく、信心こそが本音であり、私たちの本音は、阿弥陀仏の本願なのです。その本願を忘れて、我執こそが、我が本音だと思い込んでいるのでしょう。

「自然のことわりにあいかなわば」、おのずから自然に、仏さまのご恩ということも知り得るし、仏さまのことを教えてくださった人のことを、「あの人こそ本当の先生だった」と、師の恩も自然に知ることができるのではないでしょうか。私たちは自然の中にいるのです。ですからその自然の中にいることを感じる心を養うということが大切なことです。本願と一緒にある自分が本当の自分なのです。阿弥陀仏の心である本願と、もとより一緒にいる自分が、本当の自分なのだということに目覚める。

『歎異抄』や親鸞聖人のお言葉を聞けば、教えの道筋を示しておられたのだなと感じます。私たちは、未来に伝えるべきことを、はっきりとさせなければならないと思います。それは、弥陀の本願です。その内容は、一人一人阿弥陀仏の本願を持ってこの世に生まれたということです。それに気づく道筋が、『歎異抄』や親鸞聖人のお言葉に用意されているということです。この『歎異抄』や親鸞聖人のお言葉に、腰を据えて学ぶということを、未来に伝えていかなければいけないのではないでしょうか。

私の願いは、真宗公開、親鸞公開、仏教公開です。それは「自然のことわり」ということを社会に公開していくことです。学校に期待しても、学校はすぐには直りません。学校の先生方で、このようなことを考えている先生がおられるかどうかわかりません。生きるとは何か、自分とは何なのかという問いを、社会の中で、あらゆる場所で、お互いが考えていけるような状況が必要ではないでしょうか。その目印が、お念仏だということです。南無阿弥陀仏と称えるということは、これまで述べてきた弥陀の本願を内容として生きていくということです。それが、お念仏の生き方だということを、親鸞聖人は教えてくださっているのだと思います。

＊　＊

親鸞聖人には、たくさんの教え子がおられたはずですが、「親鸞は弟子一人ももたずそうろう」とはっきりといい切られました。念仏は「ひとえに弥陀の御もよおしにあずかって」もうすのであり、信心は「如来よりたまわりたる信心」であるからです。また、人間の関係は、つくべき縁があればともない、離れるべき縁があれば、離れることがあるものなのです。それなのに、師に背いて、他の人につき随って念仏すれば、往生はできないぞといって、人を束縛し所有化する。そのようなカルト的主張を厳しく戒められたのがこの言葉です。ここに御同朋の精神躍如《やくじょ》たるものがあります。まことに、この条は、人間教育の基本精神を示されたものです。

第七条

一　念仏者は、無碍《むげ》の一道なり。そのいわれいかんとならば、信心の行者には、天神地祇《てんじんじぎ》も敬伏《きょうぶく》し、魔界外道《まかいげどう》も障碍《しょうげ》することなし。罪悪も業報を感ずることあたわず、諸善もおよぶことなきゆえに、無碍《むげ》の一道なりと云々

（真宗聖典六二九頁）

念仏者はの二つの解釈

この第七条は、念仏がどのような生き方を実現するのかということが明示されています。『真宗聖典』の最後のほうに、「念仏者」の「者」という字について、「念仏者は」の「は」はその上の「者」を「は」とよむということを示すための捨て仮名が本文中にまぎれこんだものか

（真宗聖典一〇九五頁）

という註があります。これはどういうことかといいますと、この「者」という字を「は」と読むその仮名が、下に移ってしまって、本文中に紛れ込んできたのではないかということです。「念仏者は」とありますが、「念仏は」という意味であるというのが、この『真宗聖典』の解説です。「者」という字は、何々なるものはというように、定義を示すときの漢文の文体なのです。たとえば、『御文《おふみ》』（四帖目第八通）に善《ぜん》導《どう》大師の『観経疏《かんぎょうしょ》』の六字釈を引いて、

すでに善導釈していわく、「言南無者《ごんなむしゃ》　即是帰命《そくぜきみょう》……」（真宗聖典八二六頁）とあります。「言南無者」の「者」は、「は」というのです。これは語を強調し、定義づけるということで、南無と言うはというようになります。

みなさんは惑われるかもしれませんが、もう一つの解釈も紹介しておきましょう。「念仏者は」というのを「念仏する者は」と、字のとおりに読むことができるのだという意見もあります。念仏する人は、無碍の一道なりと読むことができるという、これが二つ目の意見です。「念仏する人は」と解釈すると、困ってくるのが、次の「無碍の一道なり」というところです。どういうことかというと、念仏者が道であるということになってしまうからです。ですから、このように読もうとすると、理屈をつけないといけないわけです。それでは、どのように理屈をつけるのかといいますと、「人は道なり」、人が行くところに道ができる。人の生き方が道になるのだから、人は道なりといえるのではないかといわれるのです。

先ほどいいましたように、「念仏は道だ」というのであれば、念仏はお浄土へと導いてくださる、さとりへと導いてくださる道だというように、頷けるわけです。ところが、「念仏する人は道だ」という説の場合には、人と道をどのように結びつけるのかというところに難儀するわけです。

ここでは、「念仏は」と読んで、話を進めていきたいと思うわけです。

無碍の一道なり

念仏はどのようなものかといいますと、「無碍の一道なり」とあります。「無碍の一道」というのは、どういうことかというと、「何ものにも妨げられない一筋の道」です。「何ものにも妨げられない」というのは、碍がないということです。碍というのは、妨げ、障りというような意味があります。ですから「無碍」というのは、妨げがない。妨げられない、障りがないということになります。ですから、「無碍の一道」というのは、妨げがない、妨げられない一筋の道だということになります。このように見てみると、なんだか力任せに他のものを蹴散らしながら進む大きな戦車のようなもの、ブルドーザーのようなものを想像してしまいますが、ここはどのように理解したらよいのでしょうか。

実は、『教行信証《きょうぎょうしんしょう》』に無碍道ということを解説されている文があります。曇鸞《どんらん》大師の『浄土論註《じょうどろんちゅう》』の中に、阿《あ》耨多羅《のくたら》三藐三菩《さんみゃくさんぼ》提《だい》はどういう意味かというのを、解説されています。

「阿《あ》」をば無に名づく。「耨多羅《のくたら》」をば上に名づく。「三藐《さんみゃく》」をば正《しょう》に名づく。「三」をば遍《へん》に名づく。「菩提《ぼだい》」をば道に名づく。統《か》ねてこれを訳して、名づけて「無上正遍道《むじょうしょうへんどう》」とす。

（「行巻」真宗聖典一九四頁）

とあります。阿は無だ、耨多羅は上だ、三藐は正しい、三は遍し、菩提は道だというようにして、無上正遍道のことであると解説されています。「無上」とは、この上ない、最高最上のという意味。「正遍道」とは、正は正しく、遍とはかたよりがない、どこでも、差別がない、そのような道であるということです。また、これは無上正真道、無上正等正覚というのも同じ意味になります。その先の「道」の解釈のところには、

「道」は無《む》碍《げ》道《どう》なり。

（「行巻」真宗聖典一九四頁）

とあります。「念仏は無碍の一道なり」という中の「無碍」という言葉は、ここに出てくるのです。「菩提

は道であり、道とは無碍道である」というところです。続いて、

『経』（華厳経）に言《のたま》わく、「十方無碍人《むげにん》、一道より生死《しょうじ》を出《い》でたまえり。」「一道」は一無碍《むげ》道なり。
（「行巻」真宗聖典一九四頁）

とあります。「十方無碍人」というのは、仏さまのことであり、正しく目覚めた方、正覚者です。十方の仏さまは、みな一道より生死を出た人であり、「一道は一無碍道なり」とあります。「生死」というのは、迷いのことです。つまり仏さまが生まれる道が一無碍道なのだということです。

十方の仏たちが出る道が、「念仏は無碍の一道なり」という道なのです。十方の仏たちは、念仏によってさとりを得たのだということです。たくさんの仏たちはおられるけれども、みなその仏たちは私たちが今、称えている念仏、同じ念仏によって、仏さまになったのだといわれます。そうすると、念仏する私たちにとって、諸仏たちは、私たちの先輩だということになります。

「十方無碍人、一道より生死を出でたまえり」とある道は、無碍道だということです。では「無碍」とは何かということです。『浄土論註』に、

「無碍」は、いわく、生死《しょうじ》すなわちこれ涅槃《ねはん》なりと知るなり。
（「行巻」真宗聖典一九四頁）

とあります。これは、『正信偈《しょうしんげ》』の中に、

惑染《わくぜん》の凡夫《ぼんぶ》、信心発《ほっ》すれば、生死即涅槃《しょうじそくねはん》なりと証知せしむ。
（「行巻」真宗聖典二〇六頁）

とあります。「惑染凡夫信心発」というのは、迷いに迷っている凡夫が信心を発せばということです。そして、「証知生死即涅槃」というのは、生死即涅槃だということが明らかに知られるのだということです。「生死即涅槃」が、「無碍」ということです。「生死」は迷いです。「涅槃」はさとりです。つまり、迷いが

そのままさとりだということに気づくこと、それが「無碍」ということです。

『浄土論註』には、続いて、

かくのごとき等《ら》の入不二《にゅうふに》の法門は無碍の相なり。

（「行巻」真宗聖典一九四頁）

と説かれます。無碍ということは、二つが無いということ、つまり不二ということです。入不二の法門とは、二つでないという道理に入るということです。

入不二の法門とは、相対的ではない、マルバツ式ではないということです。マルバツ式で物事を分け隔てることを、分別《ふんべつ》といいます。マルバツ式でないということを、どのように考えたらよいのかといいますと、たとえば、良い悪いという話ではないのだということです。良いと悪いで判断することは、マルバツ式で判断することです。それは分別です。良いことが悪くなり、悪いことが良くなることもあるということです。分別ではないというのが、無碍の相なのだということです。

人間万事塞翁が馬

良いことと思ってやったけれども、悪いことになってしまう。たとえば、子どもが可愛いので、子どもにとって良いことをたくさんしてあげる、何かが欲しいといったらすぐに与え、どこかへ行きたいといったら、すぐ連れて行ってあげる。そして、これだけ子どもを可愛がっているのだから、きっと良い子になるのだろうと思ったら、決してそうではない。わがままで、いじわるな子どもになってしまうことがある。良いことをしたはずなのに、悪い結果へとつながってしまうということがあります。

中国の故事に、「人間万事塞翁が馬」という話があります。昔、国境の砦の近くに住むおじいさんがいて、そのおじいさんのところには馬がいたそうです。その馬が逃げてしまった。しばらく経ったある日に、その馬が、ほかの馬を連れて戻って来た。そして二頭の間に子馬が生まれた。そのうちに一頭また一頭と子馬が生まれて、たちまち馬の数が増えたのだそうです。その馬に、可愛い息子が乗って出かけたら、馬が暴れて、息子が馬から落ちてしまった。そのときに息子は足を折ってしまって、満足に歩くことができなくなってしまった。それからどれくらいか経って、戦争が起こったのだそうです。戦争になると、働き盛りの若者がかりだされるわけです。それで、村の若い男子が片っ端から徴兵されていった。しかし、息子は怪我の後遺症から片方の足が動かなくなってしまっていたので、兵隊としては役に立たないということで、最後まで戦争にかりだされることなく、生き延びることができたというわけです。

このようなお話から、「人間万事塞翁が馬」という言葉が出てきたわけです。馬が逃げてしまった。その馬が数頭で戻って来た。息子がその馬から落ちて足を骨折してしまった。見かけは悪いことのように思えたけれども、しかしそのおかげで息子は戦争に徴兵されずに生き延びることができ、馬の数も増えて子孫繁栄することができたということです。目先の良い悪いではなくて、悪いことが良いことになる場合もあるという例です。この話のように、人生にはこのようなことがあるというのは確かだと思います。

また、どこかの大学の学長が、十数年前に学生にしたという面白い話があります。

「この大学は勉強する場所である。遊ぶことを考えてはいけない。みなさんは青春時代をかけて勉強し、この大学に入ってきたわけであるし、学費もかかったであろう。だから、遊ばずに勉強しなければならない。しかし、どうしても怠けて遊ぼうとするのならば、留年ということを考えてもらわないといけない。

ただし、私も留年した身である。留年したおかげで、一年下の学年の友だちができた。同学年の友だちもいるが、一年下の友だちもできて、友だちが二倍になった。この友だちが大変よかった。その友だちのおかげで今日の私がある」

と、学長はこのような話をしました。留年するなといっておきながら、留年したら良いことがあったといっているわけです。面白い学長だということで、人気が出たそうです。

つまり、現実の出来事をどのように受け止めるかということです。それによって、良いとも悪いともなるわけです。マルバツ式で、バツは止めて、マルだけにしようと思っても、決してそうはならない場合があるということです。そうならないような人生です。しかし、私たちは、たいていバツを嫌って、マルを好むのです。そこでますます迷いが深まって、お互いに傷つけあうことになるということです。この分別ということが、実は良くないのです。分別はダメだといっても、私たちは止められないのです。止めろといわれてもどうしても、分別はするのです。しかし、分別がすべてではないのだということに気がつくように、分別はいけませんよという教えがあるわけです。相対的な考え方ではいけませんといって、すなわち無分別ですよといって、分別がすべてではないのだということに気づかせようとしているわけです。それが、不二という教えでもあります。

金剛心と柔軟心

『維摩経《ゆいまきょう》』の中に、この「入不二の法門」ということが出てきます。不二とは無碍の相です。その『維摩経』がもとになって、曇鸞大師は無碍道の解説をされました。そして、それが『正信偈』に出てきます。『正信偈』には、インド・中国・日本の仏教の歴史が凝縮されています。親鸞聖人の教えは、もとを辿るとインドまで遡ることができるわけです。

それで、何ものにも妨げられない一筋の道ということだけですと、説明が足りないばかりに誤解を招きます。何ものにも妨げられない一筋の道というと、頑丈で強いというイメージを持ってしまいますが、決してそうではない。善し悪しの分別ではない道だということです。ぶつかるものがない道だといってもいいでしょう。

「入不二の法門」ということから、この「無碍の一道」ということが出てきます。「入不二の法門」は、分別の否定で、無分別とか無執着、無差別ということです。一番強い執着が、ものを分け隔てする分別という見方で、これを退治すると無分別、無執着ということです。差別の見方を否定する、平等ということが、この無碍、入不二の法門ということです。仏さまのさとりは、阿耨多羅三藐三菩提である。このさとりは無分別、無執着、平等ということを内容としています。

「柳に雪折れなし」という言葉があります。「水よく石を穿《うが》つ」とか、「柔能《よ》く剛を制す」という言葉もあります。そのような智慧をいただくのが仏さまの教えです。柔らかい人は怪我をしない。これはスポーツだけの話ではなくて、心の姿勢もやはり柔らかくしましょうということです。柔らかい心は怪我をしないというのが、この「入不二の法門」ということです。

真の信心のことを、親鸞聖人は「金剛心」とも「柔軟心《にゅうなんしん》」ともいわれています。お念仏は虚偽の道だ、仏教を聞いても迷うだけだから駄目だというような反対意見に騙されない、そのような心を「金剛堅固の信心」といいます。たとえば、二河白道《にがびゃくどう》の譬えでは、白道を旅人が歩いて進んでいくときに、その道は危ないから帰って来いという声が後ろから聞こえてきても、騙されないで真っ直ぐにこの白い道を歩いていくのが念仏者の信心の道だというわけです。このように何ものの誘いにも振り向かない心を、「金剛堅固の信心」というわけです。

金剛堅固《こんごうけんご》の信心の　さだまるときをまちえてぞ
弥陀《みだ》の心光摂護《しんこうしょうご》して　ながく生死《しょうじ》をへだてける
（真宗聖典四九六頁）

これは『高僧和讃《こうそうわさん》』「善導讃」の一首です。「金剛」はダイヤモンドです。ダイヤモンドは何を譬えているかというと、硬いということを譬えています。「金剛」は、迷いがないということを示している。ダイヤモンドのような信心をいただくのだということで、「金剛堅固の信心」という場合もある。

また「柔軟心」というように信心を説明されるところもあります。阿弥陀仏の法蔵因位のときの願いは四十八願ありますが、その中の三十三願に触光《そっこう》柔軟という願があります。

たとい我、仏を得んに、十方無量不可思議の諸仏世界の衆生の類《るい》、我《わ》が光明《こうみょう》を蒙《こうぶ》りてその身に触《ふ》れん者、身心柔軟《しんじんにゅうなん》にして、人天に超過《ちょうか》せん。もし爾《しか》らずんば、正覚を取らじ。
（真宗聖典二一頁）

阿弥陀仏の光明に遇うものは、身も心も柔軟になるということです。これを「触光柔軟の願」といいます。これは、柔軟だからこそ金剛なのであって、怪我をしないということです。たとえば、赤ん坊が転んでも、一時は泣きますが大きな怪我をしません。私たち大人が、赤ん坊が転ぶような転び方をしたら、大怪我をします。これはやはり体が硬いから、怪我をするのです。体が柔らかいと、転んでも怪我をしにくいのです。それを、ご信心のこととして私たちはいただいていくのです。阿弥陀仏の光に遇うものは、身も心も柔軟になる。柔軟なものは、怪我をしないから金剛といってもよいのだということです。

具体的に、柔らかい心になるとどうなるかといいますと、一旦は怒ることがあっても、怒るということが長くは続かなくなるのです。「お前は駄目なやつだ」といわれても、「はい私は駄目なやつです」と返事をするならば、そこには喧嘩が起こりません。それを、「お前が悪い」といわれて、「私は悪くない」と我を張れば、そこには争いが生じるわけです。

このように「柔軟心」ということが、無分別、無執着、無差別、平等ということになるわけです。柔軟であれば、どこにも妨げられることがないということになるのです。それが「無碍」ということの内容になってくるわけです。何事にも妨げられない道ということは、何事にも柔軟ということだということです。これは大変に難しいことです。

わがままを張る心、我執からいうと、難しいということです。人に負けまい、とにかく勝負だと思っているような心では、この柔軟ということは大変難しい。しかしながら、その意地を張る心が間違いなのだと気づいたところから、柔軟という心に触れさせていただくということになるのです。

これは人間の関係の中でもそうです。親が子を教えるといいますが、逆に、子によって親が教えられるということがある。これが本当の親になったということでしょう。先生と生徒も同じです。生徒から教えられて初めて本当の先生になるということでしょう。失敗があっても、失敗は成功の母なりというように、失敗はなにも悪いことではありません。失敗してこそ、正しい智慧が育つわけです。失敗することによって、今度はこのようにしようとか、失敗した人の気持ちがよくわかるようになるというように、柔軟な心が育まれてくるわけです。失敗から学ぶことがたくさんあるのだということを、子どものころから教えておくことが必要ではないかと思います。柔軟であるから妨げがない。柔軟心によって状況に処していくことが大事なことなのです。このような教えが「無碍の一道」ということです。

天神地祇も敬伏し

念仏は無碍の一道であるといい切られたあと、親鸞聖人は、『歎異抄』の中で「そのいわれいかんとならば」と続けられています。「そのいわれいかんとならば」とは、その理由とはどういうことかということです。その理由を「信心の行者には、天神地祇も敬伏し、魔界外道も障碍することなし」とあります。この「信心の行者」というのが、真の信心から念仏する人ということです。信心とは、『歎異抄』の最初のほうから出てきました、煩悩具足の凡夫を必ず救うと誓われる阿弥陀仏の本願を信じることです。「天神地祇も敬伏し」とは、信心の行者に対しては天神地祇も尊敬し、平伏するということです。「魔界外道も障碍することなし」とは、魔界は悪魔ですし、外道は人を迷いに導くという、道に外れた考え方ということです。

「天神地祇」というのは、「天の神・地の神」です。では天の神とはどういう神でしょうか。これは日本だけではなく、中国、インドでも、世界中どこにでも天の神という考え方はありました。日本では、八百万の神といいます。これは数限りない神さまがいるということでしょう。天照大神から始まって、たくさんの神さまがいるというのです。

また地の神とは、地上の神さまです。地上に生きてはたらいている神さまです。たとえば、大国主命から台所の神さまとか、かまどの神さままで、そのように地の神があります。

もともとは、自然のはたらきに対する畏敬の念から神さまをいうようになったと思います。お日さまが光を与え、熱を与えてくださることに対して、天照大神と名づけて尊敬、感謝したわけです。実りの神さまとして、五穀豊穣の神さまなど、多くの神さまがあります。

さらに、不運にして亡くなった人が神さまとして祀られるということがあります。たとえば、天満宮の天神さまとして親しまれている菅原道真《すがわらのみちざね》などです。菅原道真は、なぜ神さまとして祀られるようになったのかといいますと、右大臣にまでなった菅原道真は、時の左大臣藤原時平《ふじわらのときひら》という人の陰謀によって、九州の大宰府に左遷されます。京都を出発するときに、「東風吹かば、にほひをこせよ梅の花、主なしとて、春な忘れそ」という歌を詠んで、大宰府に赴き、その地で生涯を終えました。道真が亡くなった後、京都で御所の清涼殿にも雷が落ち、さらには菅原道真を騙した藤原時平の一族に病気が流行り、死んでしまう人が多く出たそうです。人びとは菅原道真が怨霊となって祟りをなしているに違いないと考えたわけです。雷が鳴ったときに呪文のように唱える「くわばら、くわばら」という言葉は、菅原道真の領地が桑原という土地であり、その土地だけに雷が落ちなかったということに由来しているのです。ですから、怨霊となった菅原道真を神さまとしてお祀りして、災いが起きないようにしようとしたわけです。それが天満宮の天神さまの始まりだというわけです。怨霊に対して、「あなたを神さまにしましたから、どうか祟りを起こさないでください」と、お願いしたわけです。怨霊を恐れ神として祀るということが、よくありました。

天の神・地の神は、人を超えたはたらきといえましょう。昔は、日照りが続いて、もうこれは人間の力ではどうしようもないというときに、雨乞いなどをしました。これは日本だけのことではありません。中国やインドにおいても、このようなことがありました。

それで、天の神・地の神は、正しく祀らないと祟りがあるといわれます。祟りという字は、出るに示すと書きます。この示すというのは、お供え物をあげる形を表していまして、それが出てくると祟りになるわけです。ですから、出てきた祟りを鎮めるために、神として祀って、祭礼をするわけです。

このような、力を持っている天の神・地の神が、念仏する人を尊敬してくださるというわけです。そして、悪魔も外道も、妨げをなすことができない。つまり、信心の人、信心の行者には祟りがないということです。こういうことを親鸞聖人は、はっきりと説かれているのです。

今日でも、怨霊信仰というのは強いですね。たとえば、水子の魂、先祖の魂、地縛霊、背後霊などです。除災招福を祈るという気持ちがあるから、霊魂の話などに惑わされてしまうわけです。今日の宗教は、ほとんどがこの除災招福を祈る宗教になっています。家内安全、商売繁盛を祈っているだけで、自分のことよりも世界が幸せになりますようにと願う人は、なかなかいません。ほとんどの人が、自分さえよければ、自分の家さえよければと、お祈りするのが除災招福ということです。しかしながら、除災招福をどれほど祈っても、その帰りに事故で亡くなられたという事件もあります。ですから、除災招福をどれほどお祈りしても、祈ったとおりにはならないことがある。思いどおりにならなければ、次は、「あなたの信心が足りないからだ」「お賽銭が足りないからだ」といって、いろいろ理由をつけ始めるのです。これは、困ったことからは逃げて、いいところだけは取ろうとする分別、差別の心ということであり、それが迷いの心です。人生を正しく見て、吉凶禍福に迷わないような生き方をいただかなければならないのではないでしょうか。それが、お念仏の道です。困ったことがあっても、それは日にちのせいや霊の祟りのせいではないと正しく受け止めていくということが、真の生き方ではないかと思います。このようなことを教えてくださるのが、親鸞聖人の教えであり、浄土真宗なのです。除災招福ではなくて、人生を正しく見て禍福に惑わされない。そのために、お念仏が燈火《ともしび》となるわけです。良い日も悪い日も、お念仏がしっかりと支えてくださるのだという生き方が、禍福に迷わない人生であるといえるでしょう。

魔界・外道も障碍することなし

そして、「魔界・外道も障碍することなし」とあります。「障碍」の「障」は障り、「碍」も、妨げる。「障」も「碍」も同じような意味です。たとえば、道を歩いて行きたいときに、ここは通さない、通せんぼというと、これは「障碍」されたということになります。健康になってあれをしたいと思っても、病気になってそのことができないようになってしまうということがある。あるいは、好きな人と一緒になりたかったのに、いろいろな事情によって一緒になれずに泣く泣く別れたといった場合がある。それで、その妨げをなすものが、「魔界・外道」の妨げといわれてきたわけです。

「魔界」というのは、魔の世界ということです。魔の世界のものという意味で「魔界」といわれていると思います。魔の世界のよりどころはどこにあるかというと、実は天の世界にあるのです。「他化天の大魔王」ということばが和讃にあります。人に災いをなす、人を惑わせる、仏教の妨げをするものを「魔」というわけです。

親鸞聖人が著された『教行信証』の「化身土巻《けしんどのまき》」には、「魔」とか「鬼」についての解説が引用されて

います。いま「魔」というのを見てみると、

魔《ま》はすなわち悪道の所収なり、と。

（真宗聖典三九七頁）

とあり、「悪道」というのは苦しみの世界、悪い世界に収められるものが魔であるといわれているのです。それから、『摩訶止観《まかしかん》』という天台宗の根本のお聖教《しょうぎょう》ですが、その『摩訶止観』に魔事境ということが書いてある。

魔《ま》の発相《ほっそう》を明かすには、管属《かんぞく》に通じてみな称して魔《ま》とす。細《くわ》しく枝異《しい》を尋《たず》ぬれば三種《さんじゅ》を出《い》でず。一つには慢悵鬼《まんちょうき》、二つには時媚鬼《じみき》、三つには魔羅鬼《まらき》なり。三種の発相《ほっそう》、おのおの不同なり、と。

（真宗聖典三九七〜三九八頁）

これはどういうことをいっているのかというと、悪魔がはたらきをなすには、悪魔の親分も悪魔の家来たちも、みんな同じく魔だということ、それを詳しく尋ねると、三種の鬼がいるというのです。「一つには慢悵鬼」、慢悵鬼というのは、威張るということです。威張る根性です。それを、悪魔の姿、鬼の姿で表しているというわけです。

それから時媚鬼というのがあります。人を惑わす鬼です。天台宗の修行の中で、悪魔の出てくる時間、その時間に出てくる悪魔を、時媚鬼といったわけです。悪魔が出てくる時間というのは、だいたいどんな時間かというと、昼間はあまり出てきません。草木も眠る丑三つ時、つまり夜中の午前二時から三時です。そのころに現れて、それでお日さまが昇るころには帰っていくというのです。それで、お日さまが昇る直前にぶらぶら歩くと悪魔に出遭うというような言い伝えができたのです。

『摩訶止観』というのは、坐禅の修行について書かれたものです。止観というのは、坐禅のことで、精

神統一をして真理に目覚めるというのが止観です。摩訶というのは、インド語の「マハー」で、大きいという意味です。ですから、偉大な精神統一を説いている本というのが『摩訶止観』なのです。それで、坐禅を組んで精神統一をしていくときに、一つ目に現れてくるのが「慢帳鬼」、二つ目が時間によって心がかき乱されるという「時媚鬼」というのがあるというのが『摩訶止観』の解説です。

「三つには魔羅鬼なり」。魔羅というのは、男性の性器のことです。性器のことを魔羅と、隠語みたいにしていわれたりしますが、もとは仏教用語です。そして、欲望の一番の象徴、一番具体的なもの、それが性器です。ですから、魔羅というのは、性欲の象徴ということになります。坐禅を組んでいても、そのあいだに欲望が起こってくる。性欲が起こってくると、修行ができなくなってしまう。だから、その正体をきちんと見つめなければいけないということを、『摩訶止観』には書いてあるわけなのです。

また、源信僧都《げんしんそうず》の『往生要集《おうじょうようしゅう》』には、

魔《ま》は煩悩《ぼんのう》に依って菩提《ぼだい》を妨《さまた》ぐるなり。鬼《き》は病悪を起こす、命根《みょうこん》を奪《うば》う。（真宗聖典三九八頁）

といわれています。菩提というのはさとりですから、さとりを妨げる。さとることを妨げるはたらきをするのが、悪魔であるということです。

降魔

仏教の中で、悪魔が出てくるいちばん有名な場面は、釈尊がさとられる直前です。釈尊は、二十九歳で城を出て、修行者になられました。この世の地位や名誉や若さの中には本当の幸せはないということに気がついて、真実の幸せを求めて修行に励まれた。そして、厳しい修行を六年間続けられましたが、さとりを得ることができなかった。すっかり疲れ果てて、六年間積もり積もった修行の垢を、川に入って洗われて、それで川岸にあがられた。そのときも、疲れ果てて、なかなかあがることができなかったというほどに疲れておられた。このときに通りかかった牛飼いの娘、スジャータという人が、牛乳のおかゆを作って、釈尊に差し上げたというのです。

釈尊は、スジャータからの牛乳のおかゆを食べられて、体力が回復してから、木の下へ行って坐禅を組まれるわけです。その木というのが、さとりの木になったので、菩提樹というのです。その木の根元に座って、静かに瞑想に入っていかれたのです。そのときにやって来たのが、悪魔だというのです。

まず最初に脅しにかかる。弓や槍を持って、「もう修行はやめろ。やめなければ殺すぞ」とたくさんの軍隊が押し寄せてきたのです。しかし、釈尊が、「どんなに脅かされても、私はこの座を捨てない。ここで坐禅を組み続ける。いくら脅しても私はびくともしない」といわれたら、悪魔の軍隊は引き下がっていったのだそうです。軍隊が脅しても、釈尊はびくともしなかった。

脅しの次に何がきたかというと、今度は優しい、美しい女性の姿になって、誘惑してきたというのです。釈尊は男ですから、「行者さん、そんなに苦労しなくても、世の中にはいっぱい楽しいことがあるでしょう」と、良い香りを漂わせながら、何人も何人も、「もう修行はおやめなさい」といって、寄ってきたのだそうです。釈尊は、「じゃあそうしようか」と鼻の下を伸ばしたのではなくて、「下がれ悪魔」といわれたのだそうです。最初は脅しで、次には誘惑をする。「おまえの本体は怠けるという心だ。私は絶対にさとりをひらくまではこの座から動かない」といわれたのです。脅しと誘惑の魔が、現れてきたのだけれども、釈尊は悪魔を降伏させたということで降魔《ごうま》といいます。

そして、その降魔の後の夜明けに、明けの明星を見たとき、十二月八日に釈尊は正覚を得られたのです。それで、退治された悪魔は、釈尊が生きておられるあいだはおとなしくしていないといけなくなったのです。

釈尊が亡くなるときになって、「そろそろ釈尊が死ぬ、しめたもんだ」といって、悪魔が鎧をほどき始めるというようなことがまたあるのです。釈尊のお弟子のアーナンダが、「釈尊、そんなに早くお亡くなりにならないで、まだ命を延ばして、私たちに教えを説き導いてください。悪魔が鎧を解きました。にやにや笑っている顔が見えます。釈尊、なんとか長生きしてください」と求められたということも、釈尊伝の中で記されています。とにかく、仏さまと悪魔というのは、敵対者です。

悪魔を下すという降魔の状況をよくよく見てみますと、悪魔の正体をちゃんと見ることができれば、悪魔はそのはたらきを為すことができなくなるということがわかります。「幽霊の正体見たり枯れ尾花」という諺《ことわざ》があります。「あれは幽霊じゃないか」と思って、よくよく見たら枯れ尾花が揺れていた。あるいは「柳の下の幽霊」とかもそうですね。夜中に柳が垂れているのを見ると、うわーっと思います。さらに、その幹のところに何か白いものがあるように見えるときには、ドキッとする。そういうことがよくあります。しかし、よくよく見れば、草木が揺れているだけだったということです。それと同じように、悪魔というのは、実は人の心の迷いを示しているのだということです。人の心が迷っている、迷っている心の在り方というのが、悪魔ということで示されている。これが正しい見方のようです。しかし実際には、私たちはなかなか、悪魔の正体が自分の心の中にあるということがわからない。それで、外から何か自分の力を超えた強いはたらきを持ったものが自分の人生にかかわってきているのではないかと、そのように恐れや怯えを感じるということがあるわけです。

たとえば、死んだ人の魂の問題、霊の問題です。家の中がもめているとか、家族が次々に病気になってしまったというときに、これは良くないから見てもらおうと思って行くと、「霊が祟ってますね」といわれたりするのです。実際には、亡くなった人が迷っているわけではない。亡くなった人が迷っていると思う気持ちが迷っている。それが本当のところだと思います。浄土真宗の教えでは、人が命終わってから迷うということはいいません。親鸞聖人の教えは、命終わるときに直ちに仏になるということです。極楽浄土に間違いなく往生するということです。それなのに、亡くなった人が迷っているように見えるとか、霊が自分の人生を妨げているように思うのは、そう思う心のほうが迷っているのだということなのです。亡くなった人が、どんなかたちで亡くなったとしても、それは私にいのちがけで教えてくださったということです。「明日ありとおもふ心のあだ桜」である。「朝《あした》に紅顔、夕べに白骨」の身を生きているのだと教えてくださったのです。だから、仏さまです。亡くなった人が仏さまで、自分のほうが迷っているということです。

「魔界・外道」とか「天神・地祇」というのは、これは原始時代というか、未開文明においてはいわれたことだけれども、現代社会においては、こういうのは話にならないという解説をする人もいますが、実際には昼間でも明かりがつくような明るい世の中になってはいますが、しかしながら人の心の闇というのは、ますます深いのです。あちこちにどんどんと霊信仰の宗教団体とか、宗教の名を借りて、人を心配させてお金を巻き上げるというものが流行っています。人の迷いが現代は、ますます深いということだと思います。

悪魔は、さとりを妨げる、人のいのちを奪っていく、そういうのが悪魔ですが、その悪魔も信心の行者に対しては妨げをなすことはできませんと説かれているのです。

我執にとらわれる外道の教え

次は「外道」です。外道とは、我執にこだわった教えです。我執というのは、「我」のとらわれです。たとえば、集合写真というのがあります。卒業写真とか入学写真とか、あるいは観光旅行に行った先で集団で撮った写真です。それをもらったとき、私たちは、自分はどこにいるかなと、先に自分を探します。あの人どこにいるかなというより先に、自分はどこにいるかなと探すのです。これは、自我意識があるということを示しているのです。その我執とは、親鸞聖人の教えでいうと、「自力」です。自力のはからいということです。わが身をたのみ、わが心をたのみ、わが力を励み、わがさまざまの善根をたのむというのが自力の心です。これは、どれほど謙虚な人でも持っている気持ちです。三歳の子どもでも持っていて、八十歳を過ぎてもなくならない。それが「俺が、俺が」という気持ちです。

好きな人が作ってくれたものなら、「ああおいしいおいしい」と喜ぶ。ところが、同じ味付けでも、嫌いな人が作ると、「こんなもの食べたくない」という気持ちが起こる。これも我執です。同じ話であっても、それを「はい」と聞けるのと、「そうじゃない」「いやだ」という気持ちになるときがある。これも我執によるわけなのです。同じ話でも、それから同じ食べものでも、自分の気持ちの在り方によって味わいが違うし、「なるほど」といかないときが出てくる。これはすべて、我執のはたらきによるものです。こういう我執に固執するというのが外道なのです。

それでは仏教はどのような道かというと、「内道」といいます。仏教以外の宗教を外道であるというのは、非常におおざっぱすぎると思います。中身のほうから考えると、我執を拠りどころとする教えというのは、我執自体がわからないために、何でも人のせいにしてしまう。外側に理屈をつけて、あの人がこうだからこうなった、だから私は悪くないと考えてしまう。すべてを、人のせい、社会のせい、時代のせいというように、外に向けてものを見る考え方というのが外道だということです。それに対して、内道は何かというと、これは自分自身に理由を求めていって、自分自身の在り方というのを教えていただく。そういう考えというか、心の動き方のことを内道というのです。

我執、自力のはからいということを教えていただくという考え方、そういう道が内道。これが目覚めの教えといわれる仏教です。仏教の仏というのは、目覚めた人ということです。何に目覚めたかというと、人間には抜きがたい我執がある、この我執が自分を妨げ、人を傷つけているということを知る。それが、目覚めるということです。

吉蔵《きちぞう》の『三論玄義《さんろんげんぎ》』に、外道とは、人の心を外に向け、そして外のせいにしていくものの考え方であるというように解説されています。ですから、外の姿形が仏教の姿であっても、外道の場合があるということです。中身を問題にしていくと、そういうことになります。つまり、仏教僧侶の格好をしているとか、仏教寺院の形をしているとか、そういうように形が仏教であっても、この世の金儲け、目先の利益、そういうものばかりを求めるための信仰や、祈りは外道であるということです。外側が仏教の姿で内心は外道を尊敬しているというのが、嘆くべき現在の仏教界の在り方であると、きつい言葉ですが、これは親鸞聖人がいっておられます。

五濁増《じょくぞう》のしるしには　この世の道俗ことごとく
外儀《げぎ》は仏教のすがたにて　内心外道《げどう》を帰敬《ききょう》せり
（『正像末和讃』真宗聖典五〇九頁）

外側は仏教の姿をしているけれども、貴族にごまをすり、権力者にすり寄って、そして荘園の上がりをもって、それで贅沢な暮らしをしている。崇りよけやおまじないに励んで、また庶民からお金を巻き上げて、それで庶民の本当の救いということ、心の救いというものを何も与えない。そういう現実に対して、外儀は仏教の姿で内心は外道になっているのだと親鸞聖人はいっておられるのです。そういう点から、外道は仏教以外の宗教という説明は不十分な説明だと思います。

それで、今ここで「魔界・外道」というときの外道は、人の心を外に向かわせる道。他人のせいにし、社会のせいにし、時代のせいにし、日にちや方角や星座のせいにする。そして、自分が儲かればいい、自分さえよければいいと、そういう考え方が外道です。しかしながら、そういう外道であっても、信心の行者を妨げることはできません。真の信心の行者は、悪魔、外道に妨げられるということがありません。

そうすると、堂々たる道、広々として落ち着いて歩いていける道というのが、無碍の一道ということになるわけです。こういう道を、私たちがいただくのだというのです。親鸞聖人がこういうことをお話しになった時代は、科学も技術も文明も、何も進んでいない時代です。凶作が続けば、天地の神さまが怒っているのではないかと考えた。疫病が流行すると、これこそは悪魔の祟りではないかと、みんなびくびくして、震えて生きていたわけです。そういう中で、真の念仏をする人には、祟りは一切ありません。念仏者には祟りはない、信心の行者には祟りはないということを、はっきりと説いてくださったのが親鸞聖人なのです。

現代においても、このことは大事なことだと思います。水子の祟りとか、先祖の祟りとか、そういう祟りの話が今も蔓延しています。あるいは、「背後霊をもて」というようなことをしきりと説く人もいるのです。あるいは、霊感商法というのもあります。そういうように、人を惑わすものが出てきているわけです。ですから、念仏者には祟りなし、真の信心の人には祟りはないのだということを、しっかりと肝に銘じていくことが大事だと思います。

『歎異抄』の第一条に、「念仏もうさんとおもいたつこころのおこるとき、すなわち摂取不捨《せっしゅふしゃ》の利益《りやく》にあずけしめたまうなり」（真宗聖典六二六頁）と説かれているように、念仏者は阿弥陀仏の光の中に包まれて生活する。ですから、たとえどれほど悪魔が祟りをなそうとしても、阿弥陀仏の光の中に包まれている人にまでは手出しができないのです。どれほど災難があっても、そういうことは仏になる道に一切妨げはありません。

「霊なんかない」といっても、霊の怯えというものを持っている人間がいるのですから、霊はないというくらいっても通じない。もしも霊があったとしても、阿弥陀仏にはかなわないのだと、そういっていくことが大事なところだと思うわけです。浄土真宗は、お札も持ちません。お札を貼れば祟りから逃れられるというようなことで、祈ってもらって、そのお札を柱に貼るということがありますが、そういうことを浄土真宗はする必要がないというのです。なぜか、南無阿弥陀仏が真のお守りをしてくださっているからです。摂取不捨の利益の中に私たちは暮らしていくのですから、お札もいらないのです。お念仏が守ってくださる。そういうことを「魔界・外道も障碍することなし」と説かれるのです。

怯える心があるから、つけこまれるのです。ですから、南無阿弥陀仏があるのだ、南無阿弥陀仏のお守りをいただいて、それでもう十分という心があれば、もう何にもつけこまれることはなくなります。火に焼けないし、水に流されない、そういう南無阿弥陀仏をいただいているのです。本当のお札は、火にも焼けない、水にも流されないものでしょう。お念仏は、火にも焼けない、水にも流されない、古くならない、腐らない、それがお念仏です。形がないから、あらゆる形になるのです。そういうのがお念仏、南無阿弥陀仏です。

罪悪も業報を感ずることあたわず

さらに「罪悪も業報を感ずることあたわず」と、いわれます。「罪悪も業報を感ずることあたわず」の「感ずる」というのは、結果をもたらすということです。「罪悪も業報を感ずることあたわず」の「業」は行いです。行いが、罪悪の行いの場合、悪い報い、苦しい報いが来るというのが普通の考え方です。善因《ぜんいん》楽果《らっか》、悪因苦果《あくいんくか》という鉄則がある。業の報いがあるという考え方を、業報思想といいます。

業報思想の具体的な事柄は、善いことをすれば楽の結果が得られる。良い行いをすれば良い報いがある。悪いことをすれば、苦しい報いがある。一つ嘘をつけば、嘘をついたということで苦しめられる。嘘は悪いことだから、悪因だから、苦しみの結果がもたらされるということです。善いことをすれば、今度はちゃんと自分に善い報い、「ああよかった」といえる報いがある。日常生活において、やはりそういうことがあると思います。人を馬鹿にすれば、自分も馬鹿にされる。人を褒めれば、自分が褒められるということもある。

しかしながら、善いことをしたのに悪い結果になるときもある。この世の中には、悪いことをしても善い結果をもたらすこともある。そこで、業報思想ですべて通すわけにはいかないのが人生だということもあるのです。嘘は悪いけれども、全部の嘘が悪いかというと、そういうことにはならない。人を導くために、手だてとして本当でないことをいうときがある。真に導くための手だて。方便ということがある。よくよく人生を見てみないといけないと思います。業報思想の考え方は、一部分は本当のことです。しかしながら、これが、具体的に職業のほうに適用されるとどうなるか。

たとえば、商業の場合、安く仕入れて高く売るというところで暮らしが成り立つのです。「いくらかまけて」といわれて、「こっちも儲けがなくなりますけども、まけてあげましょう」ということはあるでしょう。儲けがないとはいいながら、本当は儲かっていることがあります。商いの場合は、そういうことがある。そういう場合、つまりは言葉で嘘をついたことになる。嘘の報いは地獄行きだという業報思想の鉄則からいけば、商いをする人は悪い原因を作っているのだから、地獄に行くに決まっているということになってしまう。これは職業によって人を卑しめるということになってしまう。

商いをする人、田畑を作る人、海で漁をする人、山で猟をする人、こういう人たちはどうかということです。海で漁をするということは、魚を捕るということです。魚だって生きているものです。生きものを捕る、そして殺す。家族を養うために、漁をして魚を捕ってくる。そうすると、それは生きものを殺す仕事をしているのだから、殺生をしていることになる。生きものを殺すことは悪いことだとすると、海の漁師さん、山の猟師さん、みんな悪いことをしているのですから、みんな地獄行きになります。では、誰が善い報いを得られるのかというと、人を使って自分は何も手を汚さないものだけが、比較的悪いことをしてないということになる。そうすると、貴族だけが良いということになってしまう。そういうところに親鸞聖人は注意をされたのです。

この業報思想は、一面は真理だけれども、社会生活全体に適用しようとすると、貴族は助かる、庶民は助からないということになってしまう。そこのところが問題なのです。職業は、どういう職業であっても、自分で生まれたところを選ぶわけにはいきません。そして先祖代々の家業というものに具わった知恵というものがあるのです。親から子どもへと伝えられて、家業というのが成り立つのです。それで、子どもを養うためには、普通ではしてはいけないといわれるようなことも、しなければならない。そういうのが私たち庶民の暮らしではないでしょうか。親鸞聖人と一緒に暮らした人びとのことを想像していただければよいと思います。実際に大地の上で働いて、生産活動をして、漁をして生活をしていた人たちです。

仏教の戒律に、五戒というものがあるのです。殺すな、盗むな、邪淫するな、嘘をつくな、酒を飲むな、これが五つの戒律です。五つの戒律は、すべてのものが守らなければなりません。社会生活を成り立たせるために必要な定めです。そう聞けば、なるほどと私たちは思うのです。殺してはいけない、盗んではいけない、邪な性関係をもってはいけない、嘘をついてはいけない。こういう四つの間違いをするのは、だいたい酒が縁になるから、そもそも酒を飲むのがいけない。酒を飲んで、馬鹿な話をして、異性と交渉をもちたくなり、「この灰皿くらいなら持って帰っても大丈夫だろう」と思ったり、また馬鹿話をしているうちに腹が立ってきて、喧嘩して結果的に殺し合うとか、そういうことになるので、酒は飲むなといわれるのです。

　これが最低限の戒律だといわれるのですけれども、どの戒律の一つも、本当には守れない。あるいは、これを守っていたら、生きていけない。そういうような立場、生活状況というものも、現にあるわけです。山の猟師、海の漁師は、殺さなければ生きていけない。安いものを盗ってきて、高く売ってそれで暮らしていく。そういうのが、罪悪だといってしまったら、助からない人がどんどん出てくるということです。

悪人を救うと誓われた本願

　五戒は大事な教えなのですけれども、これでもって社会全体に裁きをつけるわけにはいかないということがある。五戒を破ることが罪悪、罪悪の報いは苦しみだと、それで当たり前だといっているような冷たい仏教は、本当の仏教ではない。どれほど罪悪を犯してしまっても、それが悪い行いであっても、それだから助からないということにはならないというのが阿弥陀仏の本願で、それこそが本当の仏教だといわれるのです。ここのところが、なかなか難しいかもしれませんが、行いの善し悪しを問わない。たとえ嘘をつく商売をしていても、生きものを殺すだけでなく、人を殺すということまでやったとしても、その心のつらさを阿弥陀仏が知っておられるからこそ本願を起こされたのです。だから、必ず救う、念仏をもってすべての衆生を救うという誓いを立てられたのだというのが、本願念仏の由来なのです。

　親鸞聖人の師匠である法然上人のところへ、熊谷次郎直実《くまがいじろうなおざね》が訪ねていったという話があります。直実は、須磨の浦で平敦盛《たいらのあつもり》の首をはねた人です。手柄を立てたというけれど、結局は殺しです。源平の戦で、たくさんの敵を殺して、返り血をいっぱい浴びながら、どんどん働いたわけです。源平の戦が終わってから、今まで自分が何をやってきたかということを振り返ることになった。殺ししかしていない。それで、この自分は地獄行きに違いないと思う。しかし、それが辛くて辛くてたまらないと、法然上人のところに訪ねていったのです。

「私は源平の戦においてたくさんの人を殺してきました。この私が助かる道があるのでしょうか」というと、法然上人はいつもの仰せです。「ただ念仏して弥陀にたすけられまいらすべし」といわれた。「どれほど私が返り血を浴びているか、法然上人はご存知ですか」「どれほど返り血を浴びて人を殺してきたとしても、阿弥陀仏は必ず救ってくださる。ただ念仏して弥陀にたすけられまいらすべし」と繰り返して説かれたそうです。「こういう私が本当に救われるのですか」「はいそうです、私がお念仏するように、あなたもお念仏しなさい。共にただ念仏して弥陀に助けられまいらすべし」と、法然上人は教えてくださった。直実は大泣きに泣いて、お念仏の人になった。罪悪の報いは地獄行きだという戒めだけでは助からないのが人間だということです。その助からない人間こそ助けようというのが阿弥陀仏の本願なのだと、それが真の仏教でなければいけないのだというのが、この本願の教えなのです。

また、こういう話もあります。盗賊の耳四郎《みみしろう》の話です。火付け、泥棒、かっぱらい、強姦、殺人、ありとあらゆる悪事をやっていた耳四郎が、良い隠れ場所を見つけました。吉水の法然上人の住まいの縁の下に隠れていたのです。昼間は寝ていて、夜中に出かけて、殺し、盗み、火付けをやっていた。検非違使《けびいし》が追うのですが、どういうわけか法然上人の草庵の近くで、見失う。しかし、まさか法然上人の草庵の縁の下に盗賊が隠れているとは思わないから、検非違使も吉水の草庵までは入らない。

その耳四郎が、縁の下にいて、法然上人のお話を何回も聞くわけです。しかし、初めのうちは、「自分などが助かるわけがない」と思っている。今までどれだけ人を殺して悪いことをやってきたか、この自分が助かるわけがない。いくら坊さんがありがたい話をしても、助かるわけがないと、腹を決めていたのです。

しかし、法然上人のご説法が、縁の下にいても聞こえてくる。どれほど罪を犯していても、「ただ念仏して弥陀にたすけられまいらすべし」、これが阿弥陀仏の本意、真の仏教です。罪を犯したその辛さ、悲しさ、それは阿弥陀仏が一番ご存知だ。その阿弥陀仏が、ただ念仏をもってあなたを救うと誓われたのだという話を繰り返し巻き返し何度も聞いて、とうとう、それは「俺のことか」と感じて大声で泣き始めたというのです。縁の下から泣き声が聞こえてきた。どれどれと床板を開けたら、男が出て来た。

「法然上人、お願いです。私は悪事を数限りなく犯してきました。この耳四郎が助かりますか」と。それで耳四郎もお弟子になったというのです。

「罪悪も業報を感ずることあたわず」と。これは、悪用される危険性もあるわけです。それでは、いくらでも悪いことをしてもいいのかと、悪く捉える人がいますが、そういう趣旨ではありません。わざと悪いことをしても、その報いはないからといっているのではないのです。罪悪を犯してしまったものの救いということを示しているのです。これからもどんどん悪いことをしなさいと、悪事を勧めているわけではありません。

「罪悪も業報を感ずることあたはず」とは、「ただ念仏して弥陀にたすけられまいらすべし」というのであって、みな平等に救われるということです。男も女も金持ちも貧しい人も、いかなる職業の人も必ず救われる。それが阿弥陀仏の本願であり、その願いの証しが、この南無阿弥陀仏にある。男も女も金持ちも貧しい人も、いかなる職業の人も必ず仏にするという願いが南無阿弥陀仏なのだということを繰り返し繰り返し教えていただいていく道が、「無碍の一道」ということなのです。どんな行いも、必ず救われる。こういうことを思い切っていってくださったおかげで、私たちも、かろうじて救いの道、仏になる道をたどることができるのです。

諸善もおよぶことなきゆえに

次に、「諸善もおよぶことなきゆえに」とあります。「諸善」は、もろもろの善根・善行です。現在および未来に幸福をもたらすものが善です。善といわれることは、たくさんあります。親孝行とか、約束を守るとか、困った人に手を添えて手助けするとか、また庭の掃除、玄関先の掃除。公園や神社や寺院、あるいは駅や公共の施設を黙って掃除する。人に誉められようと誉められまいと関係ない、そういう奉仕も、やはり善いことでしょう。そのように善いことをすることによって幸せがもたらされるという。そうすると、「あの人は偉い人だなあ、善い人だなあ」と、人が見るようになります。

あるいは正直ということがあります。正直者の話は、たくさんあります。「舌切り雀」には、正直じいさんが、「お土産をあげましょう。大きい葛籠《つづら》がいいですか、小さい葛籠《つづら》がいいですか」といわれて、「私は小さいのがいいです」と、小さいのをもらったら、その中には宝物がいっぱい入っていた。欲張りばあさんは「私は大きいほうをください」といって、大きいほうをもらって開けてみたら、汚いものや化け物が出てきた。

この話は、何をいっているかというと、正直と少欲知足ということを教えています。少欲知足というのは、欲張らない、足るを知るということが大変よいことなのだよということです。「私は小さいほうがいいです」というのが少欲知足です。「舌切り雀」のおじいさんは、少欲知足で宝物をいっぱい手にいれました。欲張らないということは善いことです。それだから幸せになりました。

似たような話は、外国の童話にもあります。間違って、池の中に斧を落としてしまった。そうしたら、池の中から、神さまが斧を持って出てきた。そして、「お前が落としたのは、金の斧か、銀の斧か、それとも鉄の斧か」といった。それで「私は鉄の斧を落としました。拾っていただいて有難うございます」といった。そうすると、神さまは「お前は正直ものだ。金の斧も銀の斧もあげましょう」といって、全部の斧をもらったという話です。それを聞いた欲深い人が「私が落としたのは金の斧です」というと、「嘘つきめ」と叱られた。

正直という善が、金の斧も銀の斧ももらうという幸せをもたらしたのです。このように、いろいろよい結果をもたらすもの、幸せを与えるものというのが善です。

優しい心もそうです。「枯れ木に花を咲かせましょう」で有名な花咲か爺さんの話もそうです。正直とか優しい心です。このような昔話がずっと伝えられてきたということは、やはりお話の中に大事な意味がこめられているからです。今の子どもたちは、このような昔の物語、昔話をちゃんと聞いているのでしょうか。教訓くさく、「正直であれ」とか「約束を守れ」とか、そういう規則みたいな命令調ではなく、物語から教わっていくというのが大事なことです。

しかしながら、お念仏は、そういう正直とか優しさとか、もろもろの善もおよぶことがない。諸善もおよぶことがないということは、諸善以上ということです。諸善以上の幸福をもたらすのだということです。諸善以上の幸福をもたらすのが、お念仏であるというのです。「諸善もおよぶことなきゆえに」という。諸善以上の救いをもたらすのが、念仏です。

真如一実の功徳宝海

『教行信証』の中でお念仏の徳を示しているのが「行巻《ぎょうのまき》」です。

大行《だいぎょう》とは、すなわち無《む》碍《げ》光《こう》如来の名《みな》を称するなり。この行《ぎょう》は、すなわちこれもろもろの善法を摂《せっ》し、もろもろの徳本を具せり。極速《ごくそく》円満す、真如《しんにょ》一実の功徳宝海なり。

（真宗聖典一五七頁）

無碍光如来とは、阿弥陀仏のことです。その阿弥陀仏の名前を称える。これを帰命無碍光如来と称えてもいいのです。南無阿弥陀仏と同じことです。「大行とは、すなわち無碍光如来の名を称するなり」、称名念仏が大行ですと、はっきりいわれている。小さな行ではない、大行というのは普遍で、いつでもどこでも誰でも、差別なくすべての人があらゆるときにできる。それがこの称名念仏、偉大な行です。「この行はすなわちこれもろもろの善法を摂し、もろもろの徳本を具せり」、この行はもろもろの善法を摂《おさ》める。もろもろの徳本を具す。すべてのいろいろのよいことと功徳の本を摂めているというのが称名念仏、南無阿弥陀仏です。

続いて、「極速円満す、真如一実の功徳宝海なり」とあります。「極速」というのは、きわめて速いということです。「円満す」というのは、欠けることなく完璧に満ち足りている。何が満ち足りているかというと、真如一実の功徳宝海が満ち満ちる。誰に満ち満ちるか。お念仏するその人に真如一実の大宝海が満ち満ちる。では、真如一実は何でしょうかというと、真如も一実も真の涅槃のことです。功徳大宝海というのは、真のさとりの優れたはたらき、それが功徳です。それは宝の海であるというので真如一実の功徳大宝海なりといわれます。その、功徳大宝海が満ち満ちる。それがこの称名念仏です。「諸善もおよぶことなきゆえに」というのを詳しくいうと、こういうふうに親鸞聖人がお念仏の徳ということをいわれているところが基になるわけです。

本当の幸せというのは何だろうか。よくよく考えてみると、本当の幸せとは、なかなかこの世にはないわけです。財産があれば幸せだと、一般にはいわれますが、財産があるおかげで税金の心配や遺産相続の心配、また兄弟間の争いなど、たくさんの心配や苦労をしなければいけない。だから財産がある人は「財産がないほうがよかったなあ」と思い、財産のない人は「そんな心配や苦労があってもいいから、お金が欲しい」と思います。でも、財産がないおかげで、鍵をかけ忘れて外出しても、あわてないでいいし、夜中に怪しい物音が聞こえても、「どうぞどうぞ」といえますから、楽でいいですよ。何が幸せで何が不幸なのか、よくわからないですね。このようなことはたくさんあります。地位が上がったり、収入が増えることが幸せである面と、不幸という面とあるでしょう。

地位も名誉も財産も、あれば幸せなように見えますが、それが不幸の原因になるということは多いのです。恋人ができれば幸せだと、たいていの人は思うけれども、恋人ができたおかげで、今度は苦しみが始まることもある。破局したといっても最初の状態に戻るだけなのですが、そこに悲しみだけが残るのです。

これを、とらわれの心といいます。いつまでも幸せを自分のものにしておきたいという思いがあるせいで、自分が傷つくわけでしょう。私たちは、生まれたときには裸なのですから、もとの状態に戻っただけだと思えれば、どうということはないのでしょう。大邸宅を構えても、破産してしまったら、「何もなくなった。もとに戻った」といえばいいのでしょう。そのように思えないのは、いつまでもこれを自分のものにしておきたいという思いがあるからです。もともと裸で生まれてきたのに、つかんだものをずっと自分のものにしておきたいと思う。そういう思いがあるからこそ、永遠に幸福ということは、ないものです。

正直じいさんの話も、おじいさんが葛籠《つづら》を開けたら宝物がいっぱい入っていましたというところで終わるからいいのです。おじいさんがその宝物をもってさらに儲けようとしましたというと、今度は大変なことになっていくでしょう。つまり、お金があるために、今度はどんな不幸があるかわかりません。有為転変の無常の世の中において、その幸せを保ち続けるということはできません。

では、本当の幸せとは何なのでしょうか。地位や名誉や財産に一切左右されないものでなければなりません。「真如一実の功徳宝海」をいただくのが本当の幸せだと親鸞聖人は示しておられるわけです。

親鸞聖人に、

本願力《りき》にあいぬれば　むなしくすぐるひとぞなき
功徳の宝海《ほうかい》みちみちて　煩悩《ぼんのう》の濁水《じょくしい》へだてなし
（『高僧和讃』真宗聖典四九〇頁）

という和讃があります。むなしく過ぎることがないような人生をいただくのだ。「本願力にあいぬれば」というのは、阿弥陀仏の本願のはたらきは、念仏として表れているわけです。お念仏に遇えば、むなしく過ぎる人はない。「功徳の宝海みちみちて」、功徳の宝海がその人に満ち満ちている。煩悩の濁った水が一切妨げになりません。煩悩の濁った水は、海へ入っていくと、海と同じ塩味に変えられていく。どれほど、煩悩、欲望が海に入っていっても、功徳の宝海は、煩悩、欲望を宝に、功徳に変えていってくださる。そういうすぐれたはたらきが、お念仏です。こういうことですから、「諸善もおよぶことなきゆえに」といわれるのです。

お念仏は、火に焼けないし、水に流されない。増えたり減ったりしないのが、お念仏の功徳です。しかも、ただです。阿弥陀仏の「御もよおし」にあずかって、お念仏するのです。「阿弥陀さま、お礼したいのですが」といっても、お礼の品はいらないのです。阿弥陀仏は、「信心をもって礼にしてください」といわれるだけです。つまり、むなしく過ぎることがない人生をいただいて生きてほしいというのが阿弥陀仏の本音なのです。そういうお徳があるから、「諸善もおよぶことなきゆえに、無碍の一道なり」と、親鸞聖人はいわれました。お念仏する身になったのだから、もう碍《さわ》り無き道を歩むものである。真の仏法には祟りなしと、しっかりと肝に銘じてお念仏をもうしましょう。

＊　＊

念仏は何ものにも妨げられることのない一すじ道です。その理由を、信心の行者には、天地の神々も敬伏し、悪魔も邪な教えも障碍することがない。また、罪悪も報いを結ばないし、もろもろの善も及ぶことないからであると親鸞聖人は、明確に語られました。念仏は涅槃の道です。ここに、念仏もうす人の真に自由な生きざまがあるのです。

第八条

一　念仏は行者のために、非行非善《ひぎょうひぜん》なり。わがはからいにて行ずるにあらざれば、非行という。わがはからいにてつくる善にもあらざれば、非善という。ひとえに他力にして、自力をはなれたるゆえに、行者のためには非行非善なりと云々

（真宗聖典六二九頁）

念仏は行者のために、非行非善なり

最初に、「念仏は行者のために、非行非善なり」といい切られています。「行者のために」という言葉はどういう意味かというと、行ずるものにとってはという意味です。念仏は、念仏を行ずる人にとっては、非行非善なりということ。南無阿弥陀仏と、念仏もうす人にとって、お念仏は行でもないし、善でもないといわれているということです。

この親鸞聖人の言葉は、何か理由があって出てきたものであろうと思います。この言葉が出る前に話し合いというか、何かの状況が前もってあったのだと思うのです。『歎異抄』第六条は、「専修念仏《せんじゅねんぶつ》のともがらの、わが弟子ひとの弟子、という相論のそうろうらんこと、もってのほかの子細なり」（真宗聖典六二八頁）という言葉から始まりますけれども、それは、わが弟子、他人の弟子という争いが、専修念仏の人の中にあったからこそ、親鸞聖人がそれはもってのほかのことであるといわれたのでしょう。

それと同じように、第八条でも、こういう言葉がいい出される前には、こういう言葉が出てくる状況があったのでしょう。親鸞聖人の前で、おそらくはお念仏のことが話題になって、お念仏は立派な行ですよ、だから一生懸命行じましょう。それからまた、念仏は善です、よい行いですから、頑張って念仏をもうしましょう。そんなことをいう人があったのではないかと思います。親鸞聖人の前で、お参りの人同士でそういう話し合いがあったのではないかと思われます。あるいは、親鸞聖人の目の前でなくても、親鸞聖人の教えを受けた人びとの集まりの中で、お念仏はよい行いだからやりましょうというような意見があった。それを親鸞聖人が聞かれてのお言葉であろうと思います。

念仏は行者にとって行である。念仏は行者にとって善であるという意見が前提にあって、親鸞聖人が、「念仏は行にあらず善にあらず」といわれたのだと思います。

そういう意見に対して親鸞聖人が勧める念仏というのは、行者にとって行でもないし、善でもないといわれる。行でもなければ善でもないのであれば、やらなくてもいいのかというと、そうではありません。ここのところをよくよくうかがっていくというのが、この第八条の大事なところであろうと思います。

なぜ念仏するのかというときに、それは、よい修行だからですよ、善行だからですよといわれて、それで念仏をするというのは、入り口としては大変結構なことかもしれません。しかし、親鸞聖人の教えにおいては、念仏は本当には行でもないし、善でもないといわれるのです。

除災招福を祈るわがままな心

除災招福ということがあります。災難を除き、幸福を招こうというのが除災招福ということです。災いというと、病気、地震や風水害、それから火事など、いろいろな災難がありますが、それらの災難を除く。それから、幸せを招く。福というのは、幸せ。どういう幸せかというと、家内安全、商売繁盛、病気が治るというようなことです。豊かに暮らす、病気が治る、健康に暮らせる、そういうのが福です。それらの福を招くために、宗教的な行いをするというのが、一般的なことです。

今日におきましても、年末年始の状況を思い浮かべてみてください。除夜の鐘が聞こえてきて、初詣が始まるというときには、神社仏閣にお参りして、お賽銭をあげます。それで、お参りした人に「どういう気持ちでお参りしましたか」と聞くと、答えはだいたい決まっています。家内安全、商売繁盛、あるいは大学合格、それから病気にならないように、良縁ができるように祈りましたという人が多い。今年もテレビを見て、ラジオを聴いて、どういう答えがあるかなと思っていたのですが、「世界人類が幸せになりますようにと祈りました」という人はいませんでした。また「地球の環境がよくなるようにと祈りました」という人もいませんでした。毎年聞いていても、なかなかいないのです。地球が美しくなるようにということをいう人はいません。この世が、差別のない、明るい世の中になるようにと祈りましたという人は、ほとんどいません。

自分の幸せ、自分の血のつながった身内の安泰や幸せを願うという人ばかりです。それは、災いのほうもそうです。災いを除くというのは、家の中に災いがないように祈るということが多いのです。そのような除災招福ということが、現在の日本の宗教の祈りごとの一番大きな要素になっているようです。何のためにお参りしたかと聞くと、この災いを除いて幸せを得るために祈りましたという人がほとんどなのです。それに対して、親鸞聖人の場合は、念仏を称えるというのは、除災招福のためではありませんといわれているのです。

除災招福というのは、自分あるいは自分の血縁、自分の家族、つまり自分さえよければという気持ちが入っているのです。これは、つきつめていくと、わがままということになるわけです。それではおかしいのです。子どものときからわがままはいけないと躾《しつ》けられながら、大人になっても、祈ることはわがままなのです。それで、お賽銭ですが、あれこれ祈って五円や十円では少ないですね。五十円、百円、まあ少し真面目に祈るのなら五百円、もうちょっと必死で祈る場合は千円ですか。

正月三が日に大きな神社にいくと、賽銭箱のまわりに白い布が敷かれています。賽銭箱だけでは足りないからです。白い布で集めた賽銭を数えます。数える機械があるのです。塵も積もれば山となる、大変なお金が動くのでしょう。その目的は、除災招福です。

こういうわがままの気持ちと、お念仏が一緒になっているのではないでしょうか。そのことが問いかけられているのです。わがままな心から念仏もうすのとは違うのですというのが、親鸞聖人の説かれることです。しかし、なんだか味気ないですねという人もあります。味気ない気持ちというのがどうして起こるのかというと、除災招福が当たり前だという気持ちが、心の底にあるからなのでしょう。

ところで、お参りに来られた人たちが、たとえば神経痛がおきたりとか、体の具合が悪くなったりしたときに、知らない人はいうかもしれません。「あれほどお寺に行って、教えを聞いて、ちゃんとお参りしているのに、どうして体の具合が悪くなるのだろう」と。縁によって重病になることもあります。今、怖れられているのは、癌です。それから脳卒中、これも怖いですね。癌になると、大変です。治療の効果が期待できるような場合には、悪い箇所を切除してから、放射線治療を行って、癌が再発しないようにするのです。抗癌剤を使った治療は、大変苦しいそうです。薬の副作用で髪の毛が抜けたり、体が疲れてしまってどうしようもなくなるのです。「もうやめて」といいたくなるのだけれども、お医者さんから、「これが癌と戦う最後です。癌も苦しいんですよ。あなたも苦しいでしょうけど癌も苦しいんです。頑張りましょう」と励まされて、口から泡を吹きながら、苦しい苦しいといいながら、なんとか乗り越える。そうすると命が延びて、再発もないということになればいいのですが、三年、五年ぐらいで再発するということもあります。

また脳卒中の場合も、病院に行って、手当てがよかった場合には、息を吹き返します。意識が戻れば、今度はリハビリだといって、痛くても伸ばしなさい、体を動かしなさいということになる。友だちや親戚が、そういうことになっているのを見ると、「大変だなあ」「ああいう目にはあいたくないなあ」と思います。

せっかく毎月お寺参りをしていても、「あの人はどうして中風になったのだろう」とか、「どうして癌になったのだろう」とかいって、いろいろと批評する人はいっぱいいます。みなさんの周りにも、いるかもしれません。そんなむだな寺参りよりも、カラオケに行ったり、温泉につかったり、ご馳走をたくさん食べたりして、それで笑って暮らしたほうがよいのではないか。わざわざ土曜日の午後に二時間もお寺にお参りして、それで癌になったらしようがないと、知らない人は批評するかもしれません。どうしてそうなるかというと、癌にならないようにと祈るのがお参りだと思っている人が多いからです。ここに一つ問題があります。お寺にお参りして、親鸞聖人のお話しを聞いていた人でも、朝夕にきちんとお仏壇にお参りしていた人でも、癌になるときはなるのです。法を聞かず、享楽や目先の利害ばかり求めていた人も癌になります。

そういうときに、どのように心を持つと良いのでしょうか。ただ悲しさだけが残るのではないでしょうか。明るい心もちになれればいいけれども、そのようになれないのが人間です。

それに対して、仏の教えを聞いてきた人は、かねて無常ということ、これは釈尊が説かれたことですが、命があって亡くならない人はいなかったということを、ずっと聞いてきた。なるほど、いよいよ私の番になったかと、受けとめることができるでしょうか。

取り引きの気持ちに気づく

そういう立場に立ったときに、やはり命があって亡くならないものはないのだ。いつ病気になるかわからないことも、本当のことだったのだ、最後に残るのはお念仏しかないんだと、妻子も財宝も、わが身に一つも添うことはないのだということも聞いていた。かねて当てにしていた貯金も、何もかも全部置いて、最後は一人でいかなければならないということだった。そういう一生だったのだということを、前もって考えたことがあるかどうかで、だいぶ違うと思うわけです。

とにかく、わがままが叶うように修行したり善をなしたりということではないのだということです。どれほどわがままな祈りをしても、わがままだから末徹らないのが事実です。どれほど除災招福を祈っても、除災招福が実現しないことがある。お念仏は、わがまま勝手な、自分たちさえよければいいという気持ちで祈る除災招福の祈りというものとは違うのです。そういう道理に、ちゃんと目を開くことが大事です。

それで、念仏は行でもないし善でもないといわれるのです。つまり、災いであっても、幸せであっても、念仏は変わらない。災いであっても、幸せであっても、お念仏もうす。せっかく祈ったのに、せっかくお参りしたのに災いがあったというと、もう祈ることもお参りもやめますというのが、わがままな考え方です。絵馬というのがありますね。祈りを書いて、神さまや仏さまに祈る。それから護摩というのもあります。密教では、お参りのときに護摩修行というのをします。祈りごとを書いた木を、お寺に納めて、それを真言密教の儀式をしながら火にくべていくわけです。その祈りが不動明王・大日如来に通じて、祈りが達成されるというのです。しかし、いくら護摩修行をしても、事故に遭うときは遭うわけです。

菅原道真《すがわらのみちざね》の天満宮、それから智慧の菩薩は、勢至菩薩のお堂、または、文殊堂、それから真言宗では、虚空蔵菩薩、これがまた智慧の菩薩です。そのようなところに絵馬を奉納して、一心にお祈りする受験生がいるということは、よく聞きます。しかし、ある受験生は、五年間も合格できませんでした。そこまでくると、もう必死ですから、「これほど祈ったのに、それでも合格させてくれないなら、今度落ちたら、このお堂を焼き払うぞ」ということを絵馬に書いて掛けたという受験生がいたそうです。

つまり神や仏に対して、取り引きをしているということです。取り引きの気持ちで、神や仏に祈る。これでは、神や仏を脅すことになってしまいます。しかしながら、それでもそれが実現されるかどうかはわかりません。悪いことがあったら、もうやめる。よいことがあったら、また続けて祈る打算的な冷たい根性はやめて、人生を考えましょうというのが、親鸞聖人の呼びかけだと思います。

ある雑誌で、「癌になって初めて人生をまじめに考えたいと思うようになりました」とありました。癌になって初めてというのは、切実なことですけれども、癌がどんどん進んでいったら、まじめに考えることもできなくなります。だから命があり、体があるというあいだに、自分の人生をまじめに考えるということが、どうしても必要だと思うのです。癌を宣告されたときには、ショックで身動きもできないようになるでしょう。けれども、普段からいつも、死ぬということの準備、心づもりというのは必要でしょう。

念仏は鏡である

生まれた限りは、死ぬということが待っているわけです。ですから、死ぬことの準備が必要です。わがままな心からすると嫌だけれども、死ぬということは避けられないのですから、死ぬということから逆にこの一生を照らし返されて生きていこうということが大事なのではないかと思います。

除災招福の考え方だと、死ぬということさえも、あまり見つめさせないようになるのです。死ぬかもしれない、いやそれでも長生きの道があるというように考えて、それで必死にお賽銭をあげて祈りなさいというわけです。それでは、死ぬということと正面から向き合わない。問題を先送りしていくだけということになるわけです。辛いことは考えないで、明るく明るくといいますが、その明るさは、実はごまかしの明るさです。

そういう除災招福のために念仏を使うのは大間違いです。よくても悪くても念仏もうすという道が、親鸞聖人がいわれたお念仏の道です。『歎異抄』第五条に親孝行の問題がありました。

親鸞《しんらん》は父母《ぶも》の孝養《きょうよう》のためとて、一返《いっぺん》にても念仏もうしたること、いまだそうらわず。
（真宗聖典六二八頁）

親孝行のために念仏するということはしませんということです。念仏の力で、死んだ親が浮かばれるようにと思って念仏するということはしません。それはどうしてかというと、「一切の有情は、みなもって世々生々の父母兄弟なり」といわれます。一切の有情、命あるものすべては、みんな生まれ変わり死に変わりしているあいだの兄弟なのだからといわれています。だから「私の親だけよいように」というために、念仏を使うものではないのだといわれるのです。

家の前の掃除をして、隣の家の前にゴミを寄せて、それで自分の家の前がきれいになったというようなことばかりしていては駄目なのです。除災招福の根性は、わがままです。わがままな心はいけないといわれても、みんな持っています。持っているということを認めるということが大事です。それは、私はわがままな心だらけですと、自分自身が気がつくということです。

「私はわがままではありません」といっている人が、一番わがままです。私はわがままではありません。あなたのためを思っているのですというのは、余計なお節介です。余計なお節介をしておいて、「お礼も何もない」といっている。そんな人は、本当に困ります。ですから、自分はわがままだということを知っているということが大事だと思うのです。

「念仏は行者のために非行非善なり」という言葉を聞けば、わがままのために念仏していませんか、わがままな根性を持って生きていませんかという問いが聞こえてくる。わがままな気持ちがいけないといって、わがままな気持ちをなくすことができますか。ないふりはできても、わがままな気持ちをなくすことはできません。そのような我われは、わがままから離れることができない自分ですということを、しっかりと知る、知らせていただくということが大事なのです。

念仏は、除災招福のためではないといわれる。では、なぜ念仏するのかというと、念仏が鏡だからです。わがままを離れられない自分だということを、人からいわれれば腹が立つ。人間同士のあいだで、「あなたは、わがままだね」といわれると、「あなただってそうでしょう」となります。他人のことをケチという人ほどケチです。それで「お前にケチといわれたくないよ」という気持ちになるのです。

そのように、人からいわれたら腹が立つばかりです。しかし、お念仏は違います。お念仏は、自分自身を教えてくださる鏡です。智慧の念仏という言葉があります。まことの智慧というのは、自分自身をちゃんと知らせていただくというのが、まことの智慧です。

みなさんも今日、出かける前に鏡を見られたと思います。どうして鏡を見るのでしょうか。自分の顔は自分で見ることができないから、鏡で見るのです。お念仏は、そういう鏡のはたらきをする。自分自身を知らせていただく。それがお念仏の働きです。それで、念仏は自分自身を映す鏡であり、たとえば私のわがままを知らせてくださる。それは、自我のおもいの他のはたらきです。親鸞聖人は、わが行にあらずわが善にあらず、念仏はただひとえに他力であると説かれるわけです。

わがはからいにて行ずるにあらざれば

「わがはからいにて行ずるにあらざれば、非行という」とあります。わがはからいにて行ずるのではない。私が「さあ念仏しよう」という気持ちをおこしてお念仏もうすのではないのだといわれる。これは、お念仏が私よりも大きいということです。私の口から出るお念仏ですが、私よりも大きい。私が思うより先にある、私の思いに先立ってはたらいているお念仏だということです。『歎異抄』第六条に、「弥陀《みだ》の御もよおしにあずかって、念仏もうしそうろうひとを」（真宗聖典六二八頁）という言葉があります。阿弥陀仏の御もよおしにあずかってもうすのがお念仏だということです。

呼吸のことを考えてみましょう。生まれたときに肺が開いて息を吸う。そこから、吐いて吸って、吐いて吸ってを繰り返す。最後は、その息が止まれば、それが終わりということになる。この呼吸というのは、誰が教えたのか。私がはからってするのは、一部分のことです。早く吸うとか、遅く吸うとかは、はからってできるけれども、しかし本当の息というのは、私が息をしているということに気がつこうと気がつくまいと、息をしているというのが本当の息です。誰に教わったわけでもない。それは自分で早くしたり遅くしたりはできるけれども、息を吸う、この吸った息が血液により体中に回って、酸素が入り、二酸化炭素を出す。こういうしくみは誰が作ったのか。誰も作ったわけではない。誰かがはからって、機械のようにして作ったかというと、そうではない。

そういう息をする体を与えられて、私たちは生まれてきているのです。わがはからいでこの体を持っているわけではありません。私のはからいよりも、もっと大きなはたらきによって、私たちは体をいただいたし、息をするということができるわけです。それでさらに、「わがはからいにてつくる善にもあらざれば、非善という」（真宗聖典六二九頁）と説かれているのです。

私のはからいで作るという善でもない。では何かというと、弥陀の御はからいです。お念仏は弥陀のはたらき、それでこれを他力回向の行という。あるいは、本願力回向の行、このように親鸞聖人は説かれています。この回向という言葉は、めぐらす、向かうということです。それで、阿弥陀仏の本願のはたらきによってふり向けられたというのが本願力回向といいます。

如来が私たちに回向してくださっているのが念仏、南無阿弥陀仏です。親鸞聖人以外、普通の仏教的な考え方では、回向というのは、これこれをしますから救ってください、仏にさせてくださいといって、人間から仏さまのほうへ差し向けるというのが回向ということです。しかし親鸞聖人は、私がはからって仏さまへという回向を、自力回向であるとされました。自力回向ではないお念仏というのは、如来のほうから与えてくださる他力回向のお念仏です。

阿弥陀仏がもとで、私たちはお念仏ができるのです。男も女も、金持ちも貧しい人も、みんな平等です。お念仏の心は、そのことを示しています。阿弥陀仏がもとで、お念仏ができるのだから、誰が称えてもお念仏の値打ちは絶対最高のお念仏なのです。悲しいときにお念仏を称えても、嬉しいときにお念仏を称えても、お念仏の出所は阿弥陀仏ですから、値打ちの違いはありません。これは、如来の御もよおしによる念仏だということによって知らされることです。

逆に私たちは、いつも差別の心を持って生きている。わがまま勝手な心を持っている。そういう如来の心とまったく反対の心で生きているということを知らされることが、大事なことです。

大信海の釈

『教行信証《きょうぎょうしんしょう》』に、

おおよそ大信海を案《あん》ずれば、貴《き》賤《せん》・緇《し》素《そ》を簡《えら》ばず、男女《なんにょ》・老少を謂わず、造罪の多少を問わず、修行の久近《くごん》を論ぜず、行にあらず・善にあらず、頓《とん》にあらず・漸《ぜん》にあらず、定《じょう》にあらず・散《さん》にあらず、正《しょう》観《かん》にあらず・邪観《じゃかん》にあらず、有念《うねん》にあらず・無念にあらず、尋常《じんじょう》にあらず・臨終にあらず、多念にあらず・一念にあらず、ただこれ不可思議・不可説・不可称の信楽《しんぎょう》なり。たとえば阿伽陀薬《あかだやく》のよく一切の毒を滅するがごとし。如来誓願《にょらいせいがん》の薬は、よく智愚《ちぐ》の毒を滅するなり。（「信巻」真宗聖典二三六頁）

という言葉があります。これを「大信海の釈」といいます。四つの不と、「非ず」が十四回繰り返されているので四不十四非といいます。大信海というのは、大きな信心の海ということで、信心の深い内容、広い内容を説かれたものです。阿弥陀仏のお心を、私たちは信心としていただく。そういう内容を持っているのが信心です。そこで真実信心の内容とは何かというと、それはまず「貴賤・緇素を簡ばず」、貴賤というのは身分です。身分が尊い、卑しいということで、差別をしないということです。それから緇素というのは、出家・在家ということを示します。緇というのは、黒いという意味で、素というのは白いということ。白い服は在家の人が、黒い服は出家の人が着ます。つまり緇のほうが僧侶で、素というのは在家の人、出家していない人です。

それから「男女・老少を謂わず」。男だ女だという差別をしない。それから、老人・若者という年齢の差別をしない。それから「造罪の多少を問わず」というのは、造る罪の多い・少ないを問わない。「修行の久近を論ぜず」というのは、修行の時間の長い・短いを論じない。この四つが四不で、不が四つついています。

日常私たちが、仏道修行に関係しなくても、人を分け隔てしてものを見るときの例がここに出ているわけです。今は身分制というのはないはずですけれども、収入の多い少ないとか、勲章をもらった人とか、もらっていない人とか、先祖の家柄とか、なにかやっぱり貴賤ということで分け隔てする根性を、私たちは持っています。男女・老少・善悪、そういうことを問わないのが弥陀の本願のお心である。それを私たちは、信心としていただくのです。

それから今度は、非ず、非ずというのが続いて出てきます。「行に非ず・善に非ず」、ここのところが、まさしく『歎異抄』の第八条の「念仏は行者のために、非行非善なり」と説かれていることと同じです。それから「頓にあらず・漸にあらず」、頓というのは、たちまち。漸というのは、だんだんと。浄土真宗の救いやさとりは、人間が考えるような早いとか遅いとか、そういう話ではないのだということです。つまり、信心を早く獲る、あるいは信心をゆっくり獲るというような話ではない。それから「定にあらず・散にあらず」。精神統一をするというのが定。散というのは、道徳的な実践をしていくということです。そういうようなことでもない。

それから「正観にあらず・邪観にあらず」。正しい師について、正しいお経に依って精神統一をして、静かにものを見つめていくというのが正観。邪観とは、邪師邪教による精神統一です。いずれにせよ、そのような精神統一の話ではないということです。次の「有念にあらず・多念にあらず」もそうです。有念というのは、「助けてください。ナンマンダブ」と気合いを入れることですし、無念というのは何ごとも考えない。何ごとも考えないということも考えないというのが無念です。行者が助けてくださいと、気合いを入れて念仏することでもないし、無念無想で何も考えないということも考えないというようになることでもありません。「尋常にあらず・臨終にあらず」、尋常というのは、常日頃ですし、臨終というのは、死に際です。常日頃、念仏してポイントのように積み上げていくようなものではないし、臨終に念仏を称えれば往生できて、称えなければ地獄行きというような話でもない。

それから「多念にあらず、一念にあらず」。これも、多く称えればいいとか、一回でいいとか、そういう回数の問題ではないのです。

以上、自力のはからいではないのだということが説かれました。

では何なのかというと、「ただこれ不可思議・不可説・不可称の信楽なり」と。思議を否定するのが不可思議です。思いはからうということではないのです。それから不可説。これこれこういうわけだからといって、説明して済むような話ではないのです。それから不可称。ここがいいからといって誉め称えるという部分的な話ではないのです。「ただ、これ不可思議・不可説・不可称の信楽なり」と示されています。

まことの信心のことを、信楽《しんぎょう》といいます。信楽の信は信じる、それから楽とは願うということです。希望とか意欲、心に力が出てくるのが楽です。ご信心というのは、仰せを受けていただくということです。そのいただく内容として、希望・意欲というのが内側から湧いてきます。そういうことから、信心のことを信楽といわれるのです。

「たとえば阿伽陀薬のよく一切の毒を滅するがごとし」とあります。阿伽陀薬は、インド伝説の最高級の薬のことです。これは一切の毒を滅するといわれている想像上の薬なのですが、阿伽陀薬の薬のように一切の毒を滅するのが、まことの信心です。「如来誓願の薬はよく智愚の毒を滅するなり」とあります。智愚の毒というのは、人間が持っているはからいの毒のことです。はからいの毒を滅するというのが、如来誓願の薬です。この如来の誓願のはたらきというのが、お念仏です。ですから、人間のはからいの毒、賢いといっても、あるいは愚かであるといっても、はからいの毒である。そういう毒を滅してくださる。

衆生の一番大きな病気は、無明の心から生じる。では、この病気を起こす心というのは何かというと、自力のはからいです。この自力のはからいを治していくというのが、如来誓願の薬、つまり念仏の信心が病気を治すのです。これは、如来の誓願のはたらきによっていただくのです。

ひとえに他力にして、自力をはなれたるゆえに

『歎異抄』第八条に戻りますと、おわりに「ひとえに他力にして、自力をはなれたるゆえに、行者のためには非行非善なり」とあります。「ひとえに他力にして」というのは、如来誓願のはたらきということです。他力というのは、他人の力ということではありません。自力の他のはたらきです。では自力というのは何かというと、わがはからいが自力です。自分の力というだけの話ではありません、わがはからいというのが自力なのです。そのわがはからいの他の働き、自我の思いの他のはたらき。自我の思いというのは、たくさんあります。気分とか機嫌が悪いとか良いとか、そういう心も、もとは自我のはからいです。自我のはからいの他のはたらきというのが他力です。

自我の思いの他のはたらきということを、一つ例をあげていうと、大谷大学の廣瀬杲《ひろせたかし》先生からお聞きし

ました。先生が、この他力ということについて質問を受けたことがあったのだそうです。「他力ということがわかりません」と質問されたときに、「他力がわかりませんか。自分の胸に手を当ててみてください」とお答えになったというのです。

「胸に手を当ててみてください。これが他力ですよ。わかりましたか?」

「胸に手を当ててみてもわかりません」

と、また聞いたら、

「何か気がついたことはありますか?」

と、また聞いたら、何も答えられなかったのですが、少しして小さな声で、

「心臓がうっています」

といったそうです。それで廣瀬先生が、

「そうです。じゃあ、わかりましたか?」

といわれたら、やっぱり「わかりません」というのです。そこで、

「その心臓を、いつ動かしましたか?」

と廣瀬先生が尋ねられると、また「わかりません」という。母親のお腹の中にいるときから動き始めるのですね。

「心臓を一回止めてみてくださいといわれても、自分の体の中にあるのだけれども、止められない。いつ動かしたのかわからない。自分の思いどおりにもならない。しかし、少しの時も休まず命のもとになって動いているのです。思いの他のはたらきが他力なのです。そういうことは普段の私たちは考えません。普段の生活の中で自分の心臓が動いていると認識する人は、心臓の具合が悪い人でしょう。そういう人は、

すぐに病院に行ったほうがよいでしょう」

と、このようなお話しをされたということを、お聞きしました。

それで、「他力は自我の思いの他のはたらきということです」と、そのように廣瀬先生はいわれたのです。心臓は自分の体の中にあって、自分を生かしているのですけれども、これは早く動かすことも、遅く動かすことも、ちょっと止めてみることもできません。与えられたものです。機嫌がよくても悪くても、ちゃんと働いています。それなのに、そういうことについて感謝の心を持つこともなく暮らしている。当たり前だと思って暮らしている。そういうのが自我のはからい、自我の思いということです。

そのように、自我の思いというのがどれほど事実から外れているか、他力とまったく反対になっているのです。よいことがあると可愛い、悪いことがあると嫌いだとなる。ちょっと悪いことがあると、「こんな世の中なら、いなければよかった」となり、よいことがあると、「こんなよいことなら、もうちょっと」と思ったりするのです。コロコロと変わる。そういうのが自我の思いです。同じ事柄でも自分のエゴによって変わってくるのです。人がクスッと笑ったときに、自分のことを馬鹿だと思っているのだと、腹を立てる人もいれば、私に好意をもっているのだろうと思う人もいるのです。

自我の思いの他のはたらきというのは、まさしく何を示すかというと、如来誓願の薬のことを示すのです。善き人にも悪しき人にも、同じようにはたらいてくださっている。そういうのが他力、如来の誓願なのだということです。

念仏は、阿弥陀仏からいただいたもの。こちらで何も付け加える必要がないお念仏というように説かれている。こういう話を聞いて誰が喜ぶかというと、何の取り柄もない自分だという人こそ本当に喜ぶのでしょう。少しは取り柄があるという人は、念仏に自力を混ぜるから、感謝の心は浅いのです。私が善いから念仏しているのだと思うというのが、自力のはからいです。

私が善いから、お念仏している。あの人は、お念仏していないから駄目だという。そのようなことでは、せっかくお念仏をしても、阿弥陀仏のお心の邪魔をすることになります。お念仏が流行らないのは、ここに一つ理由があるかもしれません。お念仏している人が邪魔をしているのかもしれません。善き人も悪しき人も一切差別をしないのがお念仏だということを思い出して、そのことを噛みしめてお念仏するというのが、親鸞聖人が勧めてくださっているお念仏です。

お念仏は、非行・非善です。行にあらず、善にあらずということで、自分の思いはからいで行うのではないし、自分の思いはからいで為す善ではない。自分よりも大きなはたらきによって生きているのだというとことです。それで、非行・非善。これはつまり自我の思いによる行でもないし、自我の思いによる善でもないのだということ、ひとえに如来誓願のはたらきなのだということです。こういうことに気がつくのが仏教の本意なのでしょう。

人間のはからいを超えた真実の功徳

たとえば、禅宗のほうで有名な話があります。インドから中国に禅を伝えてくださったのは達磨《だるま》大師です。この達磨大師が、中国に来られたというので、梁の武帝が非常に喜んで、ご招待して、質問をしたというのです。

「大師は、禅をわが中国に伝えてくださいましたが、私は仏教を尊び、多くの善いことを行ってきました。これによって、どういう功徳がありますか」

と聞いたそうです。そうしたら達磨大師は、「無功徳」と答えたのです。功徳というのは、すぐれたはたらきということです。すぐれたはたらきは何もありませんというのが無功徳です。何か良いことがあるから坐禅を組んでいるのではないですかと聞かれたとき、達磨大師は、「無功徳。良いことなど、何もありません」と答えたのです。それで武帝は驚いて、

「何をいわれるのですか。功徳が何もなければ、行うわけがないじゃないですか」

といったら、達磨大師は、

「まったく、ここに話のわかる人は誰もいない」

といって、さっさと帰っていったのだそうです。

この無功徳と同じことを、「非行・非善」は示しています。何か良いことがあるだろうと思って坐禅をするというのには、取り引きの気持ちが混ざります。見返りを期待して坐禅を組むのは大間違いなのです。だからこそ、ただ坐るということが大切だといわれるのでしょう。

このように、禅のほうでも無功徳、それから念仏のほうでは非行・非善と説かれるのです。人間が思いはからいで考える功徳ではない。真実の功徳は、人間の思いはからいで行だとか善だとかいっているものとは違う。

真実の行、真実の善、真実の功徳とは、打算や取り引きではないものです。たとえ首を切られるような目にあっても、お念仏をしていくのだと。たとい死刑になっても「このこといわずんば、あるべからず」

というお念仏です。法然上人は、弟子たちが首を切られて、自分も流罪になる中で、それでもお念仏をやめなかった。専修念仏を説いたせいで、ひどい弾圧をされることになった。ですから、検非違使《けびいし》がいる前では、お念仏のことを説かれないほうがいいですと、あるお弟子がいったのに、法然上人は、私はお念仏を称えるために生まれてきたのだ。だから、たとえ死罪になっても、私はただ念仏をもうすといわれたのです。そして、法然上人は、お念仏しながら流罪に処せられたのです。

そういう法然上人の姿を直に見ている親鸞聖人です。ですから、「いかなる災難があっても、お念仏をしていきます。よいことがあっても悪いことがあってもお念仏をもうす」といわれるのです。そのお念仏は、如来のはからいによって、させていただくのですから、自分がやめようと思っても、やめろといわれても、やめられない。そういうお念仏をさせていただいているのです。呼吸と同じです。お念仏によって、また呼吸の尊さということも知らせていただけるのでしょう。

先日、義理の伯母が亡くなりました。明治二十八年の生まれで、百四歳で亡くなりました。その伯母は、とにかくお念仏の人でした。「ナンマンダー、ナンマンダー」と、お念仏を称える人でした。その伯母の親も念仏者でしたし、連れ合いの伯父も念仏者でした。「ナンマンダー、ナンマンダー」と、あんまりお念仏を称えるものですから、曾孫が、「婆ちゃん、どうしてナンマンダー、ナンマンダーっていうの」と聞いたのだそうです。そうしたら、「お礼の気持ちだよ」といっていた。それを、このあいだ、お葬式のときに聞きました。本当に、親鸞聖人のお念仏をちゃんといただき、伝えられた人だなと思いました。

浄土真宗のお念仏は、報恩の念仏です。『正信偈《しょうしんげ》』の中に、「唯能常称如来号、応報大悲弘誓恩」（真宗聖典二〇五頁）という言葉があります。龍樹《りゅうじゅ》菩薩のところです。「ただよく、常に如来の号を称して」というのは、南無阿弥陀仏と称えることです。「大悲弘誓の恩を報ずべし」とは、阿弥陀仏の大悲の誓願のご恩を報ずるということです。報恩の念仏が、親鸞聖人がお勧めくださっているお念仏です。助けてくださいといってするお念仏ではないのです。

「助けてくださいナンマンダブ」は、もう卒業してしまっている。現在に救いをいただいており、命終のとき仏になることに決まっているのだということです。ですから、必ず救うという証しがある。そのことに御礼の心からお念仏を称えます。「助けてくださいナンマンダブ」というのではない。それからまた、「どうせ私は駄目なんだ」といって、愚痴の気持ちでお念仏するものでもない。それを報恩の念仏というのです。

「お礼の念仏だよ」というのを聞いて、この報恩の念仏を思い出したわけです。「助けていただいて、ありがとうございます」というお念仏だということになるのですが、だからといって、おめでたくいつもご機嫌にお念仏というわけにいかないのが人間です。その伯母は、農家に嫁ぎ、三十代の前半で連れ合いを亡くして、子どもを育てながらずっと暮らしてきたわけです。

豊かでもありません。そういう中で、必死の思いで子どもを育てて、成人させて、それで曾孫まで見ることができるようになったわけです。けれども、やはり日常生活の中では、嘆き、悲しみ、あるいは煩いに悩み、そういうものが数限りなくあったと思います。そういう中で、こういう自分を助けてくださるために阿弥陀仏のご本願があったのだと感じていた。暗い気持ちでいるところにも、お念仏がはたらいていてくださるのだということを、つくづくと思い返してのお念仏だと思うのです。

「ひいおじいちゃんは、どういう人でしたか」

と、曾孫が聞いたら、「良い人だったよ」といったのだそうです。その連れ合いの人も、『往生要集《おうじょうようしゅう》』を書写したりしていた。農家の人なのですが、『往生要集』を読んだりしていた。冬は、雪が積もるのは、教えを聞けるいい機会だ。外に出歩くことができないのだから、家で教えを聞こうじゃないか」といって、普通の服の上に衣を着て、『正信偈』『御文《おふみ》』『歎異抄』といただいていた人なのです。どれほど寂しく、どれほど辛い思いで、一人ぼっちだなと思うときがあっても、阿弥陀仏はその孤独の海にすべてをかけて、身を捨てて衆生を救う誓いを立ててくださったのだということを思って、私のために苦労してくださったと感じての、お礼のお念仏だったのだということを思うわけです。

報恩感謝の念仏

『歎異抄』の終わりに、

聖人のつねのおおせには、「弥陀《みだ》の五劫思惟《ごこうしゆい》の願《がん》をよくよく案ずれば、ひとえに親鸞一人《しんらんいちにん》がためなりけり。されば、そくばくの業《ごう》をもちける身にてありけるを、たすけんとおぼしめしたちける本願のかたじけなさよ」と御述懐《ごじゅっかい》そうらいし

（真宗聖典六四〇頁）

とあります。親鸞聖人の常の仰せですから、いつも普段からこのことをいっておられたということです。人に向けてではなくて、独り言のようにしていっておられた。弥陀の五劫思惟の願、阿弥陀仏のご苦労を、よくよく案じてみれば、ただひとえに親鸞一人のためだったのだといわれるのです。どういう親鸞一人かというと、「そくばくの業をもちける身」という親鸞です。この親鸞を助けようと思い立ってくださ

ったのが、阿弥陀仏のご本願だったと、常にいっておられたのです。「そくばくの業」という、数知れない迷いの業を、繰り返し繰り返し行ってきている自分をこそ助けようと思い立ってくださった。それはまさに、自分に向けられた本願だったのだということを、「親鸞一人がためなりけり」といわれたのです。「ためなりけり」というのは、感動の言葉です。

こういうお念仏が、親鸞聖人のお勧めくださったお念仏です。私たちも、そういうお念仏をさせていただくのです。打算や取り引きというのではない、感応道交《かんのうどうこう》のお念仏だと思います。感ずるのは私、応ずるのは阿弥陀仏。如来の本願のお心と、私の心とが道交する。行き来する、交流する。感応道交のお念仏が、報恩ということだと思います。辛いな、悲しいなという心から、自分を助けようというのが、ご本願だったと感じるところに、現にご本願ははたらいてくださっていることが感じられる。それが、南無阿弥陀仏です。南無阿弥陀仏という声をとおして、感応道交ということが起こるのが、お念仏です。

報恩の念仏は、いくら称えたからご恩返しできたということではありません。いくら称えても称えてもいいのだし、実はそのご恩を嚙みしめるということが大事なことだと思います。そういう意味で、非行・非善の念仏という。火にも焼けないし、古くもならない。現に、思ったときに常にはたらいていてくださったのだなと感じられるお念仏です。こういう非行・非善のお念仏を、私たちはいただいて、お念仏の生活をするのです。親鸞聖人は、いつでもどこでも誰でもできるお念仏が、非行・非善のお念仏だと説いてくださったわけです。

* *

なにごとかを修行すれば、善い結果があるに違いないと人びとは考えがちです。ですから、修行も善いことをするのも、よい結果を期待する下心があります。しかし、念仏は、もともと修行者にとって行でも善でもありません。ただ、ひとえに他力、すなわち阿弥陀仏の本願のはたらきであり、私たちの自力、つまり、手前勝手な我執に基づくはからいを離れているのです。ゆえに、念仏は誰においても平等なのです。

第九条

一　「念仏もうしそうらえども、踊躍歓喜《ゆやくかんぎ》のこころおろそかにそうろうこと、またいそぎ浄土《じょうど》へまいりたきこころのそうらわぬは、いかにとそうろうべきことにてそうろうやらん」と、もうしいれてそうらいしかば、「親鸞《しんらん》もこの不審《ふしん》ありつるに、唯円房《ゆいえんぼう》おなじこころにてありけり。よくよく案じみれば、天におどり地におどるほどによろこぶべきことを、よろこばぬにて、いよいよ往生は一定とおもいたまうべきなり。よろこぶべきこころをおさえて、よろこばせざるは、煩悩《ぼんのう》の所為《しょい》なり。しかるに仏かねてしろしめして、煩悩具足《ぼんのうぐそく》の凡夫《ぼんぶ》とおおせられたることなれば、他力の悲願は、かくのごときのわれらがためなりけりとしられて、いよいよたのもしくおぼゆるなり。また浄土《じょうど》へいそぎまいりたきこころのなくて、いささか所労《しょろう》のこともあれば、死なんずるやらんとこころぼそくおぼゆることも、煩悩《ぼんのう》の所為《しょい》なり。久遠劫《くおんごう》よりいままで流転《るてん》せる苦悩の旧里《きゅうり》はすてがたく、いまだうまれざる安養の浄土《じょうど》はこいしからずそうろうこと、まことに、よくよく煩悩《ぼんのう》の興盛《こうじょう》にそうろうにこそ。なごりおしくおもえども、娑婆《しゃば》の縁《えん》つきて、ちからなくしておわるときに、かの土《ど》へはまいるべきなり。いそぎまいりたきこころなきものを、ことにあわれみたまうなり。これにつけてこそ、いよいよ大悲大願はたのもしく、往生は決定《けつじょう》と存じそうらえ。踊躍歓喜《ゆやくかんぎ》のこころもあり、いそぎ浄土《じょうど》へもまいりたくそうらわんには、煩悩《ぼんのう》のなきやらんと、あやしくそうらいなまし」と云々　（真宗聖典六二九〜六三〇頁）

念仏もうしそうらえども

第九条は、お念仏もうすということから問題が出される条です。ここに出ているような親鸞聖人のお言葉は、『歎異抄』のおかげで私たちが身近に接することができる言葉です。親鸞聖人とはこういう人だったのかということや、このように若者をお育てくださったのかということが窺えると思います。

最初に、

「念仏もうしそうらえども、踊躍歓喜《ゆやくかんぎ》のこころおろそかにそうろうこと、またいそぎ浄土《じょうど》へまいりたきこころのそうらわぬは、いかにとそうろうべきことにてそうろうやらんと、もうしいれてそうらいしかば、
（真宗聖典六二九頁）

とありますが、誰がもうしいれたのか、ここではまだすぐにはわかりません。続けて読んでいくと「親鸞もこの不審ありつるに、唯円房おなじこころにてありけり」とありますから、「念仏もうしそうらえども」という言葉は、唯円という人の言葉だとわかるわけです。それで、唯円の質問に対して、親鸞聖人が答えられた言葉が、「親鸞もこの不審ありつるに、唯円房おなじこころにてありけり」、それからその後「よくよく案じみれば」からずっと最後の「あやしくそうらいなまし」まで、ここまでが親鸞聖人の答えの言葉です。

冒頭の質問ですが、これは大変な質問だと思います。念仏しても踊躍歓喜の心がおろそかである。また急ぎ浄土へ参りたい心がありません。これはいったいどうしたらいいのでしょうかという質問です。誰に向かって聞いているのか、びっくりするような質問です。またその答えがすごいのです。こんな質問をさ

れて、怒られるのかと思ったら、親鸞聖人は「親鸞もこの不審ありつるに」と、自分にもこの疑問がずっとあった。さらに、「唯円房、同じこころにてありけり」と、唯円も同じ気持ちだったのだなあと答えておられます。

質問をしたのは唯円、そして問いに答えておられるのは親鸞聖人です。親鸞聖人と唯円は、年齢差が五十歳くらいあったようです。親鸞聖人は、九十歳で亡くなっています。そのときに唯円はまだ四十歳前後です。親鸞聖人が亡くなられてから、二十年、三十年のあいだに、親鸞聖人の弟子たちがどんどん亡くなっていく。最後の生き残りのようになった人が、唯円だったのです。親鸞聖人の直弟子の生き残り。それで、親鸞聖人の教えを直接受けたものとして、親鸞聖人はこういう人だったということを残そうとされた。いろいろと間違った信心が説かれるようになってしまった現状を歎いて、それで『歎異抄』は書かれたのです。「先師の口伝の真信に異なることを歎き、後学相続の疑惑あることを思う」というところから、親鸞聖人が直に説かれた真の信心を明らかにするというのが、『歎異抄』が著された意図なのです。

この質問をしたとき、唯円は、親鸞聖人という人がお念仏の教えを勧めた人だということは、十分にわかっていたはずです。それは「ただ念仏」ということ。

『歎異抄』第二条には、「親鸞《しんらん》におきては、ただ念仏して、弥陀《みだ》にたすけられまいらすべしと、よきひとのおおせをかぶりて、信ずるほかに別の子細《しさい》なきなり」（真宗聖典六二七頁）と説かれています。「よきひと」とは、法然上人です。その後に、

念仏は、まことに浄土《じょうど》にうまるるたねにてやはんべるらん、また、地獄《じごく》におつべき業《ごう》にてやはんべるらん。総《そう》じてもって存知せざるなり。たとい、法然聖人《ほうねんしょうにん》にすかされまいらせて、念仏して地獄《じごく》におち

たりとも、さらに後悔《こうかい》すべからずそうろう。

（真宗聖典六二七頁）

とあります。こういうことを親鸞聖人は、関東の人びとにも話しておられた。念仏して地獄に堕ちたとしても、私は後悔しません。念仏したせいで殺されても、後悔はしません。念仏してどんなひどい目に遭っても、後悔しません。こういうことを説かれたとき、法然上人の念仏の弾圧の中で、首を切られた人びとのことを思い出しておられたのだろうと思います。流罪になった法然上人のことも思い出しておられたと思います。流罪になっても、お念仏を称え続けられた法然上人の姿を、親鸞聖人は記憶しておられて、関東の人びとに対しても、繰り返し話しておられたに違いないのです。

さらに『歎異抄』第三条には、

煩悩具足《ぼんのうぐそく》のわれらは、いずれの行《ぎょう》にても、生死《しょうじ》をはなるることあるべからざるをあわれみたまいて、願《がん》をおこしたまう本意《ほんい》、悪人成仏《あくにんじょうぶつ》のためなれば、他力をたのみたてまつる悪人、もっとも往生の正因《しょういん》なり。

（真宗聖典六二七～六二八頁）

と説かれています。悪人の救いのために、阿弥陀仏は本願をおこしてくださった。その本願を示すのが南無阿弥陀仏です。他力をたのみたてまつるとは、具体的に、南無阿弥陀仏と念仏もうすことです。ですから、煩悩具足の一人として、お念仏もうすということが、はっきり説かれています。

さらに『歎異抄』第四条には、「念仏もうすのみぞ、すえとおりたる大慈悲心にてそうろうべき」（真宗聖典六二八頁）という言葉があります。念仏もうすということが、真に徹底した大慈悲心である。この大慈悲心のお念仏をもうすと、お念仏を尊んで教えてくださったと思います。

念仏は、阿弥陀仏のご催促です。阿弥陀仏がはたらいて、念仏もうす。

それで、お念仏をもうす心根というのは何かというと、それは「信心歓喜乃至一念」です。「信心歓喜乃至一念」というのは、お念仏もうす信心。まことの信心、真実信心です。それからまた、「歓喜踊躍乃至一念」という言葉が『無量寿経《むりょうじゅきょう》』にあります。

『無量寿経』下巻の十八願成就文《じょうじゅもん》に、

あらゆる衆生、その名号《みょうごう》を聞きて、信心歓喜《しんじんかんぎ》せんこと、乃至《ないし》一念《いちねん》せん。

（真宗聖典四四頁）

とあります。

それから、『無量寿経』の終わりに、

それ、かの仏の名号を聞くことを得て、歓喜踊躍《かんぎゆやく》して乃至《ないし》一念することあらん。当《まさ》に知るべし、この人は大利《だいり》を得《う》とす。すなわちこれ無上の功徳《くどく》を具足するなり。

（真宗聖典八六頁）

とあります。南無阿弥陀仏の名号を聞いて、喜んでお念仏する人は大利を得ると説かれています。大利を得るとは、無上の功徳を具足することです。無上功徳というのは、まことのさとりです。さとりの徳を今、生きているこの身にいただくというのが、お念仏をすることの利益であると、お経に説かれているのです。

お念仏の教えを聞いて喜ぶ。喜ぶというのは、どうして喜ぶのかというと、私が一人ぼっちではない。私は悩み苦しんでいるものだけれども、力のないものだけれども、この私を必ず助けとろうと阿弥陀仏は思い立ってくださった。その願いが私にかけられているということを聞き、そして「ああそうだったのだなあ」と受け止めることが、喜びになってくるわけです。今までは、私の悲しみは誰も知らないだろうと思っていた。ところが、そうではなかった。私のつらさ、人にいえない悲しさ。そういうものを全部知っていて、阿弥陀仏は念仏往生の本願を立てられた。どれほど力がなくても、どれほど悲しくても、それでも私は私としての居場所があるということに気がついた。阿弥陀仏の本願において、親鸞聖人も私の苦悩をまたきちんとわかっていてくださった。そういうことを聞くことによって、喜びが湧き起こってくるのです。そのような喜びを得るというのが、信心なのです。だからこそ、「信心歓喜乃至一念」と説かれ「歓喜踊躍乃至一念」と説かれるのです。喜びの心とともに念仏もうすということです。喜びの心からお念仏が出てくるのです。また、お念仏もうすことによって、喜びの心が湧いてくるのだというのが、親鸞聖人が教えてくださっていることです。

親鸞もこの不審ありつるに

親鸞聖人からそういう教えを聞いていたからこそ出てきた質問が、唯円の質問です。「念仏もうしそうらえども、踊躍歓喜のこころおろそかにそうろう」と。念仏しているけれども、踊躍歓喜の心があったりなかったりだというのです。「踊躍歓喜」の踊躍というのは、踊り上がるということ、天に踊るというのが「踊」で、地に踊るというのが「躍」です。さらに「歓喜」というのは、身を喜ばすというのが「歓」で、心を喜ばせるというのが「喜」です。ですから、「踊躍歓喜」というのは、踊りあがるほどの身と心の喜びということになります。小さい子どもだと、嬉しいときに、「わーい、わーい」と、ぴょんぴょん飛び跳ねて喜びます。こういうのを、踊躍歓喜というのです。

次に、「またいそぎ浄土へまいりたきこころのそうらわぬは、いかにとそうろうべきことにてそうろうやらん」といわれています。これは「早くお浄土へ往生したいという気持ちもありません」ということです。「いかにとそうろうべきことにてそうろうやらん」とは、「いったいどうしたらいいのでしょうか」、つまり踊躍歓喜してお念仏するのだ。喜びのお念仏なのだというように教えていただいたそのお念仏をいただいて、自分も喜べるようになるということが救いである。そう思ってはいるのですが、自分は現に喜べない。喜べなければ、救いはないのか。これから迷い続けていかなければいけないのか。自分は往生できないのか。一生虚しく過ごすだけなのか。

「いったいどうしたらいいのでしょうか」と、切実な気持ちで質問されたのだろうと思います。これに対してのお答えが、「親鸞もこの不審ありつるに、唯円房おなじこころにてありけり」といわれています。「親鸞もこの疑問がずっとあったのだけれども、唯円房もおなじこころでいたんだなあ」、そのように親鸞聖人がお答えになったのです。「おなじこころにてありけり」というのは、同じ心であったのだなあということです。「けり」というのは、文法でいうと、過去・詠嘆の助動詞で、詠嘆の気持ちがこめられているのです。ですから、「唯円房よ、同じ心であったのだなあ」というように、感動の言葉です。これは大変に驚くべき言葉だと思います。

「念仏しても喜ぶ心がおろそかですし、お浄土に行きたくもありません。どうでしょうか」という質問に、「俺もそうだ」と、そんな答えを聞いたら、びっくりするでしょう。唯円も驚いたことでしょう。

親鸞聖人は、念仏弾圧のせいで仲間の首をはねられて、自身は越後に流されて、流罪が解けてからも京都に戻らないで、念仏の教えを伝えていくのが自分の仕事だと、法然上人の遺言をちゃんと身に受けて、関東に来て、命がけで、命を狙われながらも、お念仏を教えてきた人です。その人が「俺もそうだ」とは、何事ですかと、わめくような人がいてもおかしくはありません。

しかし親鸞聖人は、現に「唯円房おなじこころにてありけり」と答えられたのです。親鸞聖人がこういうことをいわれるのは、年の若い、できの悪い弟子の唯円のために、自分もそのようなふりをして相手になってあげたのではないかという意見の人もいます。

ここが、実は難しいところです。できの悪い人を教えるのに「ああ、先生もわからないなあ」というやり方です。先生はちゃんと答案集を持っているのですが、それなのに「どうかなあ」とやるようなやり方を啓蒙というのです。愚か者に知恵を開かせる。こういう態度で親鸞聖人は答えられたのか、あるいは本音なのか。ここのところで親鸞聖人に対する見方というのが大きく分かれるのです。

啓蒙家の親鸞聖人と捉えれば、ご本人にはそういう問題は全然ない。すべてわかっている。お念仏すれば、いつでも喜べる。そういう喜びの中でお念仏している人ということになります。それがたまたま、できの悪い教え子がいたせいで、「先生も、じゃあ一緒になって考えよう」と答えられたということです。そう考えると、偉い、尊い、立派な親鸞聖人という理解になります。そういう意見を、今も主張されている人がおられます。そういう見方もあるというのを、一言ご紹介しておきますけれども、私としては、これは親鸞聖人が本音でいっておられるものと思います。

「親鸞もこの不審ありつるに」と、これは自分自身でも問題だということが「この不審」という言葉でわかります。「唯円房おなじこころにてありけり」と、親鸞聖人もそのように喜べないことがあったのだと、正直に告白しておられるところだと、私は思うわけです。

よくよく案じみれば

どうしてかというと、その後のほうに、「よくよく案じみれば」とあって、自分の胸に手を当ててよくよく案じてみればといわれています。自分に問題がなかったら、自分の胸に手を当てて、案じてみる必要はないわけです。癇癪《かんしゃく》を起こして、「たわけ」とか、「馬鹿者」といえばいいわけです。

そうではなくて、自分自身のこととしてよくよく案じてみればといわれているのです。ですからこれは、親鸞聖人が繰り返し繰り返し自分の問題として味わってこられた問題だと思うのです。そういう点で、親鸞聖人は本音でいわれたのだと思います。その本音が唯円の心に響いた。ですから、唯円が親鸞聖人のことを思い出すときに必ずこのことが浮かんできたと思います。親鸞聖人が亡くなった後も、こういうことがあったと、出遇いの言葉として思い出すのだと思います。

唯円は、この質問をするとき、怒られるかもしれない、叱られるかもしれないと思っていたに違いないのです。でも、お聞きせずにはいられないという切実な思いで質問したのです。ところが、こういう答えがあって、唯円は大変驚いたと思います。「親鸞さまもそうだったのか」と。また、「こういうことをおっしゃるかたこそが親鸞聖人だ」と感じたのだろうと思います。人に遇うというのは、やっぱりただ顔かたちを見るということだけではなくて、本音が出遇うということです。「唯円房おなじこころにてありけり」という言葉を聞いて、びっくりしたのだと思います。追い出されるかと思ったら、そうではない。追い出されないで、そこなんだ、そこが大事なところなのだ。「よくよく案じみれば」と、ご自身のことをいい出してこられる。そのように親鸞聖人がご自身のことを打ち出していわれることが、唯円の信心獲得《ぎゃくとく》になってくるわけです。こういうことを「自信教人信」といいます。

「自信教人信」とは、善導大師《ぜんどう》のお言葉です。「みづから信じ人を教へて信ぜしむること、難きがなかにうたたさらに難し」(『往生礼讃』初夜偈、真聖全一、六六一頁)と説かれています。そのきわめて困難なことができるのは、如来大悲のおかげなのです。「自信教人信」というのは、如来大悲のはたらきによってさせていただけるのです。「自信教人信」とは、自分が信じ、人に信じさせるということですが、これは自信のままが人を教えることになる。自信というのは、自分自身を明らかに信ずるということです。そのことがそのまま人に教えることになる。これが自信教人信の中身なのです。自信教人信の中身が、こういうところによく出ていると思います。親鸞聖人は、お念仏もうすべしということをひたすら説き続けて、命がけでお念仏を勧めてくださった人です。また、浄土に生まれると願う、願生浄土の生き方をお勧めになったかたです。天親菩薩《てんじん》の『浄土論《じょうどろん》』の一番最初に、

世尊我一心　帰命尽十方　無碍光如来　願生安楽国

(世尊《せそん》、我《われ》一心に、尽十方無碍光如来《じんじっぽうむげこうにょらい》に帰命《きみょう》して、安楽国に生まれんと願ず)

(真宗聖典一三五頁)

また、善導大師のお言葉が、

願以此功徳　平等施一切　同発菩提心　往生安楽国

(願わくは、この功徳《くどく》をもって、平等に一切《いっさい》に施《ほどこ》して、同じく菩提心《ぼだいしん》を発《おこ》して、安楽国《あんらくこく》に往生《おうじょう》せん)

(「帰三宝偈」真宗聖典一四七～一四八頁)

とあります。このように、極楽浄土に生まれたいと願う心が、お念仏もうすその一番もとの気持ちです。親鸞聖人も願生浄土、あるいは願生安楽国、往生安楽国の生き方を、お勧めになっておられたのです。そ

ういう親鸞聖人に対して、「お浄土に参りたい心がございません」ということをいうのは大変なことです。

念仏していても喜べないし、お浄土に往きたいという気持ちがないということが、唯円の中では、大きな悩みになっていたのだと思います。私たちも、こういう質問というか、疑問が出てくることがあると思います。こういう疑問が湧いてくるときに、私たちはどうしているかというと、こういう心が起こってきてはいけない。やっぱり気合いを入れて、もう一回お念仏に立ち返るんだ。あるいは、やっぱり願生浄土だと、ここに奮い立たなければいけないというように自分を押さえつけて、あるいは自分を奮起させて、それで気合いを入れてお念仏するというようなことが、私たちの態度ではないかと思います。そういうことを、唯円もやっていたかもしれません。しかし、やはりどうしてもそうならない。一体どうしたらいいのかと、思い切って質問されたのです。私たちにしてみると、お念仏しても踊躍歓喜の心が疎かであるということや、また早くお浄土へ参りたいという心がないという問題を、このように率直に親鸞聖人に打ち明けてくださった人がいるということは、大変にありがたいことだと思うのです。よくぞ聞いてくださったなあと感じるのです。

よろこばぬにて、いよいよ往生は一定

それに対して、親鸞聖人の答えが、「親鸞もこの不審ありつるに、唯円房おなじこころにてありけり」だったのです。「親鸞もこの疑問があったのだけれども、唯円房も同じ心だったんだなあ」と答えられた。どんなに叱られるかと思って、ビクビクしながら質問をしたのに、「私もまったく同じ疑問を持っている」

といわれたのですから、驚かないはずがない。そして続いて、

よくよく案じみれば、天におどりにおどるほどによろこぶべきことを、よろこばぬにて、いよいよ往生は一定とおもいたまうべきなり。（真宗聖典六二九頁）

こういわれたのです。「唯円房おなじこころにてありけり」というところから、「よくよく案じみれば」というところは、間があったと思います。実際に話し合っているときに、そこのところで間というか、沈黙があったのではないかと思います。「よくよく案じみれば」というのは、事実をしっかりと確かめるということです。つまり質問の内容、お念仏しても踊躍歓喜の心が疎かであるということ。また、急ぎお浄土へ参りたいという心がないということ。この事実をよくよく考えてみれば、「天におどり地におどるほどによろこぶべきことを、よろこばぬにて、いよいよ往生は一定とおもいたまうべきなり」といわれるのです。喜べ喜べといわれているのに喜べない。そうしたら、喜べないというのは悪いことじゃないですか、普通はそう感じる。それなのに、喜べないということがあるから、ますます往生は一定なんだと、そういうことをいわれるのです。これは大変な言葉です。

天におどり地におどるほどによろこぶべきことを喜ばないということにおいて、いよいよ往生は必ず定まっているのだと思うとよろしいといわれるのです。そして、その理由を示して、「よろこぶべきこころをおさえて、よろこばせざるは、煩悩の所為なり」といわれます。よろこぶべきこころを抑えて、喜ばせないようにしているのは煩悩のせいであるといわれるのです。親鸞聖人は、

凡夫《ぼんぶ》というは、無明煩悩《むみょうぼんのう》われらがみにみちみちて、欲《よく》もおおく、いかり、はらだち、そねみ、ねたむこころおおく、ひまなくして臨終《りんじゅう》の一念にいたるまでとどまらず、きえず、たえずと、

（『一念多念文意』真宗聖典五四五頁）

と説かれています。煩悩を、「いかり、はらだち、そねみ、ねたむこころ」と説明しておられます。親鸞聖人というかたは、その煩悩に真向かいになった人です。自分がどれほどの煩悩の者であるかということに直面した人です。そういう体験の中からいい出された言葉だと思います。「よろこぶべきこころをおさえて、よろこばせざるは煩悩の所為なり」と。よろこべないのは「それはあなたがバカだからだ」というような話ではないのだということです。

あの人のせいだとか、この人のせいだとか、世の中が悪いとか、そういうような話とは違うのだ。それは煩悩のせいだ。煩悩はどこにあるのか。今ここに私としてはたらいているすべてが煩悩だ。喜ぶべき心を抑えて喜ばせないのは、煩悩の所為である。

私には煩悩はないのですけれども、お念仏しても喜べない。こういう話はない。お念仏して喜べない、お浄土に往きたいという気持ちがない。それはなぜか、煩悩があるからです。

これは、私たちが考える信心、あるいは信仰というものについての固定観念が、ひっくり返されるところです。私たちは、どういうわけか、神信心、仏信心をすれば、喜べるようになるという考え方を持っています。神や仏のことを信じれば、穏やかな優しい人になるとか、病気が治るとか、喜びをもって生きられるようになるに違いないと、そういう固定観念があるのです。だからこそ、「あの人は、あんなにお寺参りしたのに、あんな病気になった」というような言葉が出てきたりするのです。

しかし、人間が本当に喜ぶべきことということは何でしょう。交差点で百円拾ったことが嬉しいとか、いろいろと嬉しいことはあるだろうけれど、嬉しいことということは、だいたいがすぐに色褪せてしまいます。

百円拾った喜びは、すぐに千円拾う喜びに負けてしまいますね。百円が千円になればいいな。千円が、一万円が、十万円、一千万円、一億円、百億円というように、欲望には限りがないのです。だから、私たちの嬉しいとか喜びというのは、あさましいものです。この世で一番楽しかったのは何ですか、なかなかいえない話ですけれども、隣の家が丸焼けになったときが一番楽しかった、というような根性を持っているのが人間です。

ですから、この世の喜びというのは、本当の喜びは一つもないのです。「南無阿弥陀仏」をもうさせていただく、それだけが本当の喜びです。この世の相対的な価値に振り回されないで、大般涅槃《だいはつねはん》のさとりを求めて生きていく。そのさとりに向かっていく人生をいただくということが喜びです。こういうことをきちんと聞くことによって、今までのように目先の欲望で生きていたのは大間違いだったと、その間違いが知らされて、本当の喜びが出てきて当然なのです。

それなのに、そういう喜ぶべきことというのがあるのに、この世の喜びと違う、本当のまことの喜びがあるのに、その喜ぶべきことを喜ばないようにさせている。そういう心のはたらきが、しぶとく、根強く、自分の中にあるというのが、この「よろこぶべきこころをおさえて、よろこばせざるは、煩悩の所為なり」というお言葉の持っている意味なのです。このことに親鸞聖人は、直面をしておられるのです。この煩悩のしわざというのが、どれほどしつこく根深く強くあることか。ご自身の煩悩に直面しておられる言葉に違いありません。人の話ではなく、自分自身についての話です。煩悩を、駄目なものだから除けばいいといって、除こうとしても除こうとしても除けない煩悩があるということに直面されたのが親鸞聖人です。「よろこぶべきこころをおさえて」ということは、つまり、喜ぶべきことは何かということもわかっているということです。喜ぶべきことは、お念仏をいただいたということ、弥陀の本願の教えをいただいたということ。法然上人に出遇って、一生を尽くして後悔がない出遇いをたまわった。これが本当に喜びであり、喜ぶべきことなのです。それなのに、それを喜べない自分がいる。昔の感激は、すぐに色褪せる。色褪せさせるものが、自分の中にある。この自分をいったいどうしたらいいのかという問題に、本当に直面してくださったのが親鸞聖人です。

他力の悲願は、かくのごときのわれらがため

しかるに仏かねてしろしめして、煩悩具足《ぼんのうぐそく》の凡夫《ぼんぶ》とおおせられたることなれば、他力の悲願は、かくのごときのわれらがためなりけりとしられて、いよいよたのもしくおぼゆるなり。

（真宗聖典六二九頁）

私たちは、煩悩に左右されて生きている。喜ぶべき心を抑えて喜ばせないはたらきに左右されて、生きている。そのような私たちである。この私たちの在り方を、「仏かねてしろしめして」といわれるように、仏がかねてご存知であった、知っておられたといわれるのです。何を知っておられたのかというと、それは私たちの煩悩の事実です。煩悩に左右されて生きているこの私の事実を、すでに知っておられる。私のありよう、生きている私のありのままの事実を、すでにご存知である。それが「煩悩具足の凡夫」という言葉です。

『教行信証《きょうぎょうしんしょう》』「信巻《しんのまき》」に、阿闍世王《あじゃせおう》の物語が出てきます。阿闍世王というのは、お父さんの頻婆娑羅《びんばしゃら》

王《おう》を、友人の提婆達多《だいばだった》にそそのかされて殺してしまいました。それで阿闍世は王さまになったのですけれども、お父さんのお葬式を見て後悔の心を懐いた。そして、その後悔の心が熱を持って、その熱が体中にまわって、そして体中にできものができた。それで、「どれほど手当てをしても、私は助からない。この病は体から出たのではなくて、心から生じた病だ。誰も助けるものはいない」と感じて、絶望の淵に立たされてしまったのです。そのような阿闍世の苦悩の姿というのを、釈尊はご覧になって、「阿闍世王のために涅槃に入らず」という言葉をいわれたのです。

　また言《のたま》わく、善男子《ぜんなんし》、我《わ》が言《い》うところのごとし、阿闍世王《あじゃせおう》の「為《ため》」に涅槃《ねはん》に入らず。かくのごときの密義《みつぎ》、汝未《なんじいま》だ解《げ》することあたわず。何をもってのゆえに、我《われ》、「為《い》」と言うは一切凡夫《いっさいぼんぶ》、「阿闍世《あじゅせ》」は普《あまね》くおよび一切、五逆を造る者なり。また「為」は、すなわちこれ一切有為《うい》の衆生《しゅじょう》なり。我《われ》ついに無《む》為《い》の衆生《しゅじょう》のためにして世に住せず。何をもってのゆえに。それ無為《むい》は衆生《しゅじょう》にあらざるなり。「阿闍世《あじゃせ》」は、すなわちこれ煩悩等《ぼんのうとう》を具足せる者なり。

（「信巻」真宗聖典二五九頁）

とあります。つまりは、阿闍世というのは、ただ一人の悪い人物というだけではなくて、一切衆生が同じように持っている、その悪い根性、その本質を象徴しているのです。それゆえに、煩悩具足のものといわれ、一切凡夫を代表しているのです。ですから、阿闍世のために涅槃に入らずということは、現に迷っている衆生がいるかぎり、私は涅槃に入らないということです。そのように、「為阿闍世不入涅槃」という言葉は、意味が広がっていく、あるいは深まっていくのです。そうすると、「迷って苦しんでいる衆生がいるかぎり私は仏にはなりません」と誓われた弥陀の本願の心に、そのままつながることとなる。「若不生者不取正覚」、もし生まれずんば正覚を取らじ、こういう心とつながっていくのです。

「若不生者不取正覚」というのは、第十八の念仏往生の誓願のお言葉です。「若不生者不取正覚」は、もし生まれずんば正覚を取らじ。私の極楽浄土に、私の本願を信じ念仏するものが必ず生まれるようにさせる。もしも念仏して生まれないものがあるなら、私は仏にはなりません。こういう法蔵菩薩の第十八願の誓いと、「為阿闍世不入涅槃」とがつながるわけです。

蓮如上人《れんにょ》の『御文《おふみ》』五帖目第一通の「末代無智《まつだいむち》」の文を見ると、

たとい罪業《ざいごう》は深重《じんじゅう》なりとも、かならず弥陀如来《みだにょらい》はすくいましますべし。これすなわち第十八の念仏往生《おうじょう》の誓願《せいがん》のこころなり。（真宗聖典八三二～八三三頁）

というお言葉があります。「たとい罪業は深重なりとも、かならず弥陀如来はすくいましますべし」、これが第十八願の心なのだといわれる。どうして蓮如上人はそういえたのかというと、「為阿闍世不入涅槃」というような「信巻」のお言葉、弥陀の本願の心というのを、親鸞聖人から学ばれたからでしょう。

こういうことから、親鸞聖人は、「仏さまは、かねて私の在り方をご存知であって、煩悩具足の凡夫とおっしゃった」のであると受け止めておられるのです。「煩悩具足の凡夫」というのは、仏さまが私の、今、生きている事実をいい当ててくださった言葉なのです。自分勝手に、「私は煩悩具足の凡夫ですから駄目ですよ」と、そういうような、自分で自分のことを駄目だといって貶《おとし》める言葉ではないし、相手のことを「煩悩具足の凡夫」と、ケチをつけていう言葉でもない。これは仏さまの言葉なのです。

仏さまに自分自身の在り方を教えていただいた。これはまるで、鏡の前に立つようなことです。私の本当の姿というのを、「煩悩具足の凡夫」と教えてくださったのが仏さまなのだということです。それで、どうして「煩悩具足の凡夫」といわれたのかというと、それは、私の居場所をはっきりと確認された。仏さまが、私の居場所を、ちゃんと確認してくださった。ですから、そのために、「煩悩具足の凡夫」のために私は涅槃には入らない。煩悩具足の凡夫を捨てて私だけ仏になるということはしません。煩悩具足の凡夫が必ず救われるように、私は手だてを尽くします、いのちを賭けます。そういうのが他力の悲願だといわれているのです。

煩悩具足《ぼんのうぐそく》の凡夫《ぼんぶ》とおおせられたることなれば、他力の悲願は、かくのごときのわれらがためなりけりとしられて、いよいよたのもしくおぼゆるなり。（真宗聖典六二九頁）

「他力の悲願」というのは、他力は阿弥陀仏の本願力です。本願のはたらきのことを他力といいます。決して他人の力というような簡単な話ではありません。阿弥陀仏の本願のはたらき、それが他力です。「悲願」というのは、大悲の誓願。この「悲」というのは、いうことをきくものを救おうという話ではないのです。身近な縁のある人を救おうという話ではないのです。この「大悲」とは、「如来大悲の恩徳」といわれる、如来「大悲」というのは、背くものに対するまことの慈悲です。背くものに対して、なんとか立ち直らせようという心です。

「無縁の衆生は度し難し」という言葉がありますが、浄土真宗はそういうことはいいません。無縁の衆生をこそ救おうというのが「大悲」です。「いかに仏さまでも、縁なき衆生は度し難し。それが仏教だ」というのは、普通の仏教です。そういういい方をしますが、悪いいい方です。仏さまであるというためには、縁無き衆生をこそ救おう。それにかけるというのが仏さまなのであって、それを「大悲」というのです。反逆者、背くもの、縁なきもの、反抗するもの、そういうものをこそ救うというのが大悲です。これを大悲の誓願、「悲願」というのです。相手のために、それも背く相手のために、自分自身のすべてをかけて、その背くものを救おうとする心というのが「悲願」です。

この他力の悲願は、「かくのごときのわれらがためなりけり」といわれるのです。このようなわれらとは、どのようなわれらでしょうか。煩悩に左右されて生きているわれらということです。喜ぶべき心を抑えて喜ばせないはたらきによって左右されているわれらです。だからここに、まず第一に、親鸞聖人がおられます。かくのごときのわれら、煩悩具足、煩悩を欠けるところなく具えて生きているもの、それが私です。「われら」といわれているのです。親鸞聖人その人が「われら」というところにおられるわけです。

たのもしく感じる

他力の悲願は、かくのごときのわれらのためであったのだなあと、知られて、気づかされて、しみじみと感じられて、ますますたのもしく感じるのだと説かれているのです。

煩悩具足の事実ということにおいてこそ、弥陀の本願に触れるのです。だから、弥陀の本願は自分のためだったのだといただけるのだということです。これは、日常生活においても、参考になる考え方ではないかと思います。

失敗した場合にも、その失敗において、本当に立ち直ることができる。失敗したということがなければ、どれほど冷たい人間になっていたかわかりません。失敗したことがない人、病気になったことがない人、身内に死んだ人がいない人、そういう人はどうでしょうか。逆に、嫌だとか困ったと思うような経験こそ、本当に深い人間を養うのではないでしょうか。今の世の中は、そういうことが抜け落ちているのではないかと思います。だから、かえって冷たい世の中になっていますね。

「他力の悲願は、かくのごときのわれらがためなりけり」の「われら」とは、決して善い私たちというのではありません。まったく反対です。喜ぶべきことを喜べない、念仏しているのに生あくび、お浄土の話は聞いても、浄土に往きたくない「われら」なのです。やっぱりこの世がいいなあ、この世にはいろいろな楽しいことがある。つらいこともあるけれども、楽しいこともある。「前向きでなければいけない」とよくいわれますが、何に前向きでなければならないのかということを、きちんと見てみなければなりません。一人の成功者がいるために、何十人も何百人も失敗した人が出てくるという世の中はおかしいのではないか。どうなのでしょう、どちらが本当の世の中なのでしょうか。こういうことを問い返す大事な視点が、この『歎異抄』の中にあると思います。

親鸞聖人は、とくに失敗した人や悩み苦しんでいる人のほうに身を寄せる人です。悩み苦しみというのがわかる人です。現に悩み苦しんでいる親鸞聖人という人がおられて、その親鸞聖人が出遇った弥陀の本願に、私たちも救われるのです。私の悩み苦しみも、居場所がちゃんとあるのです。悩み苦しみというのは、必ず私が本願に出遇う大事な道筋です。苦悩がないというのは、弥陀の本願の相手ではない。こうすると切り捨てのようですが、実は苦悩は誰でも持っている。本人は隠していても、誰でも持っています。それを阿弥陀仏は、すでにご存知なのです。なにもかもすべて承知の上で、必ず救う阿弥陀仏のほうから私に信をかけてくださっている。だから、「いよいよたのもしくおぼゆるなり」といっておられるのです。大変な感謝の気持ちというのが、ここにあると思います。もったいないな、かたじけないな。阿弥陀仏からたまわった居場所がある。そういう感慨がなければ、本当に「身を粉《こ》にしても、骨を砕きても、報謝すべし」というような気持ちは出てきません。こういうお言葉から、本音の親鸞聖人に遇えるのではないかと思います。

「他力の悲願は、かくのごときのわれらがためなりけり」の「他力の悲願」というのは、弥陀の本願のことです。自力の悲願ではありません。他力というのは、阿弥陀仏の本願の力、仏さまの力のことを他力といいます。この悲願というのは、大悲の誓願です。「悲」という字は、これは悲しみという字ですが、これは相手の苦しみに共感するという意味です。インドの言葉でカルナーという言葉で、その翻訳がこの悲の字です。相手と苦しみを共にし、共に呻《うめ》き声をあげる。そういうのがもともとの意味です。思い切っていいますと、まことの愛ということです。利害打算をともなう愛ではなくて、まことの愛。自分のすべてを投げ出して相手を救うという真心です。

また、大悲というのは、小さい悲に対するものです。小さい悲というのは、私たちが持っている思いやりです。家族とか身内とか、あるいは兄弟、縁故がある同じ土地の仲間とか、職業が一緒とかです。そういう、仲間に対する思いやりというのを、私たちは持つことがある。しかし関係ない人には向けられません。それとは違って、大悲は大きくて広くて、果てしがない。だから関係のない人に対しても、思いやりの心を持つ。さらには、背く人に対しても、この大悲は向けられる。そういうことで大悲といわれるのです。そのような他力の悲願が、私たちのためだったのだと知られるというのです。「知られて」というのは「ああ、そうだ」と気づくということです。

次に、「いよいよたのもしくおぼゆるなり」とあります。煩悩具足の凡夫であるということにおいてこそ、弥陀の本願がかけられている自分だったのだと、繰り返し感じられてくるといわれているわけです。

「いよいよ」というのは「ますます」ですね。ますますたのもしく感じられるということです。「たのもしい」というと、力のある人とか、堂々としている人。夫や師匠、あるいは親に対して、たよりになるという気持ちを「たのもしい」というのです。それが仏の本願、大悲の願いについて、ほんとうに「ああ、たのもしいな」と感じるのだといわれているのです。肉体を持った親も、夫も、先生も、みんな亡くなっていきます。だんだん力がなくなります。相対的なものです。しかしながら、弥陀の本願は、弱くなったり、なくなったりすることはありません。弥陀の本願は、常にはたらいていてくださる。煩悩がこれほど強いから駄目だということもありません。やすやすと、軽々と、私たちを救ってくださるのだということが感じられて、それでますますたのもしく感じる、そのようにいわれているわけです。

いささか所労のこともあれば

続いて、

また浄土《じょうど》へいそぎまいりたきこころのなくて、いささか所労《しょろう》のこともあれば、死なんずるやらんとこころぼそくおぼゆることも、煩悩《ぼんのう》の所為《しょい》なり。

（真宗聖典六二九～六三〇頁）

といわれます。ここに「煩悩の所為」という言葉がまた出てきました。

「いささか所労のこともあれば」というのは、それほど重大な病気ではなくてもということです。少しばかり疲れたり、具合が悪いというようなことがあると、すぐに死んでしまうのではないかと、心細く感じるということです。そのように心細く感じることも、煩悩のしわざですよと、こういうことをおっしゃるということは、親鸞聖人というかたが、私たちと同じように、心細さということを感じて、知っておられるということです。

それで、「こころぼそくおぼゆることも、煩悩の所為なり」と、生あるかぎり死があると説かれても、それで済ますことができない気持ちが私たちにはあります。その事実を大事に見つめられているのが、親鸞聖人なのです。「何をいっているんだ。生まれたかぎり、死ぬということは避けられないんだ。なぜ死んだか。それは生まれたからだ」といっているうちは、楽でいいですよ。だいたい人については、そういえるのです。しかし、自分がそうなったときも、「そうだ、生まれてきたから死ぬのだ。じゃあ、さようなら」といえるかというと、なかなかいえるものではありません。やはり、死なないで長生きしたいと思う。こんなにつらい思いをするのなら死んだほうがましだと思っても、やっぱり生きていたいと思う。これが生存本能なのでしょう。とにかく、こういう生存本能があるかぎり、死ぬのではないかというときには、大変心細く感じます。これが、私たち人間が持っている心のはたらきです。そして、それが煩悩なのです。

煩悩というのは、あまり良い悪いの色をつけないほうがいいのです。日常、悪い心だといっても持っている心です。道理に暗い心だといっても持っている心なのです。煩悩とともに私たちはあるのですから。心細く感じるということ、それも煩悩のはたらきです。どれほど感じまい感じまいと気合いを入れても、やっぱり感じるときは感じるのです。死ぬのではないかと思えば心細い、居ても立ってもいられない気持ちになる。そういう気持ちというのも、煩悩のしわざなのです。

さらに親鸞聖人は、

久遠劫《くおんごう》よりいままで流転《るてん》せる苦悩の旧里《きゅうり》はすてがたく、いまだうまれざる安養の浄土《じょうど》はこいしからずそうろうこと、まことに、よくよく煩悩《ぼんのう》の興盛《こうじょう》にそうろうにこそ。

（真宗聖典六三〇頁）

このように、煩悩の所為というのがどれほど強いものかということを説かれてくるのです。「久遠劫」というのは、遠い遠い昔です。遠い昔から今まで、ずっと迷い続けてきた。その場所は、どういうところかというと、この娑婆です。その娑婆というのを、「苦悩の旧里」と書かれています。そこは、苦しみ、悩みに満ち満ちている故郷です。旧里というのは故郷です。久遠劫より今まで、ずっと迷い続けてきたところが自分の故郷です。それが苦悩の故郷であるという意味です。

久遠劫より今まで流転し続けてきた、苦悩の旧里は捨てがたい。それで、まだ生まれたことがない安養の浄土は恋しからずといわれる。安養の浄土は、極楽浄土のことです。極楽というのは、本当に安らげる世界、心の落ち着く世界、体が安まる世界です。そんな良い世界であると聞かされているのに、行ってみたいとは思わないといわれるのです。

善導大師などは、極楽浄土のほうが本当の故郷であると教えてくださっているのです。極楽浄土こそ本当の故郷であって、本当の故郷を忘れてしまって、この世を故郷だと思い込んでいる。だから、つらい苦しい気持ちが湧いてくる。だから、つらい苦しい気持ちが起こるというのは、本当は極楽浄土を願っている心なのだと説かれているのです。本当にいのちがすべて安らげる場所、いのちの故郷は、本当は極楽浄土だといくら教えられても、やはり娑婆が故郷だという気持ちが私たちにはある。それこそ、煩悩のしわざであるということです。

そして、その煩悩は、「まことに、よくよく煩悩の興盛にそうろうにこそ」といわれるように、まことに強いものがある。このように、本当に煩悩が盛んなのだということも、親鸞聖人が実感なさっていたことです。よくこういう本音の言葉を引き出してくださったものだと、唯円にお礼をいいたいくらいです。

なごりおしくおもえども、娑婆《しゃば》の縁《えん》つきて、ちからなくしておわるときに、かの土《ど》へはまいるべきなり。いそぎまいりたきこころなきものを、ことにあわれみたまうなり。（真宗聖典六三〇頁）

これが、私たちの事実です。どれほど名残り惜しいと思っても、この娑婆世界にいる縁が尽きたら、お別れしなければならないわけです。でも、早く往きたい気持ちがない人を、ことに憐れみたまうのです。憐れみたまうのは、仏さまです。仏さまのほうが、早くお浄土へ往きたいという気持ちのない人だからこそ、ことに大悲をかけてくださっているのです。いそぎまいりたい心がない、お浄土へ往きたいという心がないということは、お浄土に背中を向けているということです。そういう根性まで、すべてお見通しで、だから念仏往生の誓いを立ててくださったのだということです。

かの土へはまいるべきなり

どうしてお念仏一筋なのかというと、施しをするとか、戒律をたもつとか、辱めを忍ぶとか、一生懸命に努力するとか、心を落ち着けるとか、このような行いが一つもできない衆生のために、ただ念仏の道を阿弥陀仏は定めてくださったのです。

施しというのは、こだわりなくすべてを差し出すというのが布施なのですけれども、その施しをするということはできない。なぜかというと、煩悩があるからです。もったいないなあ、惜しいなあと思う、ケチな人が多いからできないのです。戒律をきちんと守るということも、煩悩のせいでできない人が多いのです。そういう煩悩だらけの衆生のために、ただ念仏の道をもって衆生を救おうとされたのが弥陀の本願です。だから、お浄土に背中を向けて生きている。目先の利益で動き回っている。そういう衆生にこそ、ただ念仏すべしと、念仏の道を用意してくださったのです。

無限の親心は、背く子どもほど可愛い、気になるというようなことです。「お浄土があるぞ、お浄土に来い」と呼びかけても、「往きたくないな」という衆生をこそ、ことに憐れんでくださるのが、阿弥陀仏のご本願の心なのです。いそぎ参りたいという心がないものを特に憐れんでくださるのだと親鸞聖人はおっしゃいます。だから、背くものをこそ救おうというのが大悲だといわれるのです。そして、背いている人こそ、本当に本願のお心をいただけば、まことの念仏者になるに違いないのです。親鸞聖人は、どこにも救いの道がない、教えてくれる人がいないという悩みの中で、法然上人から念仏の道を教えられた。だからこそ、親鸞聖人は、どんな目に遭っても法然上人の教えを捨てるようなことはない。本願に背く煩悩具足の自分であるということを痛切に感じられたからこそ、弥陀の本願というものをしっかりと受け止められているのだと思います。

調子が良いときでなくて、調子が悪いときこそ弥陀の本願に出遇うときです。つらい思いをしているときこそ弥陀の本願に出遇うときだということを、親鸞聖人はいっておられるわけです。

親鸞聖人のお手紙に、こういうお言葉があります。

この身はいまはとしきわまりてそうらえば、さだめてさきだちて往生しそうらわんずれば、浄土にてかならずかならずまちまいらせそうろうべし。あなかしこ、あなかしこ。

（『末燈鈔』一二通、真宗聖典六〇七頁）

これは、親鸞聖人がお亡くなりになる直前の手紙です。定めてあなたよりも先に往生するでしょう。そして、浄土で必ず必ず待っていますと親鸞聖人はいわれているのです。

現在では、浄土真宗の解説をする人の中に、「死んでからの極楽浄土とか、そういう話は関係がない」といってしまう人もいますけれども、それはいい過ぎだと思います。やっぱり、「ちからなくしておわるときに、かの土へはまいるべきなり」と、往く場所としての、救いの世界である極楽浄土ということを、親鸞聖人は味わって感じておられたわけです。

どうしても極楽浄土に往くしかありません。嬉しいか悲しいかはわかりませんが、どうしても命終わるときはお浄土へ参ることになっているのです。しかしながら、そのように、お浄土へ参ることになっているということが、どうしたらわかるのかというと、お浄土に往きたくないという気持ちをとおして、お浄土に往く身であるということがわかるのです。大変にすごいことです。喜ぶ心がないからこそ、救いが明らかに定められているのだということです。お浄土に往きたいという気持ちがないからこそ、お浄土に往くことが定まっている身だということを教えていただけるのです。こういう親鸞聖人の考え方は、全体をまとめていうと、除災招福というような、今日の宗教的な関心と全然別のところで、宗教を示されているのだと思います。除災招福というのは、「不幸よ、さようなら」「嫌なことよ、さようなら」「幸せよ、儲け話よ、どんどん来い」ということです。このような宗教ではないということです。つまり、お念仏しても喜べないとか、お浄土に往きたくないとか、病気で心細いとか、そういうような気持ちというのは、悪い気持ちでしょう。悪い気持ちをとおして本当の救いが明らかになるのです。そういうものですから、この災いと幸せとをマルバツ式で考えるのとは違う。かえってつらい思いや災いだと感じるところから、救いの道が明らかになるのだと、親鸞聖人はいわれるわけです。

往生は決定と存じそうらえ

これにつけてこそ、いよいよ大悲大願はたのもしく、往生は決定《けつじょう》と存じそうらえ。

（真宗聖典六三〇頁）

「これにつけてこそ」とは、前に述べたことを受けて、「だからこそ」ということです。早く浄土に往生したくないものを、特に阿弥陀仏は憐れんでくださるのである。だからこそ、ますます悲願はたのもしい。お念仏しても喜べないとか、お浄土に往きたいという心がなく、目先の欲望だけに振り回されているということは煩悩具足であるということです。煩悩が燃え盛っている、だからこそ、阿弥陀仏がその煩悩具足の私のことを思っていてくださっている。そのことに気がついてみれば、「いよいよ大悲大願はたのもしく、往生は決定と存じそうらえ」ということになる。大悲大願というのは、悲願に大という字がついたのです。悲願というのは、苦しみをともにして、救い取ろうという願いが悲願です。その大悲大願が、ますます頼もしく感じられる。

次の「往生は決定と存じそうらえ」というのは、往生はもう阿弥陀仏のほうから定めてくださっているということです。私たちの個人的な能力の有る無しは、一切関係ない。阿弥陀仏のほうから往生を定めてくださっている。これが本当の平等ということです。

人によっては、そういう何でも平等というのは悪平等じゃないですかと批判をされるかもしれません。しかしながら、そうではありません。まことの道理ということからいうと、平等に仏さまのお慈悲がかけられている、その事実に目を覚ますというのが大事なのだということです。大悲大願を頼もしく感じられるのは誰かというと、お念仏しても喜べない、お浄土に往きたいとも思わない、そういう反逆の根性を持っていた自分だったと感じる人です。そういう人にとってこそ、本当に大悲大願は頼もしいと感じられるのです。

これは、逆こそ順であるというようなことです。よく、喧嘩した後に本当の親友になったというような話があります。青年時代、子どものときなんか、喧嘩して本当の友だちになったということがある。ただ仲良くしていようとしていると、どんどん離れていきます。

山伏弁円《やまぶしべんねん》は、親鸞聖人を恨んでいた。自分の信者が取られてしまい、収入が減ってしまった。いまもある食い物の恨みで、親鸞聖人を殺そうとまでしたのです。その親鸞聖人を殺そうとまでした弁円が、親鸞聖人の弟子になってからは、本当に誠心誠意、親鸞聖人の教えをいただいて実行していった。このような、逆の縁ということがあるわけです。

最後のところが、

踊躍歓喜《ゆやくかんぎ》のこころもあり、いそぎ浄土《じょうど》へもまいりたくそうらわんには、煩悩《ぼんのう》のなきやらんと、あやしくそうらいなまし。（真宗聖典六三〇頁）

となっています。「踊躍歓喜のこころもあり、お念仏すれば、いつでも天に踊り地に踊るほどに嬉しくなりますということばかりの状態だったり、また、早くお浄土へ往きたいとばかり思っているならば、煩悩がないのだろうかと、かえって怪しく感じられるのではないでしょうか」、このように最後を結ばれているわけです。唯円は、念仏しても踊躍歓喜の心が疎かです、早くお浄土に参りたいという気持ちがありません、これは一体どうしたらいいのでしょうかと質問したのです。つまり、そういうことは悪いことだと思っていたのです。ところが、親鸞聖人は、喜ぶ心がないというからこそお助けがあるのだ。また、お浄土へ参りたいという心がないからこそ、阿弥陀仏が願いをかけてくださっているのだ。こちらからあれこれはからってすることではなくて、阿弥陀仏のほうから摂取不捨してくださっているのだ。そのことに気がつくようにと、そういうお話になっているわけです。

「踊躍歓喜のこころもあり、いそぎ浄土へもまいりたくそうらわんには」とありますが、喜ぶ振りや浄土を求める振り、こういう振りをすることが、たくさんあります。けれども、喜べないときは喜べないでいいのです。煩悩具足の身の事実というところが一番の居場所であり大事なところなのだと、お示しくださったわけです。ここに、人生を見る見方というものを、教えられるのではないかと思います。失敗してこそ成功なのだということです。

今まで、失敗も何も経験したことがない人というのは、どうなりますか。鼻持ちならない、大変冷たい人になっていくのではないでしょうか。かえって、失敗は成功の母なりというような言葉もあります。挫折感を経験したところから、真人間になっていくということもある。現在ただいまの煩悩があるということ、その煩悩の傷みをとおして救われていくのだと。そういう教えが、親鸞聖人の教えです。それによって、私たちの居場所というものを、はっきりと示してくださる。私も、煩悩具足の凡夫です。煩悩具足の凡夫であるということから離れられません。その煩悩具足の凡夫であるということは、親鸞聖人も同じだといわれる。そして、私が救われていくように、あなたも救われていくのだといってくださる親鸞聖人というかたが、この『歎異抄』の言葉になって、また私たちに語りかけてくださっているわけです。第九条の言葉をとおして見てみると、新たな智慧がたくさん出てくるのではないでしょうか。間違ったっていいじゃないか、失敗したっていいじゃないかと、間違いを懼れる心が明るくひらかれてきて、安心できるのではないでしょうか。

誰にもいえない問題というのを、私たちは持っています。そのために、苦しくなって、つらくなるときもあるのですが、その誰にもいえない問題も、問題があるからいいのだと考えられるようになる。問題があるからこそ、阿弥陀仏がことに憐れみをかけてくださっていたのだと、そういうかたちで落ち着き場所を見つけることができるわけです。よくなって助かるのではない。悪いという事実に気がついたところにお助けがあるのです。

＊　＊

「念仏をもうしても、天地に踊りあがるような喜びがあまりありません。また、はやく浄土へ参りたい心がありません。一体どうしたらよいのでしょうか」との、若き求道者《ぐどうしゃ》唯円の質問に、親鸞聖人は、「親鸞もこの不審があったが、唯円房は同じ心だったのだな」と答えられました。心の底を打ち明けて語り合った真の対話が行われています。こういうところが親鸞聖人の魅力なのではないでしょうか。

そして、「よくよく案じみれば」と、親鸞聖人は、喜べない心自体と、浄土に生まれたくない心自体を、じっくりと見つめられました。そこに気づかされるのが煩悩具足の凡夫である自己自身の事実です。しかも、阿弥陀仏の本願は、このような「われら」のためであったのだといわれるのです。真に驚くべき展開です。

喜べないからこそ、浄土に生まれたくないからこそ、阿弥陀仏の本願が「たのもしい」と、親鸞聖人は説かれました。煩悩があればこそ本願ましますという、真実信心に生きる人の明るさが感じられます。

第十条

一　「念仏には無義をもって義とす。不可称不可説不可思議のゆえに」とおおせそうらいき。そもそもかの御在生《ざいしょう》のむかし、おなじこころざしにして、あゆみを遼遠《りょうおん》の洛陽《らくよう》にはげまし、信をひとつにして心を当来の報土《ほうど》にかけしともがらは、同時に御意趣《ごいしゅ》をうけたまわりしかども、そのひとびとにともないて念仏もうさるる老若《ろうにゃく》、そのかずをしらずおわしますなかに、上人《しょうにん》のおおせにあらざる異義どもを、近来はおおくおおせられおうてそうろうよし、つたえうけたまわる。いわれなき条々の子細のこと。

（真宗聖典六三〇頁）

『歎異抄』の中序

この第十条は、『歎異抄』全体の構成からいいますと、前に述べてきた親鸞聖人のお言葉を総括する意味と、それから後半部分を引き起こす意味と、両方あります。上を承けて下を起こすという意味で、承上起下《じょうじょうきげ》という言葉で第十条の性格をいわれることがあります。そういうわけで、この第十条を中序といわれる人もいます。

まず、この第十条の最初の言葉、「念仏には無義をもって義とす。不可称、不可説、不可思議のゆえに」というのは、これは親鸞聖人のお言葉です。「とおおせそうらいき」というのは、そのように親鸞聖人は仰せになりましたといって結んでいるわけです。ここまでが一つの段落です。そして、「そもそも」と言葉を改めて、次の文章が始まっています。そのおよその意味は、

「そもそも、親鸞聖人がまだ生きておられた昔、同じ志でもって、遠く京都の地まで歩いて親鸞聖人をお訪ねし、信心を一つにして浄土往生を願った人びとは、みな親鸞聖人から同じ教えを承ったが、その人びとに従ってお念仏をもうされる老いも若きも、多くの人がおられるその中に、親鸞聖人の仰せとは異なる義を、近ごろとくに多くいい合っているように、伝え聞いています」

ということです。

この第十条が、中序と呼ばれるのは、「歎異篇《たんにへん》」を始める序、という意味があるからです。「歎異篇」とは、異義を歎き正す部分です。

たとえば、第十一条は、字も何も知らない人が、念仏しているのに対して、威張って、お前は弥陀の本願を信じて念仏するのか、あるいはお念仏を信じているのか、どっちだと問いをふっかける。念仏と弥陀の本願の関係をきちんと相手に説明しないままに、どっちが大事だと思ってるのだと質問をして人を心配させる。唯円《ゆいえん》はそういうことは間違いですと批判して、まことの信心にかえるようにと呼びかけています。親鸞聖人は、そういうことをいわれなかった人です。誓願が大事か、お念仏が大事か、どっちが大事かいってみろというようなことは、親鸞聖人はなされません。誓願と念仏は一体ですということを、くわしくはっきりと説いておられるのです。それにもかかわらず、念仏と誓願のどっちが大事かいってみろと、相手を心配させて、支配し脅してお金を巻き上げるような異義が出てきている。このことを唯円は歎いて、書いているわけです。

「歎異篇」の最後第十八条には、「仏法のかたに、施入物《せにゅうもつ》の多少にしたがいて、大小仏になるべし」（真宗聖典六三八頁）ということをいっている人がいるというのです。これも異義です。「仏法のかたに」というのは、仏法の関係のお寺や、あるいは師匠、先生にということ。「施入物」というのは、お布施です。お布施の多い少ないに従って、大きな仏になったり、小さな仏になったりするというのです。つまり、お布施が目当てで、たくさんお布施をしなさい。すればするほど、大きな仏さまになります。ケチな人は、小さな仏にしかなれません。どうせなるなら大きい仏さまのほうがいいでしょう。「どうですか、みなさん。布施しない人は救われませんよ」といって、みなさんの財布の中をのぞきこんで、どんどん出しなさいという人がいるという異義です。

どんどんお布施しなさい、お布施すれば助かる。今日だって、ないわけではないですね。土地、家屋、財産を全部寄付しなさい、そうすれば救われるという似而非《えせ》宗教は、今でもあります。ですから、宗教というと、お金目当てじゃないかという不審感が蔓延しています。大変残念なことです。こういうことは、ちゃんと見極めをつけなければいけません。お布施の大小に従って救われるのではありません、信心によって救われるのです。

唯円は書いています。

いかにたからものを仏前にもなげ、師匠《ししょう》にもほどこすとも、信心かけなば、その詮《せん》なし。
（真宗聖典六三八頁）

いくらたくさんのものを寄付しても、信心が欠けていたら、そういうお布施は意味がない。たくさんお布施をすれば大きな仏になるから寄付しなさいといっているような人びとは、すべて仏法にことをよせて、世間の欲心もあるゆえに、同朋《どうぼう》をいいおどさるるにや。

（真宗聖典六三九頁）

世間の欲の心があって、仏法を勝手につかって、同朋、ご信心の仲間をいいおどしているのではないかと、はっきりと指摘されています。

この「歎異篇」というのは、親鸞聖人の言葉が部分部分に入っていますが、主体は唯円の言葉です。それで、あまり重要ではないという見方をする人もずいぶんいるのです。

しかしながら、それは間違いでしょう。まことの信心とはどういうものかということは、「歎異篇」をとおしてますます明らかになってくると思います。間違ったということに気がつけば、立ち直ることができる。間違いだということを教えられなくて、間違いを正しいものだと思っていたら、どんどん迷い道に入っていってしまいます。山で迷ったときも、迷ったとわかったときには、地図を出したり、磁石を出したり、食糧を確保し雨露をふせぐように考えます。しかし、これが正しい道だと思い込んでいると、どんどん引き返せなくなってしまいます。間違いだということがわかるということが、正しい仏法に帰る大事なきっかけになります。そういう点で、まことの信心、まことの宗教というのがどういうものかということをはっきりと教えてくださるのが後半の部分なのです。「歎異篇」は、「師訓篇《しくんへん》」の親鸞聖人の言葉を基準として、現代にも通じるいわゆるカルト問題を正すものなのです。

念仏には無義をもって義とす

もう一度、第十条の最初の言葉に戻ります。

「念仏には無義をもって義とす。不可称不可説不可思議のゆえに」とおおせそうらいき。

（真宗聖典六三〇頁）

この言葉は、「師訓篇」の親鸞聖人の言葉全体をまとめたものです。そして、無義をもって義とするのに対して、義を立てるというのが異義なのです。念仏は義を立てない。しかしながら、異義のほうは、義を立てる。「無義をもって義とす」といわれているのに、いやいや実は意味があるといって、たくさん理屈をいい出す。学校でも、たくさん授業料を払うようなところへ行ったほうが、きちんとした教育をしてくれるように思います。「お宅のお子さんは、月に五百円の塾に行ってるんですか。それじゃ駄目でしょ。月に五万円の塾に行かなきゃ。医学部に入りたいのなら月に十万円ぐらいの塾に行ったほうがいいですよ」とかいわれると、「そうかしら」と思ってしまう。これは人が考える理屈に合っているからです。理屈が通ると思わせて人を惑わすのが異義です。「ただ信心を要とすと知るべし」と、信心一つで仏になれるはずなのに、別にいわれや理屈があるというのが異義です。義を立てるところが、異義のおこりになるわけです。

では、「無義をもって義とす」というのは、どういうことでしょうか。念仏というのは、人間の思慮分別がなく、如来の思し召しによるものですということです。人間の分別が、否定される義です。その人間の思慮、人間の分別を加えないこと、つまり無義をもって本義とするのが念仏なのです。ですから、人間のはからいのないのが念仏であって、これが如来のお心であるというわけです。人間のはからいがないのが念仏なのに、異義のほうは人間のはからいを入れてくる。だから異義になるわけです。たくさんお布施を出しなさいとか、たくさん知識を増やせば助かるというように、人間のはからいを入れてくる。そういうのを異義というのです。如来のお心とは違う、人間のはからいがまじっているというのが異義です。

「念仏には無義をもって義とす」という例を、一つあげてみましょう。まず、『歎異抄』第九条では、お念仏しても喜べないのは駄目ですよというのが人間のはからい。喜べない衆生だからこそ助けようというのが、如来の心です。喜べないからこそそのお助けが、お念仏なのです。

第八条では、「念仏は行者のために非行・非善なり」ですから、念仏は善い行いだと考えるのが人間のはからいです。そうではなくて、念仏は如来の行だというのが本義です。つまり、私が気合いをいれてやって、それでよくなっていこうとする行とは違うというのを非行といいます。そしてさらに、私が心がけて行う善でもないのだということで、非善とされるのです。人間がはからって行ずる、はからって善いことをするのではない、これが無義ということです。如来の行であり如来の善なのです。だから、ただひとえに他力といわれるのです。

第六条には、我の弟子、他人の弟子という弟子の取り合いのことが説かれていました。親鸞は、弟子を一人も持っていませんというのが、本当の正しいいわれです。弟子に対して、よそへ行くな、よそへ行ったら裏切りものだ。裏切りものは、地獄行きだぞといって、よそへ行かないようにする。本当は、弟子をたくさん抱えて自分の勢力を拡大したいだけなのです。そういうことが、人間のはからいです。そうではなくて、すべての人が阿弥陀仏の子どもであり、釈尊の弟子なのです。それが本当の意味で、本義なのです。

第五条は、親孝行のために、追善供養のために念仏するという問題です。一回より十回、十回より百回、百回より千回、たくさん称えたほうがいいと考えるのが人間の義です。どうせ称えるなら、大きい声で称えたほうがいいと考える。しかし、お念仏は、一回の念仏でも如来がはたらいてのことである。公の念仏なのです。私の父、母だけのために念仏をつかおうとするのは、人間のエゴのはからいです。そうではなくて、一切衆生の救いのためのお念仏であるというのが如来のお心であり本義なのです。

そういうのが、「念仏には無義をもって義とす」ということです。親鸞聖人は、法然上人から「無義をもって義とす」ということを私は聞きましたと、晩年のお手紙に書いておられます。また『正像末和讃《しょうぞうまつわさん》』には、

聖道門《しょうどうもん》のひとはみな　自力《じりき》の心《しん》をむねとして
他力《たりき》不思議にいりぬれば　義なきを義とすと信知せり
（真宗聖典五〇五頁）

と、聖道門の人たちも、他力不思議に入り義なきを義とすると信知したと説かれています。自力の心をむねとしていることを改めて、他力不思議をむねとした。つまり、弥陀の本願を信ずるということは、義なきを義とするということをいただくことだといわれるのです。

不可称不可説不可思議のゆえに

「無義をもって義とす」というその理由は「不可称不可説不可思議のゆえに」とあります。仏法は不思

議とか不可思議といいます。不可思議とは思義すべからずということで、無義ということです。思議が、人間が考える義、それを不可と否定する義が、不可思議なのです。では、何が不可思議でしょうか。それは、この身がここにあることの不可思議です。私がここにいるということ自体の不可思議、これが一番大きな不可思議です。

私は心臓を、いつから動かそうと思ったでしょう。私ははやく動かそうとか、止めようとか、自分で思ったことはないのです。しかし、ずっと心臓は動いている、そして血が流れている。また、息もしています。息を吸って、酸素を取り入れて、二酸化炭素を出している。ずっとこの活動が行われてきたわけです。普段から、今日も心臓が動いていますなどと思っている人はいないと思います。健康であれば、思いはからうことなどないのでしょう。そのように、心臓があること、肝臓があること、腎臓があること。体の一つ一つ、息をしているということのすべてが、まさに生命の不可思議です。

このあいだ、私、献血をしたのですが、赤い血が出ました。みなさんも赤い血が出ると思います。みんな赤い血です。この赤い血を分析すると、古代の地球の海の成分だといわれるのです。みんな赤い血なのです。それなのに人間のはからいは、皮膚の色の違いやお金のあるなしで分け隔てをし、男だ女だといって分け隔てする。そういうのが人間の考える義です。それは事実に反している。生きているこのただ今の大切な事実に、背いている。ですから、無義と教えられないといけないわけです。無義をもって義とす、念仏は私たちが義を立てているこの義が違うよということを教えてくださるはたらきなのです。

金子《かねこ》大榮《だいえい》先生が、「念仏は自我崩壊の音である」といわれています。私がという根性を自我という。はからいのことです。その「私が、私が」という根性で、自我の砦というのをかまえているのが私たちです。

お互いに傷つけあったり、憎しみあったりしているのは、自我があるせいです。この自我が、ガラガラと音を立てて崩れる、自我崩壊の音というのが南無阿弥陀仏だといっておられるのです。お念仏は、自我のはからいを知らせてくださるはたらきがある。自分さえよければとか、逆にどうして私だけがこういう目に遭わなければいけないのだとか、わがままを張る気持ちというのは、人間のはからいです。これがあるせいで、迷いを作り出しているわけです。

人と会っても、すぐに友だちになれない、私に悪意があって来ているのではないか、警戒しなければいけないと考えるのが、この厳しい世の中の現実でしょう。しかしながら、それだけですむ話ではないのです。人間には同じ赤い血が流れているのです。それを分け隔てして、年齢の差別、善悪の差別、性の差別、そういうことを繰り返していること自体が間違いだと教えられる。差別を繰り返しているかぎり、まことの人生はありませんよということを教えてくださるのが、お念仏なのです。そういうことで、「念仏には無義をもって義とす」といわれたのだと思います。

お念仏もうすということは、ただの呪文ではないのです。日ごろのものの考え方の間違い、過ちを教えていただく、それがお念仏です。間違いを知るには、きちんとした定規がないといけない。どれくらい曲がっているかというのがわかる、きちんとした定規《じょうぎ》というのが必要です。その間違いのない定規が念仏なのです。念仏は、呪文ではなくて、正しい定規なのです。私たちが、どれくらい役に立たない正義を立てて、どれほど迷っているかということを知らせてくださるのだということを、親鸞聖人は説かれているのだと思います。そういういわれのあるお念仏をもうさせていただくということになるのです。

間違っていたなあと気がつくことが、本当の喜びです。いつも他人に「あなたが間違っている」というから、窮屈になってくるのです。「私、間違ってました」といえたら、そのときほっと安心できます。その安心が、お念仏の心境です。念仏は無義をもって義とすというところをお話しさせていただきました。

＊　＊

『歎異抄』前半の「師訓篇」の結びであり、また後半の「歎異篇」の序が、この第十条です。念仏においては、人間がはからって、これが義であるという義はありません。いかなる称讃や説明や思議も及ばないからです。それなのに、なお義を立てていこうとするのが、親鸞聖人の「おおせにあらざる異義ども」なのです。それは、親鸞聖人の孫弟子の世代において顕著になってきました。それらの異義を取り上げて、過ちを正し、真の信心に立ち返るようにと願って書かれたのが後半部分の「歎異篇」です。

三明　智彰（みはる　としあき）

1954年弘前市に生まれる。早稲田大学教育学部国語国文学科卒、東京大谷専修学院卒、大谷大学大学院文学研究科真宗学専攻博士後期課程単位取得満期退学。大谷大学助教授、愛知新城大谷大学教授・社会福祉学部長、九州大谷短期大学副学長を経て、現在、同短期大学学長。明教寺前住職、量深学場主宰。

量深学場　https://sites.google.com/view/daimuryoujingakujyou/

著書・論文

『歎異抄講義』上巻・下巻『願心の目覚め』『阿弥陀経講話』『親鸞の阿闍世観―苦悩と救い―』『生死と向きあう心がまえ』（以上法藏館）。『歎異の精神―『歎異抄』聴聞記―』（東本願寺出版）、『こころを満たす智慧―『歎異抄』を読む―』（産経新聞出版）、『信心の書『歎異抄』講座』（大法輪閣）、『ほんとうの幸せ―出遇い―』（量深学場叢書）、『親鸞　求道の歴程―回入と転入―』（量深学場）、『団塊世代の仏教入門「歎異抄」に学ぶ』（仏教人生大学）、「親鸞の仏道体系―如来の誓願と行信―」（日本仏教学会編『仏道の体系』平楽寺書店）、「曽我量深における法蔵菩薩論の」形成過程とその原理」（『大谷大学真宗総合研究所研究紀要』12）、「親鸞に於ける見仏性の意義」（『真宗研究』31）、「親鸞の『教行信証』における誓願一仏乗の開顕―その経文証『涅槃経』・『華厳経』の文についての一考察」（九州大谷研究紀要47）、「真の報仏土の開顕」上・下（九州大谷研究紀要48・49）等

改訂新版　歎異抄講義　上巻

二〇一六年七月二〇日　初版第一刷発行
二〇二三年一〇月二〇日　初版第二刷発行

著　者　三明智彰
発行者　西村明高
発行所　株式会社　法藏館
京都市下京区正面通烏丸東入
郵便番号　六〇〇-八一五三
電話　〇七五-三四三-〇〇三〇（編集）
〇七五-三四三-五六五六（営業）

印刷・製本　中村印刷株式会社

ISBN 978-4-8318-8753-5 C0015